어떻게 질문해야 할까

KB192327

혁신적인 아이디어를 만드는
3단계 질문의 기술

어떻게
질문해야
할까

워런 버거 지음 | 정지현 옮김

21세기북스

이 책에 쏟아진 찬사

위대한 창업 기업들은 '만약 ~하면 멋지지 않을까?'라는 간단한 질문에서 시작되었다. 워런 버거는 세상을 바꾸는 질문의 힘을 이해시켜준다. 진정한 인간은 답을 내뱉는 것이 아니라 질문을 한다.

_**가이 가와사키**Guy Kawasaki 애플 전임 '에반젤리즘' 마케팅 책임자이자 『APE : 작가, 발행인, 창업자APE: Author, Publisher, Entrepreneur』의 저자

질문 기술에 통달하는 것은 창의성과 혁신의 필수다. 이 책은 디자인적 사고를 하는 사람이 반드시 읽어야 할 책이며 의미와 호기심 가득한 삶을 살고 싶은 사람들에게도 영감을 준다.

_**팀 브라운**Tim Brown IDEO의 CEO이자 『디자인에 집중하라』의 저자

신속한 정보화 시대, 답을 찾기는 너무도 쉬워졌지만 올바른 질문의 중요성은 쉽게 잊혀가고 있다. 깊은 생각을 불러일으키는 이 책에서 워런 버거는 훌륭한 질문 기술을 배우는 것이야말로 세상과 일, 그리고 삶에 의미 있고 창의적으로 참여하는 길임을 보여준다.

_**올리버 버크먼**Oliver Burkeman 《가디언》칼럼니스트이자 『합리적 행복』의 저자

이 책은 리더들이 가장 중요한 질문을 할 수 있도록 (훌륭한 리더의 기본 특징) 도와주는 틀을 제공하는 한편, 고무적인 사례들로 질문의 놀라운 힘을 보여준다.

_**짐 스텐겔**Jim Stengel P&G의 전임 글로벌 마케팅 책임자이자 『미래 기업은 무엇으로 성장하는가』의 저자

왜 지금까지 이런 책이 나오지 않았을까? 질문의 단순하면서도 특별한 힘을 설득력 있게 보여주는 책이 드디어 나왔다. 매혹적이고 흥미로운 이야기를 통해 '단지' 질문을 하는 것만으로 삶의 모든 영역에서 얼마나 많은 가능성이 생기는지 강력한 주장을 펼친다. 혁신가와 창업자, 일반 시민, 부모, 교사, 이상주의자와 현실주의자 등 우리 모두가 이 책을 읽고 많은 것을 배울 수 있을 것이다.

_**댄 로스스타인**Dan Rothstein과 **루즈 산타나**Luz Santana '올바른 질문 연구소Right Question Institute' 공동 소장, 『단 하나의 변화를 시도하라 : 학생들에게 스스로 질문하는 법을 가르치다Make Just One Change: Teach Students to Ask Their Own Questions』의 공동 저자

아름다운 질문을 하는 사람은
언제나 아름다운 답을 얻는다.

_E. E. 커밍스(미국 시인)

왜 질문을 해야 할까?

나는 저널리스트로 일하는 동안 계속 질문을 했다. 하지만 몇 년 전까지만 해도 질문의 예술 또는 과학에 대해 깊이 생각해보지 않았다. 질문이 일과 생활에서 혁신과 문제 해결, 전진에 필수적인 역할을 한다는 데도 생각이 미치지 못했다.

그런데 디자이너와 발명가, 엔지니어들이 아이디어를 떠올리고 문제를 해결하는 방법에 관한 기사를 쓰고 책으로도 엮으면서 변화가 생겼다.[01] 혁신과 창의성으로 세계적인 명성을 지닌 사람들을 살펴보게 되었다. 그들이 도전에 접근하는 방식을 살펴보니 그들이 거둔 성공에는 마법 같은 공식도, 단 하나의 설명도 존재하지 않았다. 하지만 위대한 변화 제조기들의 공통분모를 찾다가 계속 마주하게 된 사실이 있었으니, 바로 그들이 질문을 뛰어나게 잘한다는 것이었다.

혁신적인 발명, 잘나가는 기업 창업, 고질적인 문제에 대한 급진적인 해결책 등 그들이 거둔 성공을 되짚어보니 하나 혹은 연속적인 질문을 떠올리고 답했음을 알 수 있었다.

정말 흥미로웠다. 하지만 당시 쓰고 있던 책에는 지극히 작은 부분을 차지하는 주제였기 때문에 옆으로 제쳐두었다. 그런데 일단 레이더망에 들어오면 으레 그런 것처럼 그 후로 어딜 가나 질문만 보였다. 한 예로《하버드 비즈니스 리뷰》와《패스트 컴퍼니》에 게재할 기사를 쓰기 위해 기업 임원들을 인터뷰했는데, 그 세계에도 질문하기에 대한 관심이 상당했다. 많은 기업가들이 질문과 혁신의 연관성을 어느 정도 의식하고 있는 듯했다. 그들은 뛰어난 제품과 기업, 심지어 산업 분야가 하나의 질문으로 시작되는 경우가 많다는 사실을 알고 있었다. 구글 대표는 구글이 '질문으로 굴러가는' 기업이라고 표현할 정도이고[02] 애플의 스티브 잡스Steve Jobs, 아마존의 제프 베조스Jeff Bezos 같은 유명 경영인들은 매사에 질문을 하는 것으로 유명하다.

하지만 막상 비즈니스 부문을 둘러보니 실질적으로 질문을 장려하는 기업은 많지 않았다. 질문 기법을 담당하는 부서나 훈련 프로그램이 마련되어 있지 않았다. 정책도, 지침도, 모범 사례도 보이지 않았다. 오히려 의도적이든 그렇지 않든 '왜 이 방식은 이러한가?' 같은 질문 탐구를 막는 사내 문화가 형성된 기업이 많았다.

학교도 사정이 비슷했다. 교육 전문가들과 이야기를 나눠보니 그들도 질문하기에 관심이 많았다. 많은 교사가 스스로 질문하는 능력이 학생들에게 매우 중요하다고 말한다. 세상이 점점 더 복잡해지고 변화의 속도가 빨라지면서 앞으로 질문 기술이 더욱 중요해질 것이라고 말하는 이들도 있다. 그러나 어떤 이유에서인지 대부분의 학교에서는 질문을 가르치지도, 보상을 주지도 않는다. 암기된 답만 중요시한다.

가난과 굶주림, 물 공급 같은 거대하고 힘든 세계의 문제를 다루는 사회적 기업가들과도 대화해보았다. 문제에 대한 질문을 제대로 해야 하는 중요성에 주목하는 혁신가는 매우 드물었다. 뿌리 깊은 관행과 방식이 지배적이다. 비영리 부문도 여타 부문과 마찬가지로 기존의 방식만 고수한다. 그렇기에 비록 좋은 의도로 나섰지만 잘못된 질문의 답을 찾아 문제를 해결하려는 경우가 많다.

이런 모습은 일상생활에서도 마찬가지다. 늘 해온 방식을 고수해서 앞으로 나아가려는 충동이 강할 뿐, 제대로 된 길인지 뒤돌아 질문해보는 경우가 드물다. 의미와 성취감, 행복 같은 중대한 문제마저 전문가와 구루들의 천편일률적인 조언과 요령, 전략 형태로 된 정답만 그득하다. 당연히 일반적인 해결책이 통하지 않는다. 스스로 질문을 떠올리고 탐구해나가야 답을 찾을 수 있다. 그런데 우리에게 과연 그럴 시간이나 인내심이 있을까?

우리는 기업가와 교육자들처럼 질문이 중요하며, 특히 의미 있는 질문에 관심을 기울여야 한다는 사실을 알아야 한다. 위대한 사상가들은 소크라테스 시대부터 질문의 중요성을 강조했다. 시인들마저 열정적인 어조로 읊었다. 시인 E. E. 커밍스E. E. Cummings는 "아름다운 질문을 하는 사람은 언제나 아름다운 답을 얻는다"라고 했다. 이 책의 제목(원서 제목 – 옮긴이)은 여기에서 빌려왔다. 피카소

Picasso부터 척 클로스Chuck Close까지 예술가들도 질문이 주는 영감에 대해 이야기했다. (최근 웹사이트 '브레인피킹스BrainPickings'는 클로스의 말을 인용했다. "스스로 흥미로운 질문을 떠올리고 맞춤형 해결책을 찾다 보면 곧 혼자 있는 자신을 발견하게 된다. 나는 그게 더욱 흥미로운 장소라고 생각한다.")[03]

과학자들도 질문하기를 강력히 지지해왔는데, 그중에서도 아인슈타인이 큰 목소리를 냈다. 그는 네 살 때부터 똑똑한 질문('나침반의 바늘이 왜 북쪽을 가리킬까?')을 했고 평생 호기심을 '신성하게' 여겼다. 아인슈타인은 궁금증이 굉장히 많았지만 어떤 문제에 달려들지 굉장히 신중했다. '만약 목숨이 달린 문제를 해결할 시간이 한 시간 주어진다면 나는 문제가 무엇인지 정의하는 데 55분을 쓰고 나머지 5분을 해결책을 찾는 데 사용할 것이다'라는 유명한 말(그가 실제로 한 말일 수도 있고 아닐 수도 있다)[04]도 남겼다.

이렇게 아인슈타인부터 스티브 잡스까지 뛰어난 인재들이 질문하기를 선호했다는 명백한 증거가 있는데도 왜 기업에서는 장려하지 않고, 학교에서는 가르치지 않고, 일상생활에서는 활용하지 않을까?

어쩌면 우리가 질문은 본능적인 것이라 생각할 필요가 없다고 여겨서인지도 모른다. '작은 학교 운동'의 선구자 데보라 마이어 Deborah Meier는 "우리는 어머니의 자궁에서부터 질문을 하면서 나왔습니다"라고 말했다. 정말로 그렇다. 미취학 아동들은 질문을 더 쉽게, 더 많이 한다. 최근에 영국의 4세 여자아이들이 하루 동안 엄마에게 평균 390가지 질문을 한다는 연구 결과가 나왔다. 또래 남자아이들의 질문 숫자도 크게 뒤처지지 않았다.[05] 그렇다면 질문하기는 호흡과도 같다고 할 수 있다. 삶의 특정하고 필수적이고 일반적인 부분이며 어린아이를 비롯해 누구나 할 수 있다.

그러나 그 네 살짜리 여자아이는 앞으로 평생 그 빛나는 순간에 그랬던 것처럼 본능적으로 자유롭게 상상력 넘치는 질문을 하지 않을 것이다. 예외가 아니라면. 그 나이가 질문의 전성기다.

이 흥미로운 사실은 여러 가지 질문을 떠올리게 한다.

- 왜 네 살짜리 여자아이는 다섯 살, 여섯 살이 되면 질문이 줄어들까?
- 그 사실은 당사자나 주변 세상에 어떤 영향을 끼칠까?
- 아인슈타인의 말처럼 정말로 질문이 중요하다면, 왜 우리는 질문이 줄어드는 것을 막거나 상황을 역전시키는 방법을 찾지 않을까?

어쩌면 그 네 살짜리 여자아이는 예외가 될 수도 있다. 제프 베조스나 스티브 잡스를 비롯해 앞으로 소개할 '질문의 대가들'처럼 어른이 되어서도 질문을 멈추지 않는 소수가 될지도. 그렇다면 또 몇 가지 질문이 생긴다.

- 어째서 계속 질문하는 사람이 있고 그만두는 사람이 있을까? (유전자나 학교 교육, 양육 방식의 영향일까?)
- 질문하는 사람과 질문하지 않는 사람 중에 어느 쪽이 더 유리할까?

비즈니스 세계는 질문과 일종의 애증관계를 맺고 있다. 그 자신도 질문의 대가인 경영 혁신 구루 클레이튼 크리스텐슨Clayton Christensen에 따르면, 많은 리더가 행동과 실행에만 급급해서 질문을 '비효율적'이라고 여기기 때문에 이미 하고 있는 일에 대해서도 질문할 시간이 없다고 생각한다.[06]

리더의 자리에 있지 않은 사람들은 질문이 커리어에 해롭다고 느끼는 경우가 많은데, 대개는 사실이다. 무능하거나 반항적으로 보일까봐 회의실에서 손들고 '왜?'라고 물어보기를 꺼린다.

최근 수천 명에 이르는 기업 임원들을 대상으로 한 연구 결과에서 보듯, 가장 창의적인 리더들은 뛰어난 질문자인 경우가 많다. 그들은 산업 부문의 일반적 통념과 기업 관행, 심지어 자신이 가진 가정의 유효성까지 질문한다. 인시아드INSEAD 경영대학원 교수이자 경영 컨설턴트인 할 그레거슨Hal Gregersen의 말을 인용하면 질문은 그들의 성장을 늦춘 것이 아니라 오히려 '터보 엔진'을 달아주었다.[07] 크리스텐슨과 그레거슨, 그리고 경영학 교수인 제프 다이어Jeff Dyer는 질문하기가 기업 혁신가들의 성공 요인 중 하나임을 보여주는 연구 결과를 담아 책을 펴냈다.

그레거슨은 올바른 질문을 하는 능력은 리더들을 급격히 변화하는 시장에 적응시켜주었다고 말했다. 탐구 정신은 경쟁자보다 빠르게 새로운 기회와 가능성을 알아보게 해준다. 과거에는 '답'을 전부 알아야 위로 올라갈 수 있었지만 오늘날에는, 적어도 깨어 있는 분야에서는 질문자가 당당히 CEO 자리에 오른다.

그렇다면 다음과 같은 질문이 떠오르지 않을 수 없다.

- 질문이 혁신의 출발점임을 안다면(적어도 그럴 가능성이 높다고 생각된다면) 왜 받아들이지 않을까?
- 왜 기업은 직원들에게 질문 훈련을 시키지 않고 질문을 장려하는 시스템과 환경도 마련하지 않을까? 만약 기업이 그렇게 하려면 어떻게 접근해야 할까?

처음 두 가지 질문에 대한 답은 질문이 권력에 맞서고 이미 확립된 구조와 절차, 시스템을 파괴하므로 적어도 새로운 방법을 생각하지 않을 수 없기 때문이라는 것이다. 비영리 조직이 왜 질문을 하지 않는지, 학교에서 왜 질문을 가르치거나 장려하지 않는지의 답도 비슷하다. 질문을 장려하고 또 허용하는 것은 힘을 넘겨준다는 의미다. 계층제로 이루어진 기업이나 정부 기관에서는 권한 이임이 가볍게 행해지지 않는다. 학교에서도 질문이 허용되려면 교사가 통제권을 포기해야 한다.

생각을 필요로 하는 일은 쉽게 받아들여 실행하기가 힘들다. 일상생활에서 질문을 어려워하고 필요한 만큼 질문하지 않는 것도 그 때문이다. 매사에 질문을 하지 않고 살아가면 확실히 훨씬 쉽고 편하다. 질문하지 않는 경영인들은 '효율적'이라고 표현할 것이다. 사실 질문하지 않는 것은 꽤 자연스럽고 합리적인 행동이다. 신경학자 존 코니어스John Kounios에 따르면 우리의 뇌는 '정신 작업의 부하를 줄이는' 방법을 찾으려는 경향이 있는데, 주변에서 일어나는 일들을 질문 없이 받아들이거나 무시해버리는 것이 그중 한 방법이다. 그렇게 자동 모드로 생활하면 정신적 에너지가 절약되어 한 번에 여러 가지 일을 할 수 있으며, 고되고 따분한 하루 일과를 버텨낼 수 있다.[08]

그런데 변화를 추구하고 싶다면 친숙한 생각 패턴과 손쉬운 가정에서 벗어나야 한다. 늘 사용하는 신경로에서 방향을 확 틀어야 한다. 주로 질문하기를 통해 그렇게 한다. 오늘날 끊임없는 변화 속에서 살아가는 우리는 자동 모드로 움직이는 시간을 줄이고 질문 모드로 움직이는 시간을 늘려서 자신이나 타인의 삶에서 발견되는 여러 문제를 해결하거나 창의성을 발휘하는 방법을 찾아야 한다. 적응하려 하고 커리어를 재창조하고 삶과 일이나 퇴직의 개념을 바꾸고 우선순위를 점검해야 한다. 저자이자 미래주의자인 존 실리 브라운John Seely Brown은 "우리는 끊임없는 변화의 시대로 변화했다"라고 말했다.[09] 이런 시대에 새로운 습관과 행동을 받아들이기 위한 첫 단계는 크고 의미 있고 아름다운 질문을 하는 것이다. 물론 질문을 떠올린 다음 어떻게 할지 아는 것도 그에 못지않게 중요하다.

그렇다면 질문하기 능력은 어떻게 개발하고 개선할 수 있을까? 네 살 아이 같은 질문 절정기의 불꽃을 되살릴 수 있을까? 내가 만나본 수많은 기업 혁신가와 과학자, 예술가, 엔지니어, 영화제작자, 교육자, 디자이너, 사회적 기업가들이 질문과 문제 해결 방법을 나눠주었다. 질문이 커리어와 기업을 어떻게 이끌어주었는지 들려주기도 했다. 질문 하나가 인생을 바꿔준 사례도 있었다. 질문하기에 대한 통찰과 기법, 요령이 잔뜩 쏟아졌다.

나는 그들의 경험을 토대로 창의성과 디자인적 사고, 문제 해결에 관한 기존 이론에서 아이디어를 가져오기도 하면서 원대하고 아름다운 질문을 만들고 해결해나가는 '왜, 만약, 어떻게'로 이루어진 3단계 모델을 고안했다. 이것은 그 자체만으로 공식이 아니다. 질문하기에는 공식이 없다. 이것은 여러 단계로 이루어진 탐구 과정을 거치는 동안 안내 도우미가 되어주는 기본 틀에 가깝다. 촉매제가 되어주는 야심찬 질문은 논리적인 순서로 진행된다. 대개는 뒤로 물러나 새로운 시각으로 바라보는 데서 시작해 특정한 질문을 행동으로 옮기는 것으로 끝난다.

질문하기는 결국 변화라는 반가운 결과로 마무리될 수 있지만, 도중에 위험도 많고 돌아가야 할 수도 있으며 도저히 답이라고는 보이지 않는 기나긴 여정이 될 수 있다. 그래서 단계적인 진행 방식에 따라 체계적으로 접근하면 유리하다. 최고의 혁신가들은 당장 수중에 답이 없어도 견딜 수 있다. 다음 질문으로 나아가는 데 집중하기 때문이다.

이 책은 다음으로 넘어가는 질문들로 구성된다. 44개의 질문으로 이루어진 제목이 각각의 장을 구성하고 그 안에 더 많은 질문이 들어 있다. 드문드문 삽입된 33개의 짧은 사례는 강력하고 때로는 엉뚱한 질문에서 시작된 아이디어나 혁신, 새로운 사고방식을 보여준다.

처음 이 책의 아이디어를 모으려고 '더 아름다운 질문'이라는 블로그를 개설했을 때, 과연 '아름다운 질문'이 무엇인지 지극히 주관적인 정의를 내놓았다.

아름다운 질문은 어렵지만 충분히 행동으로 옮길 수 있는 질문이며, 어떤 인식이나 생각을 바꾸기 시작하여 변화의 촉매제가 되어주는 질문이다.

이 정의를 보면 이 책이 '우리는 왜 존재하는가?'나 '선이란 무엇인가?', '정말로 사후 세계가 있을까?' 등과 같은 철학적이거나 영적인 질문을 다루지 않는다는 것을 분명히 알 수 있다. 이런 질문들은 끝나지 않는 논쟁을 불러일으킨다. 나는 그런 질문을 논하기에 적합한 사람도 아니고, 그것들은 내가 말하는 실행 가능한 질문 범주에 속하지도 않는다.

이 책은 실행을 통해 유형의 결과와 변화로 이어지는 질문에 초점을 맞춘다. 저명한 물리학자 에드워드 위튼Edward Witten은 "흥미롭고 답할 가치가 있을 만큼 어렵지만 실제로 답할 수 있을 만큼 쉬운 질문"을 찾는다고 말했다.[10]

하지만 우리가 보통 던지는 질문은 그런 질문이 아니다. 우리가 구글 검색창에 입력하는 질문들은 영 딴판이다. 요즘은 온라인 자원을 이용해 즉각 답을 구할 수 있고 사람들이 그 어느 때보다 많은 질문을 하고 있어서 질문의 황금기라고 할 수 있다. 그런데 질문의 양만 많을 뿐 질이나 깊이는 그렇지 못하다. 어느 유명인이 동성애자인가 그렇지 않은가는 사람들이 구글에서 가장 많이 검색하는 질문이다.[11] 우리가 던지는 질문은 뻔하고 상상력이 부족해서 처음 몇 단어만 입력해도 무슨 질문인지 구글이 금방 예측한다.

이 책은 구글이 쉽게 예측하거나 제대로 답해줄 수 없는 질문, 즉 새로운 방식으로 찾아야 하는 질문에 초점을 맞춘다. 기업을 돋보이게 만들어주는 새로운 아이디어는 무엇인가? 업무나 예술 작품에 새로운 방식으로 접근한다면? 어떻게 하면 지역사회와 가족이 오랫동안 안고 있는 문제를 해결할 수 있을까? 개인적이고 도전적이며 새로운 혁신을 일으켜줄 질문이다.

나는 질문의 가치를 연구하면서 무엇이 중요하고 기회가 어디에 있고 어떻게 목표를 달성해야 하는지 알려면 어제보다 오늘 질문하기가 더욱 중요하고, 내일은 더욱 중요해질 것이라고 확신했다. 누구나 좀 더 나은 답을 갈구한다. 하지만 우선 제대로 질문하는 법부터 배워야 한다.

차례

제5장 삶과 질문

제1장

질문의 힘

달에도 가는 세상인데
왜 쓸 만한 의족은 못 만들지?

무슨 질문이든 척척 답해주는 구글이 없던 1976년, 밴 필립스Van Phillips라는 청년은 이런 질문을 떠올렸다. 처음에는 속으로만 생각하다가 사람들에게도 물어보기 시작했다. 그의 미래가 달린 질문이었지만 답을 아는 사람은 한 명도 없는 것 같았다.[01]

잘생긴 외모에 운동신경까지 뛰어난 스물한 살의 필립스는 전도유망한 대학생으로 남부럽지 않게 살고 있었다. 그러던 그해 어느 여름날, 그의 운명을 송두리째 바꿔놓은 사건이 일어났다. 애리조나의 호수에서 수상스키를 즐기던 중, 그가 매달린 모터보트에 작은 화재가 발생했다. 순간 운전자는 우왕좌왕하느라 사각지대에서 달려오는 다른 모터보트를 미처 보지 못했다. 그 모터보트와 필립스가 정면으로 부딪혔다.

병원으로 실려 간 그는 이튿날 아침 마취에서 깨어났다. "보기 겁났지만 그래도 궁금하더군요. 조심스럽게 담요를 걷어봤더니 왼발이 있어야 할 곳에 아무것도 없었습니다." 모터보트의 프로펠러에 부딪힌 왼쪽 무릎 아래로는 부상이 심해 절단할 수밖에 없었다.

병원에 입원해 있는 동안 필립스는 '알루미늄 튜브에 연결된 분홍색 발'을 끼고 있었다. 사실 그 '발'이라는 것은 라텍스 고무를 붙여놓은 나무 블록에 지나지 않았다. 당시 의수나 의족은 그렇게 엉성한 모양새였다. 필립스는 퇴원하면서 몇 가지 지시사항을 들었다. 앞으로 '새로운 친구'에 익숙해질 것, 하루 두 번 의족을 차고 걸으면서 절단 부위를 단련할 것. 하지만 그는 의족이 무용지물임을 뻔히 알고 있었다. 처음으로 의족을 끼고 걸으려 했을 때 그는 콩알만한 돌에 걸려 넘어졌다. 얼마 뒤 여자친구의 부모님 댁을 방문했는데 그녀의 아버지가 필립스를 따로 부르더니 "밴, 현실을 받아들여야 하네"라고 말했다. "이를 악물었어요. 맞는 말이었죠. 한쪽 다리가 없다는 사실을 받아들여야 했어요. 하지만 그렇게 생긴 의족을 차고 다녀야 한다는 사실은 절대로 받아들일 수 없었습니다."

그 순간 필립스는 혁신적인 질문자들에게서 흔히 나타나는 특징을 보였다. 현실을 받아들이지 않으려 한 것이다. 어린 시절에도 비슷한 일이 있었다. 집 안에 있는 문이란 문의 손잡이는 전부 다 빼버렸다. '이걸 빼면 어떻게 될까?'라는 어린아이다운 호기심으로 벌인 장난이었다. 질문하는 사람이라면 한 번쯤 그런 경험이 있다. 그런데 어른이 된 지금 그는 '왜'라고 묻는 매우 중대한 순간을 맞고 있었다. 내가 왜 이렇게 형편없는 의족을 차고 다녀야 하지?

적어도 그에게는 전혀 터무니없는 질문처럼 여겨지지 않았다. 당시는 누구나 눈부신 기술 발달을 실감하는 시절이었다. 미국 항공우주국NASA의 우주 탐사를 비롯해 전 세계에 경이로운 일들이 벌어지고 있었다. 필립스는 인간이 달에도 가는 세상인데 그런 엄청난 기술과 노하우를 왜 의족 같은 현실적인 문제에 적용하지 않는지 의아했다.

하지만 그가 의수족 보조기 분야에 어느 정도 익숙해지기 전까지 미처 몰랐던 사실이 하나 있었다. 정부나 대기업이 적극적으로 해결하려고 나서지 않는 문제도 있다는 것이다. 그에 따르면 의수족 보조기 사업은 '수십 년간 제자리걸음'이었다. 팔다리가 절단된 사람들이 소비자층이다 보니 매력적인 시장으로 보이지 않아서 투자자가 나서지 않았다. "오히려 잘된 일이었습니다." 훗날 필립스가 말했다. 오랫동안 답보 상태에 빠져 있는 분야라서 시대에 뒤처진 접근법과 현재 관행에 질문을 던지기가 쉬웠다. 새로운 발상의 전환이 간절한 만큼 가능성도 무궁무진했다.

필립스는 '왜Why'와 '만약에What If'로 시작하는 질문이 '기존의 답What Is'을 가진 사람들로부터 환영받지 못한다는 사실을 이내 깨달았다. 이는 순수한 질문자들이 종종 경험하는 일이다. 병원이나 기업 회의실, 심지어 강의실 같은 전문 영역에서는 기본적인 질문조차 받아주지 못하고 거북해하는 경우가 흔하다. '왜 더 나은 의수족을 못 만들까? 현실을 바꿀 수는 없을까?'라는 필립스의 질문은 의사나 의수족 개발 엔지니어처럼 '현재 가능한 것'을 훨씬 잘 아는 전문가들의 권위에 대한 도전으로 비춰질 수 있었다.

외부인이었기에 필립스는 오히려 질문자로서 유리한 고지를 차지할 수 있었다. 질문이 흥미로운 것은 기존의 전문 지식을 거스르기 때문이다. 전문가는 자신이 몸담은 분야에 관한 한 형편없는 질문자인 경우가 흔하다. '전문가는 알기 때문에 생각하기를 그만둔 사람'[02]이라는 프랭크 로이드 라이트Frank Lloyd Wright(1867~1959년,

미국의 유명 건축가로 인간과 환경이 어우러진 유기적인 건축 원리를 정립했고 수많은 대표작을 남겼다 – 옮긴이)의 말에서도 잘 나타난다. '알면' 질문할 이유가 없다. 그러나 스스로 질문하지 않으면 '전문가'의 지식에만 의존해야 하므로 한계가 있다. 그것이 시대에 뒤처지거나 완전히 잘못된 정보일 수도 있다.

필립스는 자신이 더 잘 안다고 전문가들을 설득할 생각은 없었다. 실제로 그들보다 잘 아는 것이 아니라 그럴 것이라고 추측할 뿐이었다.

어느새 그는 도전하는 질문자에게 필수적인 단계를 하나 더 거쳤다. '왜 사람들은 쓸 만한 의족을 못 만들지?'라는 질문을 자신의 것으로 만든 것이다. 질문의 대명사를 바꿔 '사람들' 대신 '나'를 집어넣었다.

소규모 개인 발명가이자 적극적인 질문자인 마크 누난Mark Noonan의 설명처럼 이것은 매우 중요한 개념이다. 누난은 삽으로 눈을 치울 때마다 허리가 몹시 아프자 '왜 더 좋은 삽을 못 만드는 거지?'라는 질문을 떠올렸다.[03] 그는 문제를 직접 해결했다. 기다란 손잡이와 레버와 바퀴가 달려 허리를 숙이지 않고도 사용할 수 있는 삽을 고안했다. 그는 문제 해결을 위한 행동을 취하지 않으면 질문이 단지 불평에 지나지 않는다고 말했다. 그러면 불만스러운 상황은 절대로 변하지 않는다. 미국 국방부 산하 국방첨단과학기술연구소Defense Advanced Research Projects Agency, DARPA 소장을 지낸 레지나 듀건Regina Dugan도 이렇게 말했다. "다들 자기보다 똑똑하고 능력 있는 누군가

가 대신 문제를 해결해줄 거라고 생각하죠. 하지만 그렇지 않아요. 나 말고는 아무도 없습니다."⁰⁴

직접 답을 찾기로 마음먹은 밴 필립스는 의수족 보조기에 관련된 중요한 질문을 떠올리려면 직접 그 분야로 들어가야 한다는 사실도 알고 있었다. 신문방송학을 전공한 그는 진로를 바꿔 의수족 보조기 연구 분야에서 최고 권위를 자랑하는 노스웨스턴 대학교에 입학했다. 졸업 후에는 유타의 의수족 보조기 연구소에 취직했다. 당시의 의수족이 왜, 어째서 그런 모양으로 고안되었는지 이해되기 시작했다.

그는 10년 가까이 첫 번째 질문과 씨름했고 새로운 질문을 떠올렸으며 마침내 답을 행동으로 옮겼다. 오랜 질문 여정은 그를 생각지 못했던 곳까지 이끌었다. 동물의 세계에서 교훈을 얻고 동네 수영장뿐만 아니라 고대 중국의 전쟁터에서 아이디어를 빌렸다.

더 나은 의족을 만들려고 애쓰다가 실패로 휘청거리기도 했다. 실제로 그는 땅에 곤두박질쳤다. '이번 프로토타입이 지난번 디자인보다 몸을 더 잘 지탱해줄 수 있을까?'라는 마지막 질문의 답을 찾으려고 직접 의족을 테스트하는 과정에서였다. 새로 만든 의족이 부러져 땅에 곤두박질칠 때마다 실망스런 답만 돌아왔다. 혼자 분풀이하기도 했지만 실패에서 교훈을 얻으며 계속 새로운 질문을 던졌다.

그러던 어느 날 드디어 의족이 부러지지 않았다. 그 순간 필립스는 자신이 세상을 바꾸리라는 것을 알았다.

질문은 어떤 효과가 있는가?

퓰리처상을 수상한 역사학자 데이비드 해켓 피셔David Hackett Fischer는 질문은 "지성의 엔진, 즉 호기심을 제어된 질문으로 전환시켜주는 지적인 기계"라고 했다.[05] 하지만 '엔진'은 질문의 놀라운 힘을 알려주는 수많은 비유 중 하나일 뿐이다. 질문은 진실을 파내는 삽 같기도 하고 '올바른 질문 연구소RQI'의 댄 로스스타인Dan Rothstein의 말처럼 "가야 할 곳을 비춰주는" 손전등이기도 하다.[06]

'전략적 질문'을 활용해 문화적 차이를 가진 사람들 사이에 다리를 놓아준 괴짜 사회운동가 프랜시스 피비Frances Peavey는 좋은 질문이란 "페인트통 뚜껑을 비집어 열어주는 지렛대"와도 같다고 말했다.[07]

우리가 질문을 종종 무엇과 '비유'하는 것은 질문에 대해 잘 모르기 때문인지도 모른다. 많은 사람이 질문을 그저 말의 일종으로 여기지만, 입 밖으로 내뱉지 않으면 존재하지 않는다는 의미가 되므로 사실과 다르다. 누군가에게 말하지 않아도 질문은 머릿속에 오랫동안 혹은 영원히 존재할 수 있다.

우리가 잘 아는 것처럼 말이나 다른 수단을 이용해 질문을 할 줄 아는 능력은 인간을 하위 영장류와 구분해준다. 어린아이들의 질문에 대해 연구한 하버드 대학교의 교육학 교수 폴 해리스Paul Harris[08]는 "다른 영장류와 달리 인간은 어린아이가 어른에게 문화적 정보를 기대하도록 만들어졌다"라고 말했다. 그는 이것이 매우 중요한 '진화적 차이'라고 본다. 인간은 말을 배우기 전부터 일종의 질문 형태를 이용해 정보를 얻으려 한다. 키위를 집어든 어린아이 는 옆에 있는 어른에게 표정이나 몸짓을 통해 그것에 대해 더 알고 싶은 욕구를 드러낼 수 있다. 침팬지들은 그러지 않는다. 신호를 보 내 먹을 것을 달라고 '요청'할 수는 있지만 음식을 달라는 것일 뿐 정보를 탐색하기 위한 질문이 아니다.

이처럼 모르는 것에 대한 인식이 질문의 원동력이라면, 질문은 인간을 원숭이와 구분해줄 뿐만 아니라 호기심 많은 사람과 멍청 하고 무심한 사람을 구분해주는 고차원적인 인식이다. 훌륭한 질 문자는 자신의 무지를 알고 있을 뿐만 아니라 전혀 거북해하지 않 는다. (TED 설립자인 리처드 솔 워먼Richard Saul Wurman은 "당신이 당신의 무지를 아는 것보다 나는 나의 무지를 잘 안다"[09]라고 자랑 스럽게 말했다.) 하지만 질문자는 질문의 손전등을 비추어 계속 무 지를 탐구하거나 질문의 삽으로 파헤친다.

스튜어트 파이어슈타인Stuart Firestein은 자신의 책 『무지 : 과학을 이끄는 힘Ignorance: How It Drives Science』에서 과학적 발견의 중요한 열쇠는 무지를 포용하고 질문을 새로운 발견으로 가는 항해 수단 으로 활용하는 과학자의 의지라고 말했다. "좋은 질문 하나는 여러 겹의 답을 제시하고 해결책을 찾으려는 수십 년간의 연구를 일으키 고 새로운 연구 분야를 만들고 고질적인 생각을 변화시킬 수 있다." 파이어슈타인은 "반면 답은 그 과정을 끝내버린다"라고 덧붙였다.[10]

댄 로스스타인은 질문 기술 교육법을 개발하기 위해 루즈 산타나Luz Santana와 소규모 비영리단체 '올바른 질문 연구소'를 설립하고 질문의 포괄적인 효과에 대해 연구해왔다. 그는 질문이 사람들의 머릿속에 일종의 '잠금 해제unlocking' 효과를 일으킨다고 믿는다. "누구나 한 번쯤 그런 경험이 있을 겁니다. 구체적인 표현으로 된 질문을 하거나 들음으로써 갑자기 무언가를 발견하고 이해하게 되는 경험 말이죠. 질문은 그렇게 전구가 반짝 켜진 것 같은 효과를 일으킵니다."

로스스타인은 성인 및 아이들로 이루어진 자신의 학생들이 오로지 질문을 통해 생각하고 브레인스토밍을 할 때 그런 현상이 나타나는 것을 보았다. 그의 표현처럼 상상력의 수문이 열린 것 같다. 참여자들은 주제에 더욱 관심을 보이고 적극적으로 참여한다. 질문으로 된 아이디어가 쏟아져 나온다. 《하버드 비즈니스 리뷰》의 필진인 폴리 라바르Polly LaBarre도 활기와 상상력 넘치는 질문이 기업에 끼치는 영향에 대해 비슷한 말을 했다. 그런 질문은 "기본적으로 전복적이고 파괴적이고 유쾌하며", "사람들이 새로운 것을 만

 전시에 도움이 되는 일을 평소에 준비할 수 있을까?[11]

갑작스럽게 터지는 전쟁은 아름다운 질문들을 만들어냈다. 1859년 스위스의 젊은 칼뱅주의자 앙리 뒤낭Henry Dunant은 오스트리아군과 프랑스군의 참혹한 전투가 끝난 이탈리아의 현장을 보게 되었다. 4만 명에 이르는 군인들이 부상하거나 사망한 채로 전장에 누워 있었다. 뒤낭은 서둘러 현지인들을 모아 부상자들의 상처를 붕대로 감아주고 음식을 먹였다. 스위스로 돌아간 그는 책에 '다치거나 병든 사람을 간호하기 위해 헌신적이고 자격 있는 자원봉사자들로 구성된 구호단체를 평시에 만들 수 있는 방법이 있지 않을까?'라고 적었다. 그리하여 각국에 적십자라는 구호단체가 탄생하게 되었다. 그 후 뒤낭은 적십자 지사들의 기술과 자원을 모아 전시뿐만 아니라 평시에도 도움을 제공하자는 인도주의 정신을 옹호했다.

들 때 필요한 모드가 되도록 스위치를 켜준다"라고.[12]

어째서 질문에는 그런 효과가 있을까? 뇌의 창조적 활동 분야를 다루는 선도적인 신경학자이자 저자인 켄 하일먼Ken Heilman은 질문을 할 때 뇌에서 일어나는 변화를 집중적으로 살펴보는 연구는 거의 없다[13]고 말했다. 현대 신경학은 공상에 잠기거나 광고를 보거나 낱말 맞히기 게임을 할 때 대뇌겉질에서 일어나는 변화를 말해줄 수 있지만 이상하게도 질문하기의 정신적 과정에 대한 정보는 드물다. 하일먼에 따르면 확산적 사고, 즉 대안을 떠올리는 정신적 과정에 대한 연구가 실시된 적은 있다. 그는 "확산적 사고는 '만약 이것을 다르게 생각해보면 어떨까?' 하는 것이므로 실제로는 질문 형태입니다"라고 말했다.

확산적 사고에 대해 알려진 사실은 좀 더 창조적인 우반구에서 일어나고 상상력을 활용하며 종종 임의적인 관념의 연상(창의성의 기본 원천)을 일으키므로 지성을 자극하고 커다란 보상을 줄 수 있다는 것이다. 질문이 확산적 사고를 일으킨다는 사실로 볼 때, RQI의 로스스타인이 질문 교육에서 목격한 것처럼 생각을 열어주는 효과가 있음은 별로 놀랍지 않다.

로스스타인은 질문이 생각을 열어줄 뿐만 아니라 방향을 안내하고 초점을 맞춰주기도 한다고 말했다. 처음에 학생들은 넓고 확산적인 '가정'으로 시작하더라도 점차 질문을 이용해 '수렴적(집중적)' 사고를 함으로써 어려운 문제의 핵심과 해결법의 합의점에 도달한다. 심지어 '초인지적 사고'에도 질문을 이용해 분석하고 고찰한다.

로스스타인은 "사람들이 질문을 단순하게만 여기지만" 제대로만 하면 "매우 정교하고 고차원적인 형태의 사고입니다"라고 말했다.

질문은 평등주의를 지향한다. 폴리 라바르는 "권위를 가진 위치가 아니라도 강력한 질문을 할 수 있다"라고 말했다.[14] 어떻게 보면 권위를 가진 사람일수록 질문하기가 더 어렵고 위험할 수 있다. 할 그레거슨은 질문하는 리더들이 "겸손과 자신감의 흔하지 않은 조합"을 보인다는 사실을 발견했다.[15] 다시 말하자면 모른다는 것을 받아들일 만큼 겸손하고 그것을 다른 사람 앞에서 인정할 만큼 자신감이 있다. 후자는 결코 쉬운 일이 아니다. 켄 로빈슨 경Sir Ken Robinson의 말대로 "우리 사회에서 모른다는 것은 죄이기 때문"이다.[16]

질문을 하는 것과 효과적으로 잘하는 것은 별개다. 모든 질문이 긍정적인 효과가 있지도 않다. 특히 간단하게 답할 수 없는 '왜'나 '만약', '어떻게'로 시작하는 개방형 질문은 '예' 또는 '아니오'의 폐쇄형 질문보다 좀 더 창의적인 사고를 장려한다. (나중에 살펴보겠지만, 폐쇄형 질문도 나름대로 장점이 있다.)

질문의 분위기는 더 중요하다. 도전이나 문제에 봉착했을 때 어떤 사람은 '맙소사, 어떻게 해야 하지?'와 같은 질문으로 반응한다. 한편 똑같은 상황에서 '만약 이게 기회라면? 어떻게 이 상황을 최대한 활용할 수 있을까?'라고 질문하는 사람도 있다.

'긍정적 탐구appreciative inquiry'라는 대중적인 이론을 만든 케이스웨스턴리저브 대학교Case Western Reserve University의 데이비드 쿠퍼라이더David Cooperrider 교수에 따르면 두 번째 유형처럼 좀 더 긍정적인 분위기의 질문은 보다 나은 답을 가져온다. 그는 "기업은 어떤 질문을 하느냐를 따라가게 되어 있다"라고 말했다. 리더와 관리자의 질문이 '우리가 왜 경쟁자보다 뒤처지는가?' 또는 '누구 잘못인가?'에 집중된다면 자기 영역 지키기나 남 탓하기에 급급한 사내 문화가 형성될 가능성이 높다. 반면 좀 더 넓고 긍정적인 질문을 한다면 그러한 마음이 반영된다. 쿠퍼라이더는 기업만 그런 것이 아니라고 말했다. 국가든 지역사회든 가족이든 개인이든 "우리는 우리의 질문이 만드는 세상에서 살아간다."[17]

계속 새로운 질문을 해야 하는가?

질문의 가장 중대한 효과는 불확실한 상황에 처했을 때 생각하고 행동하게 해준다는 것이다. 올바른 질문 연구소의 스티브 쿠아트라노Steve Quatrano에 따르면 질문하기는 "알지 못하는 것을 중심으로 생각을 정리할 수 있도록" 해준다.[18] 특히 실리콘밸리 같은 혁신의 본거지에서 질문이 중요한 이유를 알 수 있다. 그곳의 기업가들은 거의 매일 무無에서 새로운 제품과 사업을 구상해야 할 뿐만 아니라 경쟁이 치열하고 변덕스러운 시장을 상대해야 하기 때문이다.
 구글의 실험적인 무인자동차 엑스x의 엔지니어이자 발명가이며 온라인 대학교 유다시티Udacity를 설립한 세바스찬 스런Sebastian Thrun은 기술 변화와 질문이 상호적 관계를 맺고 있음을 인정한다. 변화는 질문에 연료를 공급받지만 결국 변화가 더 많은 질문을 자극해준다. 스런에 따르면 앞으로 나아갈 때마다 '이제 이것을 알게 되었으니 무엇이 가능한가?'라고 질문해야 하기 때문이다.[19]

어떤 측면에서 혁신은 시간이 지나면서 답할 수 있는 새로운 질문을 찾고 만들어내려는 시도다. 그렇게 만들어진 질문은 종종 새로운 모험을 시작하는 토대가 된다. 실제로 포스퀘어Foursquare와 에어비앤비, 판도라 인터넷 라디오 등 오늘날 최고의 기술 기업들은 '왜 ~하는 사람이 없을까?'나 '만약 ~한다면?' 같은 질문에서 시작되었다. 창업자의 개인적인 경험에서 우러나온 질문일 수도 있다.

기업의 현대적 성공 사례로 유명한 비디오 대여 서비스업체 넷플릭스의 출발도 그러했다. 리드 해스팅스Reed Hastings가 넷플릭스를 만들게 된 것은 누구나 일상에서 한 번쯤 해봤을 불만 때문이었다.[20] 그는 블록버스터에서 빌린 비디오를 제때 반납하지 못해서 엄청난 연체료를 물어야 했다. 그의 불만은 '왜 연체료를 내야 하지?'라는 질문으로 이어졌다. (그는 '연체료가 잔뜩 나온 걸 아내한테 어떻게 말하지?'라는 질문도 떠올렸다고 한다.)

연체료가 불만스러웠던 경험은 누구나 한 번쯤 있을 것이다. 해스팅스는 뭔가 대책을 세우기로 했고 '비디오 대여 사업이 헬스클럽 같은 방식으로 운영된다면 어떨까?'라는 질문으로 이어졌다. 그런 다음에는 연체료 없이 헬스클럽처럼 월간 회원제로 운영되는 비디오 대여 사업 모델을 고안하기 시작했다. (몇 년 뒤에는 그 사업 모델이 확장 가능한지, 확장할 필요가 있는지 질문했다. '왜 우리는 영화와 TV 프로그램을 빌려주기만 할까? 콘텐츠를 직접 제작하면 어떨까?')

폴라로이드(왜 사진을 현상할 때까지 기다려야만 할까?)에서 픽사(껴안고 싶게 털이 복슬복슬한 애니메이션 캐릭터를 만들 수 있을까?)[21]까지 수많은 기업이 질문으로 시작되었다. 질문에 관한 한 기업도 사람과 별반 다르지 않다. 처음에는 많은 질문으로 출발하지만 그 수가 조금씩 줄어든다. 계층제가 갖춰지고 방식이 자리 잡히고 법칙이 생긴다. 그런 다음에는 군이 질문할 일이 뭐가 있을까?

리더들은 그동안 의존한 법칙과 방법이 더 이상 효과를 발휘하지 못하는 심각하거나 역동적인 시기가 닥쳤을 때 다시 질문 모드로 돌아가는 경우가 많다. 특히 시장에서 혁신의 속도와 필요성이 점점 커지는 요즘, 오래전에 떠올렸던 것보다 훨씬 거대하고 근본적인 질문을 해야 하는 기업들도 있다. 기업의 정체성과 사명은 물론이고 소비자층이 누구인지, 기업의 핵심 역량은 무엇인지에 대한 재고까지 모두 해당한다. 현재 많은 기업이 다음과 같은 기본적인 질문을 떠올리고 있다.

세상과 소비자의 삶에 일어나는 변화를 고려할 때, 지금 우리는 어떤 비즈니스를 하고 있는가?

기업이 변화 앞에서 어려운 질문을 해야 하듯, 기업에서 일하는 사람들이나 자기 사업을 하는 사람들, 혹은 일자리를 구하는 사람들도 마찬가지다. 기업을 뒤흔드는 힘, 즉 업무 수행 방식과 필수 기술까지 바꾸는 기술의 대변동은 최근 《뉴욕 타임스》가 블루칼라든 화이트칼라든 전문성에 상관없이 모두에게 영향을 끼치는 대참사라고 묘사한 상황을 만들어내고 있다. '적응의 시대'라는 제목의 그 기사는 "직장인들에게 끊임없는 적응의 필요성은 새로운 현실이다"라고 했다. 직장인들에게 요구되는 '연속적 숙달serial mastery'이라는 용어까지 등장시켰다.[22]

오늘날 직장인들은 변화의 속도를 따라잡기 위해 교육 강의를 듣는 등 계속 새로운 기술을 익혀야 한다. 그와 함께 《뉴욕 타임스》 기사가 지적했듯이 "어떤 새로운 기술이 자신의 가치를 높여줄지, 적어도 구식화를 막아줄지 스스로 알아내야 한다".

이런 내용의 기사는 점점 늘어나고 있다. 《뉴욕 타임스》의 칼럼니스트 토머스 프리드먼Thomas Friedman은 가차 없이 더 많은 기술과 독창성을 요구하는 글로벌 경제에 관한 글을 써왔다.[23] 이런 내용의 온라인 기사에 달리는 리플만 재빨리 훑어봐도 사람들이 걱정하고 어리둥절해하면서도 분노하고 비통해한다는 사실을 알 수 있다. 대학을 졸업하고 기술 하나를 선택해 내 분야에서 전문성을 쌓았어. 오랫동안 자리를 잡으려고 노력해왔는데 왜 처음부터 다시 시작해야 하지?

'왜'로 시작하는 이 질문은 정당하고 합리적인 것 같지만 안타깝게도 더 이상 나아가지는 않는다. 프리드먼이 말하는 법칙은 이미 바뀌고 있다. 공평하든 불공평하든, 싫든 좋든 간에. 이제 우리 앞에 놓인 도전은 새로운 시대의 조건이 우리에게 어떤 의미가 있느냐다. 어떤 기회가 있으며 어떻게 기회와 가능성을 최대한 활용할 수 있는지. 교육 프로그램 활용이 적절한 선택 같지만 어떤 행동을 취하기 전에 기본적인 질문이 필수다. 먼저 다음과 같은 질문을 해보지 않으면 재교육이나 특정한 교육이 가치 있는지 어떻게 알 수 있을까?

- 내 분야 또는 산업이 어떻게 변화하고 있는가?
- 어떤 트렌드가 내 분야에 가장 큰 영향을 끼치고 향후 몇 년간 어떤 결과를 초래할 것인가?
- 현재 내가 보유한 기술 중에서 새로운 환경에 가장 유용하고 적응 가능한 것은 무엇인가? 새롭게 보태야 할 기술은 무엇인가?
- 다양성을 추구해야 하는가, 아니면 한 영역에서 전문성을 키워야 하는가?
- 일자리를 찾을 생각을 해야 하는가, 만들어낼 생각을 해야 하는가?

커리어의 변화는 개인에게 일종의 혁신이므로 기업이 새로운 방향이나 전략을 추구할 때처럼 적극적인 탐구가 필요하다. 일회성 적응이 아니라 앞으로 나아가면서 계속 길을 바꾸는 데 익숙해져야 한다.

저명한 MIT 미디어랩MIT Media Lab의 이토 조이치 소장은 평생 적응의 필요성이 담긴 흥미로운 이론을 제시한다.[24] 우리는 세상이 지금보다 느린 속도로 움직이고 지금처럼 모든 게 복잡하지 않던 어린 시절을 학습 모드에서 보냈다. 어른이 되어서는 "자신의 일을 찾고 그것을 평생 반복한다". 그는 비판적 사고 없이 그저 주어진 절차에 순응하는 어른의 방식은 끊임없는 변화와 가중된 복잡함 속에서 더 이상 통하지 않는다고 말했다. 이미 알고 있는 많은 것이 바뀌거나 구식으로 전락해버리는 시대이므로 느긋한 전문가에서 적극적인 학습자로 돌아가야 한다.

질문이 답보다 더 중요해지고 있는가?

전문성은 '유통기한'을 잃어가면서 가치 또한 잃는다. '질문'과 '답'을 시장의 주식에 비유해본다면 현재 질문의 주가가 올라가고 답은 하락하고 있다. 하버드의 교육 전문가 토니 와그너Tony Wagner는 "오늘날 지식은 하나의 상품이 되었다.[25] 알려진 답이 어디에나 있고 쉽게 접근할 수 있다"라고 말했다. 와그너의 동료이자 혁신 전문가인 하버드의 폴 보티노Paul Bottino 교수도 허우적거릴 만큼 정보가 넘쳐나기 때문에 "명시적 정보의 가치가 하락하고 있다"라고 말했다. 따라서 진정한 가치는 "지식으로 무엇을 할 수 있는지 탐구하는 것"에 들어 있다.[26]

스튜어트 파이어슈타인의 말처럼 지식 과잉은 또 다른 흥미로운 효과를 일으킨다.[27] 우리를 더욱 무지하게 만든다. 집합적 지식의 몸뚱이가 점점 커질수록 따라잡는 것보다 알아야 할 것이 많아지므로 개인의 앎은 전체적인 지식에 비해 작아진다.

파이어슈타인은 추구할 무지가 많은 것이 다행이라고 말했다. 개인이 배울 수 있는 '집합적 지식'이 많고 광활한 미지 속에서 얼마든지 새로운 발견을 할 수 있기 때문이다. 전체적으로 보자면 '질문의 손전등'으로 비출 수 있는 어두운 곳이 더 많아진다.

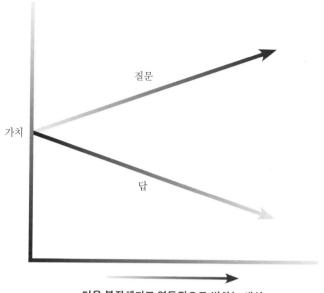

질문

가치

답

더욱 복잡해지고 역동적으로 변하는 세상

또 다르게 생각해볼 수도 있다. 주변을 둘러싼 미지의 것이 점점 더 많아질수록 우리는 유년기와 다른 경험을 하게 된다. 고개를 돌려 바라볼 때마다 궁금증을 유발하고 탐구하게 만드는 것들이 있다. MIT 이토 조이치의 말대로 우리는 배움이 아동기에만 이루어지는 것이 아니라 평생 계속되어야 한다는 사실을 받아들이고 어린 시절 큰 도움이 되었던 호기심과 경이로움, 새로운 것을 배우는 경향, 적응 및 흡수 능력을 유지하거나 되살리려고 노력해야 한다. 한마디로 '유형성숙성neotenous'을 갖춰야 한다('유형성숙'은 나이를 먹었는데도 어릴 적 형태를 그대로 간직하는 것을 나타내는 생물학 용어다). 그러려면 아이들이 효과적으로 활용하는 도구를 써야 한다. 바로 질문하기다. "질문하지 않으면 배우지 못합니다"라는 이토 소장의 말이 간단하게 설명해준다.

질문은 답을 이긴다. 존 실리 브라운은 일찍부터 그렇게 생각해왔다. 제록스 코퍼레이션Xerox Corporation의 수석 과학자였던 그는 오랫동안 제록스의 팔로알토 연구센터Palo Alto Research Center, PARC를 이끌었다. 최근에는 혁신 싱크탱크 '딜로이트센터 포 디 에지Deloitte Center for the Edge'를 공동 설립하여 세계적인 기업들을 대상으로 신속한 변화의 시대에 뒤처지지 않도록 조언해준다. 그리고 "기하급수적인 변화"를 맞아 교육 방식을 전면적으로 개혁해야 한다고 주장하는 책을 쓰기도 했다.

브라운은 모든 것이 너무나 빠르게 바뀌고 있다면서 "기술의 사용에 대한 생각조차 재구성해야 합니다. 온갖 근본적인 질문을 하게 되죠. 그러면 내가 세상을 바라보는 렌즈가 잘못되었음을 깨닫게 됩니다. 참고의 틀을 완전히 새롭게 만들어야 한다는 걸 말이에요"라고 말했다.

문제는 단지 급속한 변화뿐만이 아니다. 수많은 출처에서 나온 방대한 정보가 돌진해온다. 별도의 여과 장치가 없으면 관련 있거나 믿을 수 있는 것과 그렇지 못한 것을 구분하지 못한다. 브라운은 정보의 홍수에서는 "맥락이 아주 중요해집니다"라고 말했다. "이제는 삼각측량을 하고 여러 출처에서 바라봄으로써 자신이 믿기로 선택한 것에 스스로 근거를 만드는 능력이 중요합니다." 그는 "주변적인 질문을 하는 것"도 그 과정에 포함된다고 말했다. 정보에 또 다른 이면이 존재하는가? 얼마나 통용되는 정보인가? 찾은 다른

만약 실수에 덧칠을 할 수 있다면?[28]

타자기가 널리 사용되던 1950년대에 베티 네스미스 그레이엄Bette Nesmith Graham은 타자기의 리본 때문에 실수로 잘못 친 부분을 지우기가 어렵다는 사실을 알아차렸다. 그녀는 두 가지 일을 하고 있었는데, 은행에서 비서로 일하는 낮에는 타자기를 사용할 일이 많았고 저녁에는 상업 예술가로 일했다. 그러던 어느 날 밤 작품을 만들던 그녀는 '그림을 그릴 때처럼 타자기로 잘못 쳤을 때도 덧칠을 할 수 있다면?'이라는 질문을 떠올렸다. 그녀는 물과 물감을 섞은 용액을 작은 병에 담아 사무실로 가져갔다. '마법 같은 혼합액'은 타자 실수를 쉽게 덮어주었고, 얼마 지나지 않아 그녀는 전국의 수많은 비서들에게 수정액을 공급하게 되었다. 1980년 세상을 떠나기 전에 리퀴드 페이퍼Liquid Paper를 5,000만 달러에 매각해 아들이자 팝밴드 몽키스Monkees의 멤버였던 마이클 네스미스Michale Nesmith에게 절반을 남겨주었다. 그 돈으로 네스미스는 선구적인 멀티미디어 레코드 기업 '퍼시픽 아츠Pacific Arts'를 설립했다.

정보와 어떻게 이어져 있는가?

"새로운 도시 생활과 직장 생활은 의심 투성이다. 현재 상황에 의문을 던지고 마케팅이나 정치적 주장에 반문하고 무엇보다 앞으로 뭘 해야 하는지 질문한다"라는 작가 세스 고딘Seth Godin의 말도 비슷한 이야기다.[29] 바드 칼리지의 리언 밧스타인Leon Botstein 총장의 말에 따르면 오늘날 지식의 늪을 헤쳐나가려면 "위험을 평가하고 선동 정치를 알아보는 능력과 타인의 관점뿐만 아니라 자신의 가정에도 의문을 던지는 능력"을 갖춰야 한다.[30] 정보와 '사실'(사실일 수도 있고 그렇지 않을 수도 있다), 관점, 매력, 제안과 선택이 넘쳐날수록 적극적인 질문으로 걸러내고 분류하고 해독하고 이해할 수 있어야 한다.

그렇다면 기술이 질문하기를 도와줄 수 있을까? 보통 기술은 질문에 답하는 데는 편리하지만 질문에는 그리 뛰어나지 못하다.

50년 전에 "컴퓨터는 쓸모없다. 답만 줄 뿐이니까"라고 말한 피카소도 그것을 잘 알고 있었다.[31]

질문하는 법만 안다면 기술은 삶을 바꿔놓을 정도로 놀랍고도 획기적인 답을 줄 수 있다. IBM 왓슨 컴퓨터에서 보듯 그 가능성은 상상을 초월한다.[32] 왓슨은 2011년에 TV 퀴즈쇼 「제퍼디Jeopardy!」에서 승리를 거둬 인간보다 질문에 답하는 능력이 뛰어남을 증명했다. 오늘날 IBM은 의사들의 질문에 전부 답할 수 있도록 왓슨에 의료 정보를 꾸준히 입력하고 있다(환자가 A, B, C 증상을 보이면 무엇을 의미하는가?). 그러나 어떤 질문을 할지 찾는 것과 기술적으로 정확해도 상식은 고려되지 않는 왓슨의 답에 의문을 던지는 것은 의사의 몫이다.

얼마 전 나는 IBM의 주요 연구 기관을 방문해 왓슨과 프로그래머들을 직접 만났다. 거대한 서버로 이루어진 기계가 지하실에 홀로 놓인 채 나직하게 웡웡거리면서 질문을 기다리고 있었다. 프로그래머들에게 왓슨이 언젠가 인간을 앞서가 인간에게 심술궂고 복잡한 질문을 던지지 않을까 물었다. 왓슨이 만들어진 용도는 아니지만 프로그래머들은 흥미롭고 가능성 있는 견해를 내놓았다. 왓슨이 의사 및 의대생들과 접촉이 잦아질수록 좀 더 많이, 효과적으로 질문해야만 필요한 정보를 얻을 수 있도록 서서히 그들을 훈련시키고 있다는 것이다. 왓슨은 그들이 보다 나은 질문자가 되도록 훈련시킴으로써 결과적으로 보다 나은 의사가 되도록 도와줄 것이다.

요즘 세상에는 '아는 것'이 쓸모없다고?

오늘날 왓슨을 이용해 질문에 답하는 의료 전문가 집단은 소수에 불과하다. 하지만 결국 의사뿐만 아니라 우리 모두가 클라우드 기반의 슈퍼 검색 엔진으로 거의 모든 사실적 질문에 대한 훨씬 정확하고 전문적인 답을 빠르게 찾을 수 있게 될 것이다. 질문의 가치는 더욱 올라가고 답의 가치는 하락하는 현상이 심화될 전망이다.

기술이 답을 담당해줄 테니 우리는 더 이상 예전처럼 머릿속에 온갖 답을 채우지 않아도 될 것이다. 아인슈타인의 일화에서도 드러난다. 기자가 인터뷰를 끝내고 아인슈타인에게 전화번호를 물어본다. 그러자 아인슈타인은 옆에 있는 전화번호부를 집어든다. 아인슈타인이 자신의 전화번호를 찾는 동안 기자는 그렇게 똑똑한 사람이 어째서 자신의 전화번호도 기억하지 못하는지 묻는다. 아인슈타인은 그렇게 쉽게 찾을 수 있는 정보를 머릿속에 채울 필요가 없다고 대답한다.[33]

요즘처럼 데이터베이스가 '아는 것'을 대신해주는 구글과 왓슨 시대에 많은 비평가들이 여전히 암기 위주로 이루어지는 교육 방식에 의문을 던진다. 저자 수가타 미트라Sugata Mitra는 TED 강연에서 "아는 것은 쓸모없는가?"라는 도발적인 질문을 던졌다.[34] 물론 세상의 모든 지식은 단순한 사실 정보가 아니다. 이것은 지나치게 광범위한 질문이다. 그러나 저장된 사실 또는 '답'처럼 좁은 지식은 기억

왜 초콜릿 바가 녹았지? (과연 팝콘이 터질까?)[35]

독학으로 엔지니어가 된 퍼시 스펜서Percy Spencer는 제2차 세계대전 당시 국방부 하청업체인 레이시언Raytheon에서 일하며 전력증폭관power tube 부서를 이끌었다. 특히 미군 폭격기가 독일군 잠수함의 잠망경을 발견할 수 있을 만큼 강력한 레이더를 가능하게 해준 마그네트론 magnetron 연구에 몰두했다. 그러던 어느 날 마그네트론 옆에 서 있던 스펜서는 주머니에 든 초콜릿 바가 녹은 것을 발견했다. '이 전자파로 음식을 조리할 수 있을까?'라는 궁금증이 생긴 그는 마그네트론 근처에 팝콘 알갱이를 놓아두었다. 이내 그는 세계 최초로 전자레인지 팝콘을 먹을 수 있었다. 1947년에 레이시언은 최초의 전자레인지 '레이더레인지Radarange'를 출시했다. 하지만 부엌 조리대에 들어갈 만큼 작게 만들어지기까지는 20년이 더 걸렸다.

력이 뛰어난 기계에 맡기는 편이 나을 것이다.

답을 저장하는 능력에서 첨단 기기와 경쟁이 되지 않는다면, 인간의 고유한 능력인 질문은 우리가 가지고 있는 비장의 무기라고 할 수 있다. 인간과 동등한 수준의 호기심과 창의성, 확산적 사고, 상상력과 판단력을 갖추기 전까지 왓슨은 혁신적인 사상가나 평범한 네 살짜리 어린아이처럼 독창적이고 파격적이고 예측 불가능한 질문을 떠올릴 수 없다.

게다가 첨단 기기에 아무리 많은 답이 저장되어 있어도 효과적인 질문 탐구를 통해 살펴보고 접근해야만 어떻게 이용할지 알 수 있다. 요즘은 검색 엔진이나 데이터베이스에 질문을 하는 것은 빙산의 일각에 불과하다. 온라인 네트워크에 접근할 수만 있다면 무한한 정보와 가능성이 기다린다.

MIT 미디어랩의 이토 소장은 담대한 도전이나 질문을 파고들어 새로운 계획이나 움직임을 추구할 때 소셜 네트워크와 온라인 정보, 디지털 커뮤니티를 활용하면 훨씬 쉬워진다고 말했다. "네트워크를 이용해 필요한 답과 전문가의 조언, 파트너, 자금 지원, 영향력 등의 자원을 끌어모으면" 비교적 빠르게 가능하다. 그러나 그는 "네트워크에서 지지를 얻으려면 주로 질문을 통해 가능하다. 질문의 틀을 짜는 방법만 알면 최고의 답을 얻을 수 있다"라고 말했다.

이렇게 볼 때 요즘은 질문자가 되기에 안성맞춤이다. 정보와 도움, 아이디어, 피드백을 구하고 심지어 똑같은 질문에 관심 있는 협력자를 찾을 수 있는 곳도 많아서 질문 여정을 시작하기가 훨씬 쉬워졌다.

존 실리 브라운의 말처럼 질문자는 기하급수적인 변화의 시대에 더욱 번성할 수 있다. 그는 이렇게 말했다. "질문 성향이 없으면 변화를 두려워하게 될 것이다. 하지만 질문과 실험, 연결에 익숙해지면 변화는 모험이 된다. 변화를 모험으로 여길 때 승승장구할 수 있다."

왜 모든 것은 '왜'에서 시작할까?

브라운의 말처럼 밴 필립스는 "질문하고 실험하고 연결시키면서" 계속 앞으로 나아갔다. 첫 번째 '왜' 질문을 '달에도 가는 세상인데 왜 나는 쓸 만한 의족을 못 만들지?'로 수정하고 의수족 보조기 분야에 더욱 몰두하기 시작했다.

아는 것이 늘어갈수록 질문도 많아졌다. 의족의 소재(괜찮은 대체

재가 많은데 왜 하필 나무를 사용하지?), 모양(왜 의족은 뭉툭한 발 모양이어야 하지? 그게 과연 이치에 맞을까?), 의족의 기본 목적(왜 발과 비슷한 모양으로 만들려고만 하지? 기능이 훨씬 더 중요하지 않을까?) 등에 관련된 질문이었다.

이런 것들이 혁신적인 질문의 첫 번째 단계다. 눈앞에 놓인 도전을 나타내주는 질문을 떠올려서 맥락을 이해하려고 하는 것이다. 나는 이것을 '왜' 단계로 본다. 하지만 이 단계의 질문이 무조건 '왜'로 시작할 필요는 없다. 어쨌든 '원인'에 대해 질문하는 시점이다.

- 어떤 상황이 왜 존재하는가?
- 그 상황이 왜 또는 누구에게 문제를 제시하거나 필요 또는 기회를 만드는가?
- 왜 지금까지 이러한 필요나 문제를 해결한 사람이 없었는가?
- 왜 당신(또는 당신의 기업이나 조직)은 이 문제에 관한 질문을 만들고 생각하는 데 시간을 투자하려고 하는가?

밴 필립스가 처한 상황은 여러모로 흔치 않았다. 그에게 '왜'는 굳이 찾을 필요도 없이 저절로 다가왔다. 누구에게 영향을 끼치며 과연 시간을 투자할 가치가 있는 문제인지 물어볼 필요도 없었다. 그러나 문제에 직면한 그는 주도적인 질문을 던졌다('왜 나에게 이런 일이 일어나야 했을까?'라는 소극적인 궁금증이 아니었다). 그다음에는 문제의 본질과 범위를 살피면서 새로운 '왜' 질문을 떠올렸다.

혁신적인 질문자는 이상적이지 않은 상황에 직면했을 때 '왜' 질문을 떠올리면서 뭐가 빠졌는지 찾으려고 한다. 그런 질문은 평범하고 일상적인 상황에서 나오는 경우가 많다. 리드 해스팅스가 '연체료'에 관한 질문을 떠올리고 넷플릭스를 창업한 것처럼. 마찬가지로 판도라 인터넷 라디오의 창업자인 팀 웨스터그렌Tim Westergren은 밴드 뮤지션으로 활약할 때 자신의 밴드는 물론 재능 있는 뮤지션들이 왜 그들의 음악을 좋아해줄 사람들을 찾지 못하는지 의아했다. 에어비앤비Airbnb의 공동 창업자 조 게비아Joe Gebbia와 룸메이트 브라이언 체스키Brian Chesky는 1년 중 특정 시기에 그들이 사는 도시를 찾는 관광객들이 왜 호텔을 예약하기 힘든지 이해할 수 없었다.

《뉴욕 타임스》기술부 기자인 데이비드 포그David Pogue는 오늘날 일상의 일부가 된 ATM 기기, 컴퓨터 문서, 샴푸 등 수많은 것들이 똑같은 방식으로 탄생했다는 글을 썼다. "기존의 방식에 왜라는 질문을 던질 때" 모든 혁신이 일어났다.[36]

이러한 현상은 기업의 혁신이나 발명에만 제한되지 않는다. '왜'라고 묻는 것은 거의 모든 상황에서 변화의 첫걸음이다. 그레첸 루빈Gretchen Rubin은 단순한 '왜' 질문을 일상에 적용하면 극적인 변화로 이어질 수 있음을 보여주었다.[37] 비가 내리는 어느 날 뉴욕에서 버스를 탄 그녀는 차창 밖을 바라보며 '왜 나는 있는 그대로의 삶에 행복하지 않은 걸까?'라는 질문을 떠올렸다. 이 질문으로 행복의 본질에 대해 생각하게 되었고, 그 깨달음을 자신은 물론 타인의 일상생활에 적용했다. 책을 비롯해 여러 매체를 통해 성공을 거둔 그녀의 '행복 프로젝트'는 그렇게 탄생했다.

우리는 일과 가족관계, 지역사회 문제 등 변화와 개선이 필요한 상황을 만날 때마다 '왜'라고 질문할 수 있고 또 그래야 한다. 왜 내 커리어는 제대로 발전하지 않는 걸까? 발전하고 있는데 내가 만족하지 못하는 것이라면 이유가 뭘까? 왜 우리 제품과 서비스가 소비자들에게 관심 받지 못할까? 왜 장인어른과 잘 지내기가 힘들까?

질문자들은 스스로 '왜' 질문을 찾아나서기도 한다. 답을 찾아서 고칠 수 있는 문제를 찾으려는 것이다. 이것을 '문제 찾기problem finding'라고 한다. 문제를 찾는다는 말이 조금 이상하게 들리지만, 일류 기업 간부들에게 문제 찾기 기술을 가르치는 경영 컨설턴트 민 바사두르Min Basadur에 따르면 그것은 규모에 상관없이 모든 기업에 매우 중요한 일이다.[38] 다른 사람보다 문제를 빨리 '찾고' 그것을 둘러싼 질문에 답할 수 있으면 새로운 사업과 커리어, 산업 분야를 창조할 수 있다. 그는 이것을 생활에도 적용할 수 있다고 덧붙였

 왜 운동선수들은 소변을 자주 보지 않을까?[39]

기업은 물론 하나의 산업이 질문에서 시작될 수도 있다. 그런데 이만큼 괴상한 질문은 없을 것이다. 1965년 플로리다 대학교 미식축구 코치 드웨인 더글러스Dwayne Douglas는 '왜 선수들이 경기 후에 소변을 많이 보지 않을까?'라는 질문을 떠올렸다. 선수들이 경기 내내 사이드라인에서 물을 마신다는 사실을 생각하면 잘 이해되지 않는 일이었다. 땀을 통해 지나치게 많은 전해질이 빠져나가고 그것이 물로는 보충되지 않기 때문인데, 당시 그는 알지 못했다. 그는 같은 대학교의 신장병 전문가인 로버트 케이드Robert Cade 교수에게 자신의 의문을 전달했고 케이드 교수는 땀으로 배출되는 전해질을 보충해줄 수 있는 음료를 개발하기 시작했다. 처음 만든 음료수를 신입생 미식축구팀에 실험했는데, 연습경기에서 상급생들을 이기는 결과가 나타났다. 이 음료수는 팀의 마스코트를 따서 '게토레이'로 불리게 되었고, 현재 약 200억 달러 규모에 이르는 스포츠 음료 시장을 탄생시켰다.

다. 명백한 위기 상황으로 커지기 전에 문제를 발견하면 고칠 수 있고, 개선과 재창조의 기회로 삼을 수도 있다.

행동을 취하지 않고 '왜' 질문만 떠올리면 생각이나 대화를 자극시킬 수는 있겠지만 변화를 일으키지는 못한다. (기본 공식은 Q질문+A행동=I혁신이다. 그리고 Q-A=P철학이다.) 나는 질문자들이 문제에 착수하는 모습을 보면서 몇 가지 패턴을 발견했다.

- 이상적이지 않은 상황에 직면하면 '왜' 질문을 떠올린다.
- 가능한 개선 방안과 해결책에 관한 아이디어를 떠올린다. 그런 아이디어들은 '만약'이라는 질문 형태로 수면에 떠오르게 마련이다.
- 한 가지 가능성을 선택하고 실행한다. 여기에는 대개 '어떻게'라는 질문이 수반된다.

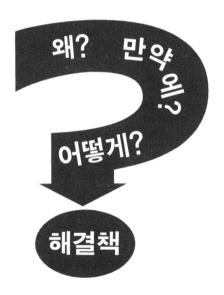

이처럼 '왜/만약에/어떻게'라는 단계는 기본적이고 논리적인 진행 과정이다. 창조적인 문제 해결 과정을 단계별로 쪼개는 기존의 몇몇 모델과도 비슷한 점이 있다. 예를 들어 IDEO를 비롯한 세계적 디자인 기업들은 체계적인 문제 해결을 위해 '디자인적 사고design thinking'를 활용한다.[40] 문제의 틀을 구성하고 자세히 알아본 다음(이 책에서 말하는 '왜' 단계와 비슷) 아이디어를 내고('만약에' 질문 해당), 끝으로 그것을 바탕 삼아 프로토타입을 만든다('어떻게' 단계).

경영 컨설턴트 민 바사두르의 창조적 문제 해결 과정도 비슷하게 진행된다. 먼저 문제를 이해하고 가능한 해결책을 상상한 뒤 가능성을 실천한다. 이런 바사두르의 방식은 대중에게 잘 알려져 있지 않지만 뉴욕 버팔로의 전설적인 창의적 문제 해결 연구소Creative Problem Solving Institute가 고안한 초기 과정을 토대로 한다. 약 100년 전 영국의 심리학자 그레이엄 월리스Graham Wallas가 고안한 '준비/부화/계시/검증'이라는 4단계 창조 과정과도 비슷하다.

이처럼 이 책의 3단계 질문 과정에는 그럴 만한 이유가 있다. 이것은 문제에 직면했을 때 가능한 해결책을 강구하는 최선의 방법이라고 오래전부터 검증된 사실들과도 일치한다. 또한 이 책에서 소개하는 여러 질문자가 혁신적인 해결책에 도달한 주기적인 과정을 관찰한 결과이기도 하다.

'왜/만약에/어떻게'는 질문에 접근하는 간단한 방식이다. 질문 과정은 혼란스럽고 예측 불가능할 수밖에 없지만 적어도 외관상으로는 질서를 찾으려는 것이다. 질문은 우리를 미지의 영역으로 이끌지만(또 그래야만 한다) 앞으로 나아가는 각 단계마다 어떤 유형의 질문을 해야 하는지 알면 적어도 표지판이 생긴다. '과정'이 주는 진정한 묘미다. 어느 디자인적 사고자가 해준 말처럼 과정이 마련되어 있으면 답이나 해결책은 제공되지 않더라도 계속 다음 단계로 넘어갈 수 있으므로 "자신이 무엇을 하고 있는지 모르는 경우에도 앞으로 무엇을 해야 하는지는 알 수 있다".[41]

질문에서 행동으로 어떻게 옮겨가는가?

밴 필립스는 어느 시점에 이르러 '왜'에서 '만약'으로 넘어갔다. 그즈음 그는 의수족 보조기 산업에 종사하면서 그 분야가 어떻게 돌아가는지 자신만의 '맥락적 탐구contextual inquiry'를 실시하고 있었으므로 더욱 지능적인 질문을 할 수 있게 되었다.

필립스는 의수족 보조기에 관한 전문 지식을 습득하면서도 처음의 '외부인' 관점을 유지하려고 노력했다. 누군가 특허청에 가서 특허 받은 의족 디자인을 전부 참고하라고 조언했다. "제 반응은 다른 사람의 아이디어에 물들지 않겠다는 거였죠. 남이 아니라 나의 길을 가겠다고 말입니다."

필립스는 서두르지 않았다. 그는 신속하게 얻을 수 있는 전문가의 답변을 찾고 있지 않았다. "시간과 공간을 충분히 내어주면 시간이 지나면서 뇌가 스스로 문제 해결에 착수합니다. 그러면 한번 실행해볼 만한 흥미로운 가능성이 떠오르게 마련이죠." 그의 머릿속에는 점차 여러 가지 가능성이 떠오르기 시작했다. '만약' 단계에서는 우리가 의식하든 그러지 않든 상상력이 발동하기 시작한다. 뇌는 오랫동안 어떤 문제나 질문에 몰두해 있으면 답으로 이어질 수 있는 가능성들을 찾아낸다. 그러나 이 단계는 여전히 추측과 검증되지 않은 가설 혹은 때 이른 현현顯現, epiphany에 불과하다. (현현은 '아하!' 하는 깨달음의 순간이지만 문제가 순식간에 해결된다는 뜻이다. 하지만 통찰은 '만약'의 형태로 다가오는 경우가 많다. 질문에 관련된 아직 검증되지 않은 개방적인 가능성으로서.)

'만약'의 가능성 탐구는 질문이 활짝 열리는 재미있는 단계이므로 서두르면 안 된다. 요즘처럼 질문이 신속하고 간단하게 해결되는 시대에 '앉아서나' '생활하면서나' 질문을 떠올린다니 이상하게 느껴질 수 있다. 스튜어트 파이어슈타인은 『무지 : 과학을 이끄는 힘』에서 우리가 이런 현실에 지나치게 익숙해진 것 같다고 했다. "우리는 너무 답에만 몰두하는 게 아닐까? 특히 질문이 오랫동안 머무는 것을 두려워하는 것이 아닐까?"라고 그는 물었다.

어려운 질문에 대한 최악의 대응은 지나치게 빨리 답하려는 것이다. 머릿속에서 '만약'의 가능성이 떠오를 때, 신선하고 새로운 아이디어들이 번지고 만들어지려면 시간이 걸릴 수 있다. 기존의 아이디어들을 색다르고 흥미롭게 연결시킨 결과인 경우가 많기 때문이다. 일찍이 아인슈타인은 이러한 '조합적인 사고'를 신봉했다. 오늘날 창의성의 기본 원천으로 받아들여지는 사고 유형이다. 연결과 질문이 모두 따르므로 '연계적 탐구connective inquiry'라고 할 수 있다.

밴 필립스는 그의 말처럼 의족 프로젝트에 '깊숙이' 몰입하면서 흥미롭고 색다른 연계적 탐구를 많이 했다. 한 예로 다이빙 도약대의 스프링력spring force에 대해 생각하기 시작하면서 '만약 다이빙 도약대의 추진 효과를 의족에서 재현할 수 있다면?'이라는 질문을 떠올렸다. 그러다가 동물들의 다리 움직임에 대해서도 알게 되었다. 특히 치타의 뒷다리가 굽혀지고 힘줄이 압박될 때마다 강력한 힘줄에서 놀라운 스프링력이 발생했다. 만약 인간의 다리가 치타의 다리와 비슷해질 수 있다면?

필립스는 아득한 어린 시절의 기억도 연결시켰다. 어린 시절 아버지가 가지고 있던 C자로 된 중국검이 떠올랐다. 곡선으로 구부러진 칼날은 일자 칼날보다 더 강하고 유연해서 어린 필립스를 매료시켰다. 어린 시절 기억과의 연계는 그의 머릿속에 새로운 가능성을 제시했다. 종아리와 발이 L자로 된 의족 대신 발뒤꿈치 부분을

 만약 자동차 앞 유리창이 깜빡거릴 수 있다면?[42]

1902년 뉴욕을 여행하던 앨라배마 출신의 메리 앤더슨Mary Anderson은 시내 전차 운전사가 앞 유리창에 쌓인 눈 때문에 불편해하자 '왜 사람들은 저 눈을 치우는 장치를 만들지 않을까?' 생각하게 되었다. 결국 그녀는 최초로 자동차 와이퍼를 디자인했다. 60년 뒤 로버트 컨스Robert Kearns는 자동차 와이퍼의 현대화에 관한 질문을 떠올렸다. 폭우가 쏟아질 때나 보슬비가 내릴 때나 똑같은 속도로 움직이는 와이퍼가 불만이었던 그는 '왜 자동차 와이퍼는 눈을 깜빡이는 것처럼 필요에 따라 빨리 혹은 느리게 깜빡거릴 수 없을까?'라는 질문을 떠올렸다. 지하실에서 '간헐적으로 움직이는 와이퍼'를 연구하기 시작한 그는 세 개의 부품으로 이루어진 전자 감지 및 타이밍 장치를 만들었다. 미국의 3대 자동차 기업(미국의 빅 3는 흔히 제너럴모터스, 크라이슬러, 포드를 가리키며 로버트 컨스와 법정 공방을 벌인 것은 포드였다 - 옮긴이)이 그의 특허를 가로챈 이야기는 2008년에 만들어진 영화 「플래시 오브 지니어스Flash of Genius」에 나온다.

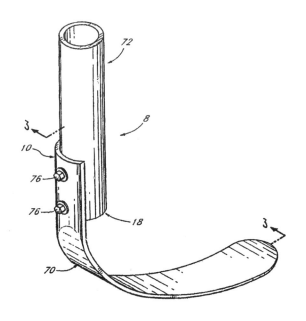

넣어 다리부터 발가락까지 하나의 매끄럽고 연속적인 곡선으로 된
의족을 만들면 어떨까? 적합한 소재로 이런 디자인의 의족을 만든
다면 치타 힘줄의 탄력성과 다이빙 도약대의 반동력을 합칠 수 있
으리라. 그런 의족이라면 다리를 절단한 사람도 걷기뿐만 아니라
달리기와 점프까지 가능할 것이다.

　만약의 가능성은 정말로 강력하다. 혁신의 씨앗이 된다. 하지만
아무리 스프링처럼 폭발적인 힘이 있더라도 아이디어는 단번에 현
실화되지 않는다. 혁신적인 질문자들은 아이디어에 모양을 부여하
고 현실로 만드는 능력에서—대개는 끈기와 투지에서 나온다—차
별화된다. 이것은 질문하기의 최종적이고 필수적인 '어떻게' 단계
다. '왜'라는 질문을 떠올리고 '만약'이라는 가능성도 고려했으니

'어떻게 실행할 수 있을까?'라고 생각하게 되는 것이다. 행동 단계이지만 좀 더 실용적인 질문들이 이끌어간다.

- 어떤 아이디어를 계속 밀고 나갈지 어떻게 결정하는가?
- 아이디어의 어떤 부분이 효과적이고 어떤 부분이 그렇지 않은지 어떻게 실험을 시작할 것인가?
- 만약 실패한다면 어떻게 잘못된 점을 찾아내고 고칠 것인가?

오늘날 대부분의 사람들은 아이디어와 질문을 쉽게 발전시킬 수 있다. 컴퓨터 스케치 프로그램을 이용할 수도 있고 유튜브 비디오를 만들 수도 있으며 베타 버전의 웹사이트를 개설하거나 소셜 네트워크로 도움을 청할 수도 있고 킥스타터Kickstarter 같은 사이트에 아이디어를 올려서 자금을 지원받는 등 다양한 방법으로 문제를 해결하거나 새로운 것을 만들 수 있다.

필립스가 의족을 연구하던 당시에는 그런 자원이 하나도 없었다. 그는 직접 손으로 스케치를 하고 지하실에서 점토로 프로토타입을 만들었다. 힘들게 부엌으로 올라가 프로토타입에 사용할 소재를 오븐에 구웠다. "50파운드(약 23킬로그램 – 옮긴이)짜리 핫플레이트로 부품 보존처리를 하다가 데이기도 많이 데였습니다."

필립스는 플렉스풋Flex-Foot의 프로토타입을 200~300개나 만들었는데, 대부분은 체중이 실리자마자 부러졌다. 프로토타입이 부러질 때마다 그는 질문으로 실패를 분석했다. 왜 부러졌을까? 만약 재료를 다르게 혼합한다면? 새로운 버전이 몸을 지탱해줄 수 있을까? 필립스는 매번 넘어질 때마다 훨씬 앞에서 넘어졌고 점점 돌파구에 가까워졌다. 실패할 때마다 성공으로 한 발짝 더 나아간 것이다.

그가 출시한 플렉스풋은 1980년대 중반부터 그가 2000년에 제품 라인과 회사를 매각할 때까지 의수족 보조기 산업에 혁신을 일으켰다. 플렉스풋 라인은 용도에 따라 여러 모델이 있었지만 다이빙 도약대와 동물의 다리, 곡선으로 된 중국검이라는 서로 다른 요소를 합친 '치타'가 가장 파격적이었다. 곡선 모양의 치타는 의족에 대한 인식과 모양에 대한 고정관념, 의족을 찬 사람이 할 수 있는 일에 대한 추측까지 모든 것을 바꿔놓았다. 다리가 절단된 사람이 필립스가 만든 의족을 차고 에베레스트 산에 올랐고 육상선수 에이미 멀린스Aimee Mullins는 양쪽 다리가 절단된 선수 최초로 조지타운 대학교 소속으로 NCAA(미국 대학스포츠협회) 육상 경기에 출전했다. 가장 유명한 사례는 2012년 올림픽에서 두 개의 치타를 장착하고 달린 남아프리카공화국의 육상선수 오스카 피스토리우스Oscar Pistorius다. 무엇보다 필립스 자신도 몇십 년 전에 처음 시작된 질문의 답으로 탄생한 의족 덕분에 삶의 뜨거운 열정을 되찾았다. 지금 그는 매일 캘리포니아 멘도시노Mendocino의 집 근처 해변을 달린다.

달리기를 하지 않을 때는, 디자인은 더 단순하고 기능은 더 뛰어난 의수족 보조기를 만들기 위해 노력한다. 그는 치타를 개발하자마자 이런 질문을 떠올렸다. 왜 의수족 보조기는 가격이 비싸야만 할까? 만약 새로운 소재나 공정으로 디자인을 수정한다면 더 많은 사람이 부담 없이 사용하는 의수족을 만들 수 있을까? 어떻게 하면 가능할까?

이처럼 '답'에 이를 때마다 새로운 질문의 물결이 다가오는 것은 질문자들에게 흔히 있는 일이다. 그들에게는 질문을 하는 것이 숨 쉬는 것만큼이나 자연스럽기 때문이다. 어째서 그럴까? 더 많은 사람이 그러지 못하는 이유는 무엇일까?

제2장

왜 질문을
하지 않게 될까

왜 아이들은 질문을 많이 할까?
(아이들의 질문에 대한 어른의 속마음은?)

몇 년 전 미국의 코미디언 루이스 C. K.는 어린아이와 질문에 관한 스탠드업 코미디를 했다.[01] 그것은 맥도날드에서 사면초가에 몰린 엄마와 어린 아들의 모습으로 시작한다. 하늘이 왜 파란지 묻는 아이에게 엄마는 발끈 화를 낸다. "조용히 하고 포테이토나 먹어!" 루이스는 관객들에게 이 엄마가 너무 심한 것처럼 보이지만 현실은 이렇다고 말한다. "아이들의 질문에는 답을 할 수가 없어요. 아이들이 그 어떤 답도 받아들이지 않기 때문이죠." 답을 해주려고 하면 '왜' 질문이 끝도 없이 나온다. 루이스는 어린 딸과의 대화를 예로 들었다.

처음에는 전혀 악의 없는 질문("아빠, 왜 나가서 놀면 안 돼요?")으로 대화가 시작되지만 딸의 질문은 비는 왜 내리는지, 구름은 왜 생기는지, 왜 아빠는 구름이 생기는 이유를 모르는지, 왜 학교 다닐 때 열심히 공부하지 않았는지, 왜 할머니랑 할아버지는 아들의 교육에 신경 쓰지 않았는지, 왜 할머니랑 할아버지의 부모님도 똑같이 무신경했는지까지로 이어진다. 결국 루이스는 딸에게 "우리는 우주에 혼자뿐이고 아무도 우리에게 신경 쓰지 않는 이유"까지 설명하느라 진땀을 뺀다. 대화는 그가 딸에게 이렇게 말하는 것으로 끝난다. "조용히 하고 포테이토나 먹어!"

이것은 부모는 물론 어린아이를 상대해본 사람이라면 한 번쯤 겪은 상황을 정확하게 보여준다. 루이스는 아이들의 질문을 받으면 얼마나 열 받는지 인정사정없이 솔직하고 재미있게 묘사했다. 어른은 '왜'라는 한마디에 자신의 무지를 알고 몹시 화나고 불안해지며 자신이 하찮은 존재라는 사실을 깨닫는다. 루이스 C. K.가 분명히 보여준 것처럼 우리는 아이들의 왕성한 호기심을 동경한다면서도 어느 시점에 이르면 아이들의 질문을 더 이상 환영하지 않는다.

어쩌면 아이들의 질문이 너무 많아서 지치기 때문인지도 모른다. 하버드 대학교의 아동심리학 교수이자 저자인 폴 해리스에 따르면, 아이들은 2~5세까지 약 4만 개의 질문을 한다.[02] 그 3년 동안 아이들의 질문에는 변화가 일어난다. 단순하고 사실적인 질문(물체의 이름)으로 시작되지만 30개월에 이르면 처음으로 설명을 요구한다. 4세에 이르면 대부분의 질문이 사실보다 설명을 요구하는 유형이 된다.

이러한 변화가 일어나는 동안 뇌도 급속히 성장한다. 워싱턴 대학교 연구진의 첨단 뇌 스캔 기술은 아이들의 뇌에 형성되는 연결망을 보여준다. (이 연구는 티파니 슈레인Tiffany Shlain이 만든 영화 「브레인 파워 : 뉴런에서 네트워크까지Brain Power: Form Neurons to Networks」[03]에도 나온다.) 아이들의 뇌를 스캔해보면 뉴런들 사이에 폭발적인 연결망이 보인다. 약 1,000조, 혹은 성인 뇌에서 발견되는 것보다 세 배 이상 많다. 즉 아이들의 뇌는 자극 또는 생각을 끊임없이 연결하고 있다. 머릿속으로 연결망을 만들면서 질문을 통해 더 많은 정보와 설명을 찾는다.

하지만 질문하기는 어린아이에게도 쉽지 않다. 폴 해리스는 질문이 "일련의 복잡한 정신 작전"이라고 말했다. 그것은 자신이 무엇을 모르는지 아는 데서부터 시작한다. 아이가 질문을 한다는 것은 가능한 답이 여러 개임을 안다는 뜻이다. 해리스는 자신의 책 『들은 것을 믿기Trusting What You're Told』에서 이렇게 말했다. "저녁 메뉴가 무엇인지 묻는 아이는 수프나 파스타일 거라고 상상할 수 있다. 세상에 존재할 수 있는 하나 이상의 가능성을 떠올릴 수 없다면 뭐하러 질문을 하겠는가?" 마지막으로 아이가 질문을 한다는 것은 답을 알 수도 있는 누군가에게 물음으로써 지식의 차이를 메우는 효율적인 방법을 찾아냈다는 의미다.

머릿속에서 시냅스가 발화하는 상태로 세상에 나간 아이들은 분류하거나 이름 붙일 수 없는 것들을 계속 만난다. 아동신경학자 스튜어트 모스토프스키Stewart Mostofsky의 말대로 아이들은 아직 사물을 범주화하는 '정신적 모형mental models'이 발달하지 않았으

 하늘은 왜 파랄까?[04]

부모라면 자녀에게 한 번쯤은 들어봤을 법한 질문이다. 이 질문에 선뜻 답하지 못하는 사람이 어디 한둘일까. 지식인들의 공간 'edge.org'의 필진인 니콜라스 크리스타키스Nicholas Christakis는 아리스토텔레스부터 아이작 뉴턴에 이르기까지 몇 세기 동안 위대한 석학들이 매달린 질문이라고 말했다. 그에 따르면 '빛이 그것을 구성하는 색깔들로 나뉜다'는 사실은 뉴턴의 빛 굴절 실험에서 처음 밝혀졌다. 그것은 또 다른 질문을 제기했다. 왜 파란색이 가장 많이 굴절될까? 마침내 과학자들은 공기 중에서 입사광선과 가스분자의 상호작용 때문에 빛의 스펙트럼에서 파란 부분이 더 많이 흩어진다는 사실을 발견했다. 생물학자들은 또 다른 이유를 발견했다. 우리 눈이 파란색에 더 민감하다는 사실이다. 크리스타키스의 말처럼 과학의 세계에는 '어린아이가 물어볼 수 있는 질문'이 많은 부분을 차지한다.

므로 어른에게 질문을 함으로써 주변의 경험을 분류하고 이름을 붙여 머릿속 파일 보관함에 제대로 넣어두는 힘든 작업을 도와달라고 요청하는 것이다.[05]

혁신자들은 초심 또는 MIT 미디어랩 이토 조이치가 '유형성숙'이라고 부르는 것에 대해 이야기할 때, 이름표나 범주화 없이 사물을 바라보는 상태라는 표현을 자주 쓴다. 일단 이름표가 붙고 범주화된 사물은 기지수既知數가 된다. 우리는 그것에 대해 생각하지 않으며, 심지어 평소 알아차리지 못할 수도 있다.

4~5세 아동은 질문하기에 가장 이상적인 상태가 된다. 질문에 필요한 언어 기술을 습득했고, 뇌에서 확장과 연결이 여전히 활발하게 일어나는데다 이름표나 추측 없이 사물을 바라보기 때문이다. 다시 말하자면 완벽한 탐험가의 조건이다. 물리학자 닐 디그래스 타이슨Neil deGrasse Tyson은 어린아이들을 과학자라고 표현한다.[06] 아이들은 돌을 뒤집어보고 이것저것 다 섞어본다. 하버드의 폴 해리스 교수도 아이들이 단순히 실험을 하는 것이 아니라 주변에 질문을 한다는 점에서 인류학자 같다고 말했다.

어른들은 아이들이 답에 별로 신경 쓰지 않는다고 생각한다. 루이스 C. K.의 코미디에서처럼 아이들은 아무리 답을 해줘도 또다시 '왜'라고 물으니까. 하지만 실제로 아이들은 답에 큰 관심을 기울이는 듯하다. 최근 미시간 대학교의 연구진은 취학 전 아동들이 '왜'라고 묻는 이유는 어른들을 귀찮게 하거나 대화를 질질 끌기 위해서가 아니라 "사물에 대해 자세히 알아보기 위해서"임을 발견했다.[07] 그 연구에서 아동들은 질문에 대한 설명을 들었을 때 동의하고 만족하거나 추가 질문을 했다. 처음 질문을 반복하는 이유는 알맞은 대답을 얻지 못했거나 답이 불만족스러워서였다.

인시아드 경영대학원 교수이자 질문 전문가인 할 그레거슨은 이렇게 말했다. 아이들이 어른에게 질문하는 모습을 자세히 살펴보면 "계속 '왜'라고 묻는 이유는 대개 어른이 질문을 이해하지 못하거나 귀 기울이지 않기 때문인 경우가 많다. 아이들은 계속 질문을 함으로써 어른에게 '내 말을 안 듣고 있어요. 내가 뭘 물어보는지 이해하지 못하고 있어요'라고 말하는 것이다".

유치원에 들어가면서 질문하기에 흥미로운 변화가 일어나기 시작한다. 유치원생(취학 전 아동)은 자극이 풍부한 환경으로 들어간다. 탐구심이 왕성한 또래들이 있고 질문에 답해줄 어른, 즉 교사에게도 접근할 수 있어서 최상의 질문 조건처럼 보인다. 그러나 해리스는 유치원에 들어가자마자 아이들의 질문이 줄어든다고 말했다.[08] 전 세계의 다양한 문화권에서 이루어진 연구에서 모두 같은 결과가 나타난다. 해리스는 '안전' 요인이 작용하는 것 같다고 말했다. 유치원보다 부모와 함께 있는 가정에서 더 적극적으로 질문을 공유하려 한다는 것이다.

그래도 취학 전 아동은 학령 아동보다 훨씬 더 많이 질문한다. 비교적 덜 구조화된 환경인 유치원에서는 자유 형태의 놀이와 탐구를 허용하기 때문이다. 그것이 또래 아이들의 질문과 학습 경향을 유지해주는 열쇠일 수도 있다.

흥미롭게도 유치원들은 정규 학교를 본뜰수록 아이들에게 정보를 알려주고 아직 묻지 않은 질문의 답을 제공하는 장소로 변해간다. 아이들의 선천적인 호기심을 억누르는 듯하다. 아동심리학자 앨리슨 고프닉Alison Gopnik은 유치원을 학교로 만들려는 최근의 추세를 솔직하게 비판해왔다.[09] 그녀에 따르면 욕심이 지나친 부모들과 (그리고 최소한 미국의 경우) 유치원 교육의 표준화를 요구하는 연방정부의 정책 때문이다.

고프닉은 아이들에게 너무 빨리, 너무 많은 것을 가르치기 시작하면 무심코 아이들이 스스로 나아갈 질문과 탐구의 길을 막는다고 말했다. "어린아이들은 인류의 R&D 부서와 같습니다." 아이들은 연구·개발이 가능할 때-지나친 설명과 지시 없이 스스로 다양한 실험으로 질문을 떠올리고 탐구한다면-더 큰 호기심과 창의성을 드러낸다.

그녀는 과학자들이 실험과 검증을 거쳐 세상을 이해하는 것처럼 아이들도 똑같은 방법으로 학습한다고 말했다. 따라서 초기 아동 교육 프로그램이 점점 학구적이고 구조적으로 변하는 추세를 조심해야 한다. 초등학교 입학과 함께 혹독한 공부가 기다리고 아이들의 질문도 줄어들기 시작한다.

왜 갈수록 질문이 줄어들까?

2010년 윌리엄 앤 메리 칼리지의 김경희 교수는 미국 학교들이 토랜스 시스템Torrance system을 이용해 실시한 창의성 시험 결과가 1990년부터 시작해 계속 하락했다는 사실을 발견했다.[10] 이 결과가 발표되자 수많은 미디어에서 관련 기사가 쏟아졌다. 특히 《뉴스위크》표지 기사 「창의성의 위기」는 아이들의 창의성을 길러줌으로써 어떻게 문제를 해결할 수 있는가라는 복잡한 질문에 초점을 맞추었다. 그 기사에서는 신경망, 좌뇌와 우뇌의 기능 차이, 확산적 사고와 수렴적 사고의 관계 등 창의성과 신경학에 관련된 논의가 심도 있게 다뤄졌는데, 그중에는 지나가는 말이지만 문제의 정곡을 찌르는 부분이 있었다. "취학 전 아동은 부모에게 하루 평균 100가지 질문을 한다. 하지만 중학생이 되면 거의 질문을 하지 않게 된다"라는 부분이었다.

다음은 올바른 질문 연구소가 2009년 미국의 '국가학업성적표 Nation Report Card' 자료를 바탕으로 만든 아이들의 질문 현황표다.

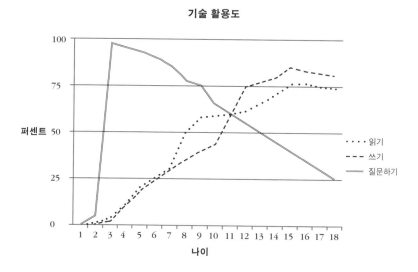

기술 활용도

퍼센트

······ 읽기
- - - - 쓰기
——— 질문하기

나이

읽기와 쓰기 기술은 학년이 올라갈수록 꾸준히 상승하지만 질문 (표의 실선 부분)은 '절벽' 아래로 떨어지듯 급격히 줄어들고 있음을 알 수 있다.[11]

질문의 급격한 감소 현상이 그 자체로는 걱정스럽지 않을지도 모른다. 학생들이 직접 읽고 쓸 줄 알게 되어 (거기에 휴대전화 문자 전송과 구글 검색까지) 질문할 필요가 없기 때문일 수도 있다. 문제는 질문을 멈추는 동시에 아이들의 학교 참여도도 줄어든다 는 사실이다. 최근에 갤럽이 학생들의 참여도를 조사한 결과, 초등 학교에서 고등학교로 갈수록 역시 절벽 아래로 떨어지듯 급격히 줄어드는 현상이 나타났다.[12] (갤럽이 조사 결과를 발표한 2013년 초는 미국의 '재정 절벽' 시기였는데, 다니엘 핑크Daniel Pink는 블 로그에 "학생 절벽이 재정 절벽보다 더 중요한가?"라는 질문을 올 렸다.)[13]

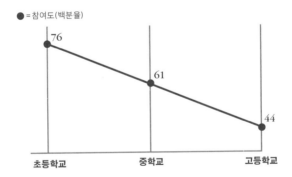

학교 절벽 :
갈수록 감소하는 참여도

● =참여도(백분율)

76

61

44

초등학교   중학교   고등학교이는 질문하기가 학교 참여도나 흥미와 관련 있을 수도 있음을 나타낸다. 정식 연구를 실시하지 않아도 많은 교사들이 확인해줄 것이다. 사실 이것은 닭이 먼저냐 달걀이 먼저냐는 상황과 비슷하다. 아이들이 학교에 흥미를 잃어서 질문을 멈추었을까, 선천적인 호기심(그리고 질문 성향)이 억눌려서 학교에 흥미를 잃었을까?

나는 교사들과 교육 전문가들뿐만 아니라 다수의 아동신경학자와 심리학자들에게 이 질문을 했다. 아이들이 성장하면서 다양한 요인이 질문하기와 호기심에 영향을 끼치는 것은 확실하다. 예를 들어 5세쯤에는 출생 후 몇 년 동안 급속하게 확장되어온 신경 연결망이 조금 줄어들기 시작한다. 일명 '시냅스 가지치기synaptic pruning'(사용하지 않는 신경회로를 필요 없다고 판단하여 제거하는 것 - 옮긴이)가 일어난다. 주변 세상에 대한 질문과 의아함이 줄어든다고도 해석할 수 있다. 또한 주변 세상에 대한 정신적 모형이 발달하면서-범주화와 이름표 증가-"이건 뭐지?", "저건 뭐지?" 하고 질문할 필요성이 줄어든다.

다수의 교육자와 학습 전문가들은 현행 교육제도가 질문을 장려하거나 가르치지 않으며, 심지어 용인하지도 않는다고 주장한다. 하버드의 토니 와그너는 이렇게 말했다. "학교 교육의 목표가 옆 사람보다 '정답'을 더 많이 갖도록 만드는 것으로 정의되었다. 그리고 틀린 대답은 벌한다. 특히 요즘처럼 시험 준비에 열을 올리는 세상에서는 시험과 무관한 질문을 할 시간이 없다."

와그너는 수업을 자주 참관하면서 학생들의 질문 모습을 관찰한다. "7학년 과학 시간에 한 학생이 우주와 별에 대한 갖가지 질문을 쏟아내자 교사는 '이 행성들을 암기해'라는 식으로만 답하더군요. 잊히지 않는 모습이었습니다. 이 수업시간에는 '질문이 용납되지 않는다. 내가 답을 알려줄 시간이 줄어드니까'라는 메시지가 분명했죠."

교사 입장에서도 어쩔 도리가 없다. 캘리포니아의 한 고등학교 교사는 이렇게 한탄한다. "수업시간에 다뤄야 할 표준 개념이 너무 많아서 제가 가장 중요하다고 생각하는 것을 할 시간이 없습니다. 학생들에게 세상을 탐구하도록 하는 것 말입니다."[14]

뉴욕 리버데일 컨트리 스쿨의 도미니크 랜돌프Dominic Randolph 교장은 오늘날 많은 학교가 '제품 주도적product-driven'이라고 말했다.[15] 시험 점수를 올려야 하는 압박 때문에 주어진 시간 안에 학생들에게 최대한 많은 정보를 줄 수 있는 절차를 고안했고 사무적인 효율성까지 주입했기 때문에 학생들 스스로 탐구할 시간이 적거나 거의 없다.

 왜 우리는 아이들이 수업시간에 '가만히' 앉아 있기를 바랄까?[16]

미니애폴리스Minneapolis 근처에 있는 마린 초등학교Marine Elementary School 6학년 학생들은 평범한 열두 살짜리들처럼 자리에 앉아 몸을 꼼지락거리거나 털썩 주저앉거나 발을 차거나 했다. 한창 기운 넘치는 아이들은 자리에 가만히 앉아 있으려면 엄청난 집중력이 필요했지만, 그래도 가만히 앉아 수업에 집중하기가 쉽지 않았다. 그곳의 교사 애비 브라운Abby Brown은 '만약 아이들이 가만히 앉아 있을 필요가 없다면?'이라는 질문을 떠올렸다. 최근 마요 클리닉Mayo Clinic의 연구를 통해 아이들이 움직이면서 공부할 수 있도록 하는 '활동 허용 교육'에 관해 알게 되었다. 그 후 그녀는 새로운 교실 책상의 설계를 도왔다. 의자가 높이 달려서 일어선 것과 비슷한 자세로 앉을 수 있고 좀 더 자유로운 움직임이 가능한 디자인이다. 새 책상 덕분에 학생들의 집중도도 향상되었다. 현재 다른 교실에서도 그녀의 발명품 도입을 고려하고 있다.

교사들이 규정된 지침을 따라야 하는 압박감에 시달리면 학생들의 아이디어나 질문을 수용하기가 어려워진다. 어느 흥미로운 연구에서도 잘 나타난다. 윌리엄스 칼리지Williams College의 수잔 엥겔Susan Engel은 두 그룹으로 나눈 교사들을 대상으로 실험을 했다.[17] 첫 번째 그룹은 과학 수업에 대한 구체적인 지침을 받지 않았고, 다른 그룹은 수업 지도안을 따르도록 '미묘하게' 장려했다. 첫 번째 그룹의 교사들은 학생들이 의견을 드러낼 때 관심과 격려로 반응했다. 반면 두 번째 그룹의 교사들은 "잠깐만. 그건 지침에 없어"와 같은 말을 했다. 엥겔은 "교사들은 외부 영향에 매우 민감하다. 교육 목표에 대한 이해는 그들이 아이들의 자연스러운 탐구 모습에 어떤 반응을 보이게 되는지 직접적인 영향을 끼친다"라고 말했다.

과부하에 걸린 교과과정과 '시험 준비를 위한 수업'에 관련된 어떤 문제들은 최근 더욱 악화된 듯하지만, 학교가 창의적인 질문보다 암기된 답을 선호하는 것은 전혀 새롭지 않은 문제다. 산업시대에 지금과 다른 목적으로 만들어진 교육제도 때문이라는 지적도 있다.

다수의 교육평론가들이 말하듯 산업국가의 학교들은 혁신적인 사고자나 질문자를 양성할 목적으로 만들어지지 않았다. 노동자 양성이 기본 목적이었다. 세스 고딘은 이렇게 말했다. "우리의 조부와 증조부들은 산업화 경제의 일부로서 평생 생산적인 노동을 제공해줄 인재를 교육시키기 위해 학교를 설립했다. 그것은 효과적이었다."[18]

좋은 일꾼을 만들려는 목적으로 설립된 교육제도는 기본 지식의 준수와 암기를 특히 중요시한다. 그것은 산업 노동자의 탁월한 특징이다. (만화 「심슨네 가족들」의 원작자 맷 그레이닝Matt Groening 은 "전통적인 학교에서 가르치는 주요 원칙은 조용히 줄지어 앉는 방법인 것 같다. 이것은 따분한 사무실이나 공장에서 일할 어른에 게는 완벽한 훈련이지만 교육에는 별로 좋지 않다"라고 말했다.)[19]

질문을 위해서도 좋지 않기는 마찬가지다. 학교는 공장이나 다를 바 없다. '사물의 원리'에 대해 질문하는 학생들은 반항적으로 비쳐질 수 있다. 적어도 나는 이런 극단적인 의문까지 떠오른다. 학교가 공장을 본떠 만들어졌다면 질문을 억압하도록 만들어지지 않았는가?

논리적으로 보자면 산업사회에서 좀 더 기업가적인 사회로 옮겨 가면서 공장을 모형으로 하는 순종적인 학교를 질문을 장려하는 모형으로 바꾸려는 움직임이 나왔어야 한다. 그러나 세상이 바뀌고 일터도 바뀌었지만 교육 모형은 별로 진화하지 않았다. 더 창의적이고 독립적인 사고방식을 가진 '일꾼'을 필요로 하는 현대 경제에 대한 적응이 이루어지지 않았다.

세스 고딘을 비롯한 이들은 구식의 학교 교육 모형을 현대화하려면 목적에 대한 기본적인 질문부터 시작되어야 한다고 말했다. 고딘은 그 출발점으로 '학교는 왜 있는가?'라는 질문을 제시한다. (바꿔 말하면 '우리는 애초에 왜 아이들을 학교에 보내는가?'라는 질문이다.)

요즘 교육개혁에 관한 논쟁이 뜨겁다. 학교 모형과 교육철학, 시험과 교과과정 설계, 교사 평가에 관한 토론에서 여러 상충된 의견이 나온다. 하지만 논쟁의 틀을 더욱 넓혀주는 가장 기본적인 '왜' 질문은 거의 나오지 않고 있다.

세스 고딘의 질문에 대한 답은 하나가 아니다. 하지만 적어도 그 답이 "학생들을 21세기의 생산적인 시민으로 준비시키기 위해"라고 요약된다는 점에는 많은 사람이 동의할 것이다.

그렇다면 또 기본적인 질문 하나가 나온다. 현대의 일터와 사회는 시민들에게 어떤 준비를 요구하는가? 생산성과 성공을 위해 어떤 기술과 지식, 능력이 필요한가?

이 질문의 답 또한 간단하지 않다. 대표적으로 토니 와그너와 존 실리 브라운처럼 진화하는 일터에서 필요로 하는 조건을 교육적인 관점에서 연구한 사람들은 새로운 세상이 창의적이고 융통성 있으며 끊임없는 변화에 적응할 수 있는 '자력형 학습자self-learner'를 필요로 한다고 의견을 모은다. 와그너와 브라운은 '질문하기'를 새로운 시장에 필요한 가장 필수적인 생존 기술로 여긴다.

(그렇다면 새로운 환경에 필요하지 않은 기술은 무엇일까? 사실을 암기하고 되풀이하는 능력이다. 제1장에서 말한 것처럼 첨단 기술을 이용해 바로바로 검색 가능하므로 사실상 정보를 암기할 필요가 없어졌다. 이에 세스 고딘은 도발적인 질문을 또 하나 던진다. 우리는 사실을 가르치는 실패한 실험을 그만둬야 하는가?)

학교가 '왜' 존재하는가라는 질문의 답이 21세기 시민을 평생 학습자로 만들어 현대 사회의 끝없는 변화에 적응할 수 있도록 하기 위해서라는 데 동의한다면, 그리고 효과적인 질문 능력이야말로 가장 필수적인 기술임을 인정한다면 다음과 같은 질문이 자연스럽게 떠오른다.

- 만약 학교가 학생들을 보다 나은 질문자로 만들어 평생 학습과 변화 적응 능력을 훈련시킬 수 있다면?
- 어떻게 그런 학교를 만들 수 있을까?

이 질문에 답하려면 질문하기가 필수적으로 포함된 미래의 학교를 그려봐야 한다. 1970년대 뉴욕 할렘 지역을 되돌아보면 유익하다. 대체 교사 출신인 데보라 마이어는 그곳에 질문을 장려하는 급진적인 모형의 학교를 세웠다.[20]

질문을 장려하는 학교를 만들 수 있을까?

현재 80대가 된 데보라 마이어는 교육계의 전설로 통한다. 수십 년 전에 시작된 '작은 학교 운동'의 선구자인 그녀는 뉴욕에 대안학교인 센트럴 파크 이스트Central Park East 학교를 세워 혁신을 이룩한 공헌을 인정받아 교육자로는 최초로 맥아더 천재상을 수상했다.

그녀는 지금도 여전히 뉴욕 북동부의 센트럴 파크 이스트 학교들에 관여하고 인기 블로그를 운영하면서 계속 흥미로운 질문을 제기한다.

- 시험 위주의 교육이 창의적이고 활기 넘치는 시민들을 양성하는 가장 좋은 방법인가?
- '틀리다는 것'이 덜 위협적으로 받아들여지는 교실의 모습은 어떨까?

특히 마음에 드는 질문은 이것이다. 아이들의 질문 정신을 계속 길러준다면 인류에게 어떤 잠재력이 생길까?

그녀에게 두 번째 질문에 대해 물었다. 약 40년 전 그녀가 할렘 지역에 세운 학교에 다니는 3학년 학생이 "우리 학교의 다른 점은 선생님이 우리가 아는 것뿐만 아니라 알지 못하는 것에도 관심을 가져주신다는 거예요"라고 한 말을 듣고 떠올리게 된 질문이라고 했다. 그 말은 마이어의 흥미를 끌었다. 그녀가 세운 센트럴 파크 이스트 학교들은 시험 성적 면에서도 인상적인 성과를 이끌어내고 있었지만, 무엇보다 처음 학교를 설립했을 때 계획한 목표가 제대로 실행되고 있다는 확신을 심어준 말이었기 때문이다.

1974년 마이어는 이스트 할렘에 있는 다 쓰러져가는 낡은 학교 건물에 센트럴 파크 이스트 학교를 세웠다.[21] 그 학군의 관계자였던 시모어 플리겔Seymour Fliegel에 따르면, 당시 그곳은 '뉴욕 시의 붕괴된 학교 제도의 전형'이었다. 마이어 자신은 뉴욕 사립학교에서 좋은 교육을 받았다. 석사 과정을 마치고 시카고의 공립학교에서 교편을 잡은 그녀는 그곳의 열악한 환경에 경악하고 실험적인 교육을 시작했다. 그런 그녀를 눈여겨본 뉴욕의 교육감이 절망스러운 상황에 처한 할렘 지역에서 새로운 아이디어를 실험해보라고 제안했다.

마이어는 학교가 아이들에게 정보를 강요하는 대신 아이들 스스로 배운 것을 이해하고 활용하는 방법을 가르쳐야 한다고 생각했다. 과거 인터뷰에서 그녀는 이렇게 말했다. "내 관심사는 어떻게 하면 학생들이 민주주의 사회가 필요로 하는 비판적 사고와 문제 해결 능력을 갖출 수 있느냐입니다."

그녀가 세운 학교의 핵심은 다섯 가지 학습 기술 또는 '생각 습관habits of mind'인데 저마다 질문이 따른다.

- **증거** 무엇이 참이고 거짓인지 어떻게 아는가? 어떤 증거가 포함되는가?
- **관점** 타인의 입장이 되어보거나 다른 방향에서 바라본다면 어떻게 보일까?
- **연결** 패턴이 있는가? 예전에도 본 적이 있는가?
- **추측** 만약 이것과 다르다면?
- **관련성** 이것이 왜 중요한가?

이 핵심적인 질문들은 마이어의 연계적 탐구에서 나왔다. 일찍이 미국에서 가장 진보적인 에티컬 컬처Ethical Culture 학교에 다니면서 배운 것과 존 듀이John Dewey나 장 피아제Jean Piaget, 시어도어 사이저Theodore Sizer 같은 유명한 교육 혁신가들의 이론을 합친 것이었다.

마이어는 다섯 가지 생각 습관을 정하기 전에 강조하고 싶은 두

가지 사고방식에 대해 먼저 생각했다. 바로 회의주의와 공감 능력이었다. 그녀는 "자신이 틀릴 수도 있고, 어떤 정보든 간에 틀릴 수도 있다는 가능성에 열린 마음을 가져야 합니다. 나는 항상 민주주의를 중요하게 생각해왔어요. 자신이 틀릴 수도 있다는 상상을 할 수 없다면 민주주의가 무슨 소용일까요? 그리고 다른 사람의 생각이 왜, 어떻게 다를 수 있는지 상상할 수 없다면 어떻게 민주주의를 용인할 수 있을까요?"라고 말했다.

마이어가 세운 질문 중심의 학교에서는 수업도 비전통적인 방식으로 진행되었다. 학생들에게 훨씬 커다란 자율성과 자유가 주어졌다. 1970년대 후반에 그녀의 학교를 방문한 플리겔은 "깜짝 놀랄 정도로 다채로운 교육 프로그램"[22]을 접했다. 예를 들면 "광범위한 지도 만들기, 17세기 할렘 지역에 살았던 인디언들의 삼림 문화 연구, 이집트와 로마 역사, 네덜란드인의 뉴욕 정착, 인쇄와 신문, 도시의 등장(학교 주변 지역에 대한 간이 연구 포함), 아프리카계 미국인의 역사 등이었다".

3학년 학생들은 중세 사회에 대해 공부하면서 "책을 읽을 뿐만 아니라 성과 갑옷을 만들었고", 1학년 학생들은 "신화에 나오는 도시를 만들기 위한 아이디어"를 구상했다. 학생들은 주변 박물관을 견학하고 센트럴 파크에서 자연을 공부했다. 마이어는 "아이들이 교실 밖에서 사물을 더욱 열심히 관찰하고 질문을 더 많이 한다고 느꼈어요"라고 말했다.

그녀는 유치원 때의 경험을 전 학년으로 확대하고자 여러 방면으로 노력했다. "유치원생들을 가르치는 것은 놀라울 정도로 지적인 경험이었어요. '왜 그런 교육이 전 학년으로 이어지지 않을까?'라고 생각하게 되었죠." 그녀는 그 답을 알고 있었다. "오직 유치원에서만 주제에서 벗어난 질문들을 용인해주니까요."

학생들의 질문에 주의를 기울인 마이어는 아이들의 질문에서 자신의 가정을 돌아보고, 때로 교과과정에 대해 다시 생각해보게 만드는 통찰을 발견했다. "미국이 한가운데에 그려진 세계지도가 교실에 있었어요. 우리가 흔히 보는 지도 말이에요. 그런데 한 학생이 그 지도를 보더니 '왜 동인도가 서쪽에 있어요?'라고 묻는 거예요. 무엇을 가운데에 두느냐가 나머지 모든 것에 어떤 영향을 끼치는지 생각하게 되었답니다. 그리고 그게 우리 학교 교과과정의 일부가 되었어요. 우리가 자신을 바라보는 관점에 대해 많은 것을 이야기해주죠."

어쩌면 당연하겠지만 부모들은 학생들과 달리 그녀의 새로운 교육 방식을 달가워하지 않았다. 어떤 부모들은 비전통적인 수업 방식과 아이들에게 주어진 자율성을 어떻게 받아들여야 할지 몰랐다. 훈육과 구조가 전혀 없는 교육 환경이라고 여기는 학부모들도 있었다. 그러나 마이어가 수십 년 후에 언급했듯이, 교사와 학교 관리자들의 일반적인 생각과 달리 관심사를 추구할 수 있는 자유를 주면 아이들을 제어하기가 쉬워진다. 다섯 시간 동안 가만히 앉아 관심도 없는 정보에 집중하게 만드는 것이 훨씬 어렵다.

당시 학부모들의 불만으로 진상 조사가 이루어졌다. 플리겔(그는 몇 년 후 그때의 경험을 글로 썼다)은 교육감의 지시로 마이어의 학교를 조사하기 위해 파견되었다. 결과적으로 그는 매우 깊은 인상을 받았다. 플리겔의 제안에 따라 교육위원회는 마이어를 전폭 지지해주기로 했다. 그 후 시간이 흘러 센트럴 파크 이스트 학교의 눈부신 성공은 명백하게 드러났다. 학교 중퇴율이 무려 40~60퍼센트에 이르는 도시에서 향후 10년간 마이어의 학생들 중 중고등학교를 졸업하지 못하는 학생은 겨우 1퍼센트에 불과했다.

마이어가 설립한 질문 중심의 학교는 그녀가 떠난 뒤 어려움을 겪었고 근래까지 소수의 모방 학교가 있었다. 현재는 마이어의 교육 원칙을 포용하는 학교가 전 세계적으로 점점 늘어나고 있다. 학생들이 학습과 질문 '습관'을 길러야 하고 지식을 억지로 주입하면 안 된다는 원칙이다. 그러나 학교의 현대화에 관한 책을 쓴, 뉴욕에 사는 저자 니킬 고얄Nikhil Goyal은 여전히 전체 교육제도에서 그런 학교들은 '빙산의 일각'에 불과하다고 지적한다.[23]

고얄이 고등학교에 관한 연구를 시작한 것은 그 역시 고등학교에 다닐 때였다. 몇 해 전, 롱아일랜드에 있는 고등학교의 1학년이던 열여섯 살 때 그는 흥미를 주지 못하는 학교 공부에 불만을 품었다. '더 나은 학교는 없을까?'라는 생각으로 전국의 학교들을 살펴보기 시작했다. 내가 고얄을 만난 것은 그가 연구·조사에 한창이던 열일곱 살 때였다. 평소 질문하기를 좋아하는 그는 내 웹사이트 '아름다운 질문Beautiful Question'을 알게 되었고 조사원으로 활동해주었다. 하지만 무엇보다 가장 큰 보탬을 준 것은 질문 중심 학교들의 현황을 들려준 일이었다.

고얄은 캘리포니아에 있는 브라이트웍스Brightworks와 하이테크 고등학교High Tech High를 비롯해 수많은 공립·사립학교를 연구했다. 그는 핀란드의 유명 학교들이 교육하는 방식을 꿰고 있었으며 싱가포르의 학교들이 새로운 장을 열어가고 있다는 사실도 알고 있었다.

자세한 연구 과정에서 그를 매료시킨 학교들도 있었다. 성적도, 시험도 없는 학교들이었다. 그가 다니는 학교에서 대부분을 차지하는 암기가 전혀 없었다. 학생들은 흥미로운 주제로 몇 달 동안 프로젝트를 수행했다. 스스로 주제를 선택하기도 했다. 브라이트웍스에서는 "전체 교과과정이 커다란 질문을 위주로 이루어져요"라고 고얄은 말했다. 그는 프로젝트 중심 혹은 질문 중심의 학교들이 가진 최고 장점은 학생들에게 '나는 무엇에 흥미를 느끼는가?' 같은 자기성찰적인 질문을 하게 만드는 것이라고 말했다. "아무도 그들에게 한 적이 없는 질문이었죠."

질문 탐구 교육을 실시하는 학교가 일반 학교보다 더 효과적인지, 더 생산적인 인재를 양성하는지 판단하기는 아직 시기상조다. 하지만 그렇다는 쪽으로 볼 수 있을 것 같다. 학생들이 스스로 탐구하고 자기주도적인 학습을 하고, 시험을 보는 대신 프로젝트를 수행하도록 하는 학교들의 기본 원칙은 오랜 역사를 가진 몬테소리 학교에서도 발견된다. 몬테소리 출신 학생들은 성인이 되어 큰 성공을 거둔 확실한 사례를 제공한다.

몬테소리 학교가 거둔 성과는 대단하다. 오늘날 대표적인 기술 기업의 경영자들 중 다수가 이 사립학교 출신(8학년 과정까지 마련)

인데, 일명 '몬테소리 마피아'[24]라고 불린다. 위키피디아 설립자 지미 웨일스Jimmy Wales, 아마존의 제프 베조스, 구글의 공동 설립자 세르게이 브린Sergey Brin과 래리 페이지Larry Page 등이다. (구글 전임 간부이자 현재 야후 CEO인 마리사 메이어Marissa Mayer는 브린과 페이지가 몬테소리 학교를 다닌 것은 비록 오래전이지만 여전히 그 영향력이 남아 있다고 말한 적이 있다. "래리와 세르게이가 몬테소리 학생이었다는 사실을 모르면 구글을 이해할 수 없다. 그들은 항상 '왜 이것은 이래야만 할까?'라고 질문한다. 일찍부터 뇌가 그렇게 프로그래밍된 것이다.")[25]

몬테소리는 사립학교라 학비가 비싸다. 다른 질문 탐구 중심의 학교들도 비슷하다. 공립인 경우는 아주 드물다. 고얄은 이런 교육을 제공하는 학교는 "전체 학교들 중 1퍼센트도 되지 않을 것"이라고 말했다.

대다수의 학교에서는 교사가 학생들에게 탐구를 장려하려면 작

 왜 영화표는 흥행에 상관없이 가격이 똑같을까?[26]

코넬 경영대학원의 로버트 H. 프랭크Robert H. Frank 교수는 실생활의 문제를 풀다 보면 추상적인 개념을 이해하는 데 도움이 된다고 말했다. 그는 학생들에게 "주변에서 보거나 직접 경험한 일에 관련된 흥미로운 질문을 떠올리고 기본적인 경제 원칙을 이용해 답을 찾아보라"고 한다. 그가 가르치는 학생인 피터 흘라위치카Peter Hlawitschka는 '브로드웨이의 인기 공연은 프리미엄이 붙는데, 왜 영화표는 흥행에 상관없이 가격이 똑같을까?'라는 질문을 떠올렸다. 프랭크는 《뉴욕 타임스》에 쓴 글에서 흘라위치카가 찾은 답을 공개했다. 브로드웨이와 달리 영화는 쉽게 복제본을 만들 수 있어서 인기를 끌 경우 다수의 상영관에서 하루에 몇 번이고 상영할 수 있기 때문이다. 그리고 영화관은 프리미엄을 붙여 제한적으로 상영하는 것보다 저렴한 가격으로 좌석을 많이 채움으로써 더 쉽게 수익을 올릴 수 있다.

은 저항이 필요하다. 표준 교과서나 교구를 수정하여 기존 방식에서 벗어난 수업을 진행해야 한다. 뉴욕의 고등학교 수학 교사 댄 마이어Dan Meyer는 TED 엑스TEDx(TED 강연을 본떠 각 지역에서 독자적으로 진행되는 소규모 강연–옮긴이)에서 학생들 스스로 질문하고 문제를 공식화할 수 있도록 직접 고안한 방법을 소개했다.[27]

그에 따르면 일반적인 수업에서는 '수조에 물이 채워지는 데 얼마나 걸릴까?'라는 문제에 너무 많은 팁과 힌트를 제공한다. "주어진 하위 단계를 전부 없애서 아이들 스스로 찾도록 만들었습니다. 무엇이 중요한지 알려주지 말고 아이들 스스로 결정할 필요가 있어요."

처음에 그는 아이들이 더 많이 질문하고 생각하도록 수업 교재에서 내용 중 상당 부분을 없앴다. 나중에는 더 좋은 아이디어가 떠올랐다. 그는 학생들에게 "괴로울 정도로 천천히" 물이 채워지는 비디오를 보여주었다. 학생들은 "시계를 보거나 눈알을 굴리기 시작했습니다. 그러다 어느 시점에 이르러 '맙소사, 물이 다 채워지려면 얼마나 걸리는 거야?'라고 생각하게 됩니다. 비로소 미끼에 걸린 거죠".

수업시간에 질문할 권리가 있는
사람은 누구일까?

댄 마이어가 학생들에게 비디오를 보여주고 학생들의 머릿속에 그런 질문이 형성될 때까지 기다린 것은 '소유권 양도'를 위해서였다. 그가 질문을 하지 않고 학생들 스스로 떠올림으로써 그들의 질문이 되도록 한 것이다.

질문의 소유권 양도는 두 가지 측면에서 중요하다. 마이어가 알고 있었듯이 학생들은 스스로 질문을 떠올릴 경우 타인의 질문일 때보다 더 관심을 기울인다. 그러나 "누가 수업시간에 질문을 할 수 있는가?"는 목적과 힘, 통제, 심지어 인종과 사회 계급까지 관련된 문제다.

브라운 대학교의 교육학 교수 데니 팔머 울프Dennie Palmer Wolf는 「질문의 기술」이라는 논문을 쓰기 위해 질문이 학교에서 수행하는 역할을 조사했다.[28] 수업시간에 교사들이 '질문할 권리를 독점'하는 경향이 나타났다. (울프는 학생이 그 권리를 공유하는 경우는 주로 "영어를 구사하는 똑똑한 남학생"에 해당하는 소수에만 한정된다는 연구 결과도 언급했다.) 그의 연구는 교사가 질문으로 학생들의 흥미를 유발하기보다 확인하기 위해서만 활용하는 경우가 많기 때문에 학생들은 영감을 받기보다 사실에 '노출'된 것처럼 느낀다는 사실도 보여주었다.

존 실리 브라운은 학생의 질문이 교사에게 위협적으로 느껴질 수도 있다고 지적한다. "교사가 권위적이어야 한다고 믿는 교사는 자신이 모른다는 사실이 드러날까봐 질문을 차단하려는 경향이 있다."

데보라 마이어는 학생들을 통제하고 질서를 유지하려는 욕망이 비단 교사들에게서만 나타나지 않는다고 말했다. 그녀와의 대화에서 나는 '법칙을 깨라'나 '다르게 생각하라' 같은 메시지를 전하는 광고에서 보듯 오늘날의 기업 문화가 수십 년 전 그녀가 할렘의 초등학생들에게 주입했던 독립적 사고와 비슷한 원리인 것 같다고 언급했다. 기득권층이 그녀와 비슷한 이상에 사로잡힌 것 같다고, 혁신에 굶주린 새로운 세상인 만큼 질문을 더욱 용인하고 어쩌면 가르치기까지 하려는 의지가 생긴 것 같다고 말하자 그녀는 의구심을 표시했다.

그녀는 우리가 여전히 일부 사람들만 질문하기를 바라는 사회에 살고 있다고 생각한다. "그래요, 우리는 실리콘밸리를 원합니다. 하지만 우리가 정말로 3억 명이 전부 다 독립적으로 생각하기를 원할까요?"

마이어는 도시 학교에서 학생들을 가르치기 시작했을 때 특히 저소득층 가정의 아이들이 "학교에서 질문을 하지 않도록 훈련되어 있는" 사실에 경악했지만, 그 후 큰 변화가 일어났다고 생각하지

 불꽃은 무엇일까?[29]

간단한 질문 같지만 당신은 이 질문의 답을 아는가? 영화배우 앨런 알다Alan Alda는 어릴 때부터 이 질문에 매료되었다. 약 70년이 지난 뒤 그는 뉴욕의 스토니브룩 대학교Stony Brook University에 차세대 과학자 양성과 과학에 대한 이해를 돕는 앨런 알다 커뮤니케이션 과학 센터Alan Alda Communicating Science Center를 설립하고 첫 번째 프로젝트로 '불꽃은 무엇인가?'라는 질문을 가장 잘 설명할 수 있는 사람을 뽑는 대회를 열었다. 특이하게도 9~12세 아이들이 심사를 맡았다. 과학자와 과학 마니아 등 무려 800명이 넘는 사람들이 도전했다. 우승을 차지한 주인공은 물리학자 벤저민 에임스Benjamin Ames였는데, 7분짜리 애니메이션 뮤직비디오를 만들어 레고를 분자 삼아 산소와 탄소, 수소, 백열과 산화작용을 설명했다. 알다와 에임스는 '어떻게 하면 아이들이 과학에 재미를 느낄까?'라는 아름다운 질문에 답한 것이다. 알다가 그 다음으로 내놓은 질문은 '시간은 무엇일까?'였다. (우승을 차지한 답은 'centerforcommunicatingscience.org'를 참고하라.)

않는다. 이런 실망스러운 상황은 고의적인 결과가 아닐 수도 있다. 교사들은 수업시간에 되도록 많은 내용을 다뤄야 하는 압박감에 시달리고 있다. 특히 예산은 부족하고 학생 수는 넘치는 도시 학교의 교사들은 큰 규모의 교실을 관리하면서 어려움을 겪는다. 질서를 유지하고 "수업 진도를 나가려면" 아이들에게 질문을 허락하지 않는 수밖에 없다.

그 외에도 미묘하게 작용하는 힘이 학생들의 질문을 막는다. 예를 들어 아이들은 문화적 압박 때문에 스스로 질문을 검열할 수 있다. 뉴욕 대학교의 조슈아 아론슨Joshua Aronson은 저소득 소수민족 가정의 학생이 겪는 어려움에 대해 연구했다.[30] 이를테면 학교들이 아프리카계 미국인 남학생을 유예하는 과도한 경향 같은 것이다. 아론슨은 '고정관념의 압박stereotype threat'을 보여주는 흥미로운 연구도 실시했다. 그것은 낙인stigma의 심리학, 특히 "인간이 자신이 속한 사회 집단이나 성별 집단에 대한 부정적인 고정관념에 반응하는 모습"을 보여준다. 아론슨은 흑인과 라틴계, 그리고 여대생의 표준 시험 성적을 연구했는데 학생들이 자신이 속한 고정관념(예를 들어 '여학생은 수학에 약하다'와 같은)을 떠올릴수록 성적에 부정적인 영향을 끼친다는 결과가 나왔다.

그렇다면 고정관념에 시달리는 학생일수록 질문을 해서 수업을 중단하고 자신이 모른다는 사실을 반 전체에 드러내려고 하지 않을까? "확실히 그렇다"라고 아론슨은 말했다. "두려움은 호기심의 적이다. 안타깝게도 그런 상황에 놓이면 남에게 비춰지는 모습에 압박감을 느낄 수 있다." 그래서 학생들은 이미 알거나 관심이 없는

척 행동한다. 아론슨은 고정관념이 확실시되는 위험을 무릅쓰느니 "안전책을 강구하려는 경향이 있다"라고 말했다.

어떤 아이가 학교에서 질문을 잘 하는지는 당연히 부모의 영향도 있다. 인디애나 대학교의 사회학 교수 제시카 맥크로리 칼라코 Jessica McCrory Calarco는 최근 4~5학년 학생들을 연구한 결과,[31] 고소득 가정일수록 부모가 자녀에게 학교에서 질문을 하도록 장려하는 반면 보통 가정의 부모는 권위를 존중하고 도움을 요청하는 대신 스스로 알아서 하고 권위를 존중하라고 장려한다는 사실을 발견했다. "중산층 자녀는 수줍음을 타는 성격이라도 교사에게 편안하게 다가가 질문하고 질문의 장점을 인식하고 있다. 반면 노동 계층 자녀는 타이밍이나 방식이 잘못되어 교사를 화나게 할까봐 걱정하며 도움을 구하면 남들에게 똑똑하지 않게 보인다고 생각한다"라고 칼라코는 전했다. 그녀는 "가정에서 부모에게 배우는 것"이 그 차이에 직접적인 영향을 끼친다고 말했다.

이런 연구 결과에 데보라 마이어는 발끈했다. "마치 저소득 가정의 부모가 잘못되었다는 것처럼 들립니다. 하지만 그들은 틀리지 않았어요. 자녀가 학교에서 질문을 하면 곤경에 처할 수 있음을 알고 있으니까 자녀에게 주의를 주는 거예요." 그녀는 중산층 자녀들의 상황은 다르다고 말했다. "그들은 안전감을 느끼면서 학교에 다닙니다." 안전함을 느끼기 때문에 손들고 질문하는 위험을 무릅쓸 수 있다는 것이다.

그러나 부모가 질문을 장려하는 '안전한' 중산층 자녀라도 교실 환경이 호기심을 자극하거나 탐구를 자극하지 않는다고 느낄 수 있다. 내가 인터뷰한 '질문의 대가' 중 한 명인 열다섯 살 고등학생 잭 안드라카Jack Andraka는 자발적인 탐구를 거쳐 새롭고 효과적이고 저렴한 암 진단법을 개발했다.[32] (안드라카가 문제 해결에서 어떻게 질문을 활용했는지는 다음 장에서 자세히 소개한다.) 나는 안드라카처럼 질문하는 성향을 가진 학생이 학교에서 질문을 하라고 배웠는지, 또 학교에서 질문을 많이 하는 편인지 몹시 궁금했다.

안드라카는 부모님이 질문하기를 가르쳤다고 말했다. "부모님이 저에게 질문을 하셨고 저도 부모님에게 질문을 하도록 하셨어요. 질문으로 이끌어주시기는 했지만 절대로 답해주지는 않으셨죠. 대신 실험이나 개인적인 경험으로 탐구하고 가설을 세우도록 하셨어요."

안드라카는 자신이 다니는 학교가 메릴랜드에 있는 '평범한 공립 고등학교'라면서 이렇게 말했다. "많이 질문하고 스스로 탐구하는 아이가 정말로 없어요. 선생님이 하라는 대로만 할 뿐이죠. 정말 엄격한 지침에 얽매여 있어요. 제 생각에는 최선의 학습법이 아닌 것 같아요."

학교 친구들이 질문을 많이 하느냐고 물었다. "제가 다니는 고등학교에서는 구석에 조용히 앉아 있는 게 '쿨'한 거예요. 조용히 있으면서 가끔씩 친구들 따라 낄낄 웃어주고요. 저한테는 무척 따분한 일이죠. 그래서 전 정말로 조용히 있거나 다른 일을 해요. 예를 들면 새로운 췌장암 진단법을 찾는다거나 질문에 대한 답을 찾거나 하죠. 하지만 '이러면 어떻게 될까?' 같은 질문은 떠올리지 않아요. 직접 실행해서 알아보죠. 제 모든 탐구는 학교 밖에서 이루어져요. 학교에서는 허락되지 않으니까요. 정말…… 따분하죠."

안드라카 같은 타고난 질문자도 학교에서 전혀 질문을 하지 않는다면 근본적인 문제임이 확실하다. 올바른 질문 연구소의 댄 로스스타인과 루즈 산타나는 전혀 이상하지 않은 현실이라고 말했다. 가장 진보적이라는 학교에서도 질문은 주로 교사의 영역이라는 것이다. 로스스타인이 말했다. "교실에서 질문이 많이 활용되기는 하지만 대개는 일방통행입니다. 학생이 질문을 하는 게 아니라 교사가 자신이 생각해낸 질문으로 학생들을 유도합니다. 이런 방식은 의도치 않더라도 질문의 전문화professionalization에 기여합니다. 더 많이 아는 사람에게만 질문이 용납된다는 개념이죠."

20년간 질문에 대해 연구하고 가르쳐온 로스스타인과 산타나가 설립한 올바른 질문 연구소는 이제 3년째를 맞이한다. 질문에 푹 빠진 유아기에 놓인 것이나 다름없다. 그들은 올바른 질문 연구소가 학생들 스스로 질문을 떠올리고 교실에서 힘의 균형을 바꿔놓는 데 기여할 수 있기를 바란다.

질문하기가 타고난 능력이라면
왜 배워야 하는가?

보스턴에 있는 고등학교에서 인문학을 가르치는 링-세 피트Ling-Se

Peet는 올바른 질문 연구소의 '질문 만들기 기술Question Formulation Technique'을 수업시간에 처음 활용할 때 25명의 학생에게 "고문은 정당화될 수 있다"라는 도발적인 전제를 내놓았다.[33]

로스스타인과 산타나의 설명에 따르면 이런 첫 문장은 학생들이 스스로 질문을 만들어내기 위한 초점을 제공하므로 '큐-포커스 Q-focus'라고 불린다. 피트는 소그룹으로 나뉜 학생들에게 정해진 시간 안에 그 문장과 관련된 질문을 최대한 많이 생각해내라는 첫 번째 임무를 주었다.

각 그룹의 학생들은 모든 질문을 글로 적을 것, 질문에 대해 토론하거나 답하려고 하지 말 것, 그냥 새로운 질문을 계속 떠올릴 것 같은 법칙을 인지한 후 다양한 각도에서 명제를 살펴보기 시작했다. '고문을 어떻게 정의하는가?', '고문은 언제 사용하는가?'처럼 명제에 확실성을 부여하려는 질문들이 나왔다. '고문으로 행복을 느낄 수 있는가?'처럼 색다르지만 흥미로운 질문도 있었다. 그런가 하면 '고문은 정의와 관련이 있는가?', '고문당할 가능성이 높은 사람은 누구인가?'처럼 토론 범위를 확대하는 질문들도 볼 수 있었다.

피트에 따르면 학생들은 질문 훈련이 처음이었으므로 법칙에 의구심을 갖기도 했다. 떠올린 질문에 바로 답해야 한다고 생각하는 학생들이 있었던 것이다. 하지만 이내 각 그룹에서 자유롭게 질문이 흘러나왔고 한 사람이 받아 적었다. 그다음에는 두 번째 단계가 기다리고 있었다. 개방형 질문은 폐쇄형 질문으로, 폐쇄형 질문은 개방형 질문으로 바꾸는 것이었다. 예를 들어 '왜 고문은 효과적인가'처럼 '왜'로 시작하는 개방형 질문은 '고문은 효과적인가?' 같은 폐쇄형 질문으로 바꿀 수 있다. 로스스타인에 따르면 이 단계는 질문이 경우에 따라 좁혀지거나 넓혀질 수 있다는 것을 알기 위함이다. 그는 학생들이 이 단계를 실행함으로써 "질문하는 방식에 따라 결과가 달라지고 전혀 다른 방향으로 나아갈 수 있음을 깨닫기 시작합니다"라고 말했다.

그다음으로 학생들은 질문의 '우선순위'를 따져서 토론의 진전에 가장 중요한 세 가지를 찾았다. 로스스타인과 산타나는 이렇게 질문을 '수렴'하는 것이 중요하다고 강조한다. 학생들이 질문을 많이 떠올리거나 효과적으로 질문하도록 장려하는 것만으로는 부족하며 스스로 분석을 통해 앞으로 계속 진행시킬 질문에 집중하는 방법을 배워야 한다는 것이다.

각 그룹에서 마지막까지 남은 질문에는 '왜 고문은 효과적인가?', '고문이 정당화되어야 하는지 아닌지는 누가 결정하는가?', '어째서 누군가의 고통이 다른 누군가가 원하는 결과의 대가가 될 수 있는가?' 등이 있었다.

로스스타인은 이 훈련이 끝나갈 무렵 일부 학생들은 '기진맥진한' 모습이었다고 말했다. 확실히 힘든 과정이라고 그도 인정한다. "지금까지 해본 적이 없는 일, 질문으로 생각하기를 해야 하니까요." 그러나 이 수업을 비롯해 올바른 질문 연구소의 질문 기법이 활용된 수업에서는 학생들의 참여도가 매우 높게 나타났다. 로스스타인과 산타나가 영리하게도 '질문만 가능', '모든 문장을 질문으로 표현' 등의 법칙을 정해서 놀이 요소를 가미했기 때문인지도 모른다. 그리고 질문하기는 본질적으로 더 많은 학생의 참여를 유도하고 허용한다. 답을 몰라도 질문을 할 수 있으므로 소수의 똑똑한 학생들이 주도하지 않기 때문이다. 로스스타인은 아이들이 스스로 생각해낸 질문일수록 빠르게 몰두하는 경향이 있다는 것도 그 이유라고 분석한다. "질문의 '소유권'은 매우 중요합니다. 학생들은 스스로 떠올린 질문의 답을 찾는 것이 자신의 임무로 느껴진다고 말하더군요."

로스스타인과 산타나는 수년에 걸쳐 이 질문 기법을 고안했다. 처음에는 학생들을 위한 것이 아니었다. 원래는 어른들이 정부 관료나 의사, 임대주, 학교 관계자 등을 대할 때 질문을 효과적으로 활용할 수 있도록 도와주기 위해 만들었다.

루즈 산타나는 올바른 질문을 할 줄 모르면 필요하거나 당연히 누릴 자격이 있는 혜택도 거부당하기 쉽다는 사실을 경험으로 잘 알고 있었다.[34] 20대 때 푸에르토리코에서 미국으로 이민 온 그녀는 처음에 정부 보조금으로 생활하다가 공장에 취직했다. "그러다 정리해고를 당했어요. 그 후 직업훈련 프로그램을 이용할 수 있는지 복지 혜택을 알아보고 다녔지만 모조리 거절당했죠."

산타나는 거절당한 이유를 제대로 파악하는 방법을 알지 못했다. "자신을 옹호하는 방법을 알지 못했던 거예요." 거절당하는 그녀를 보고 한 사회복지사가 대신 나서서 그녀가 직업훈련 프로그램을 이용할 자격이 있다고 말해주었다. 산타나는 직업훈련을 받은 뒤 취직을 했고 공부도 시작해 석사 학위까지 받았다. 그러나 그녀는 사회복지 혜택을 받지 못하는 사람일수록 제대로 목소리 내는 방법을 알아야 한다는 교훈을 잊지 않았다. 결국 그녀는 사회복지 분야로 뛰어들었고 매사추세츠 주 로렌스에서 주택 분야의 권익 옹호 업무를 맡았다.

그녀는 그곳에서 서로 배경은 다르지만(하버드 졸업에 켄터키 출신) 관심사는 비슷한 로스스타인을 만났다. 로스스타인은 하버드에서 교육학 박사 과정을 공부하면서 어떤 질문에 흥미를 느꼈다.

사회문제에 대해 생각하거나 사회정책을 만드는 사람들은 해당 문제에 실제로 영향을 받는 사람들로부터 무엇을 배울 수 있을까?

도시 정책 분야에 몸담게 된 로스스타인은 로렌스 시의 근린계획 책임자가 되었고 주택문제 관련 회의에서 산타나를 만났다. 회의가 끝나갈 무렵, 구석 자리에서 산타나가 손을 들더니 시 당국이 해당 주택문제에 실제로 영향을 받는 사람들로부터 충분한 피드백을 받고 있는지 물었다. 로스스타인은 "회의가 그 질문으로 시작되었더라면 좋았을 거라는 생각이 들었습니다"라고 말했다.

그 후 로스스타인은 로렌스에 고등학교 중퇴 예방 프로그램을 마련하기 위해 산타나에게 도움을 청했다. 문제 해결에 착수한 그들은 한 가지 걸림돌을 인식했다. 부모가 자녀의 교육과 자녀에게 영향을 미치는 학교 정책에 좀 더 개입해야 한다는 것이었다. 하지만 학교 회의에 참석하기를 거부하는 부모가 많았다.

로스스타인과 산타나는 당연히 '왜' 그런지 생각해보았다. "학부모들은 무슨 질문을 해야 할지 몰라서 회의에 참석하지 않는다고 했습니다." 로스스타인의 말이다.

그 사실을 알게 된 두 사람은 머릿속에 전구가 켜지는 듯했다. 만약 부모들이 학교 회의에서 보다 나은 질문을 하도록 도와줄 수 있다면?

그들은 이렇게 '만약'으로 시작하는 질문을 떠올렸지만 아이디어를 실행하기 위해 '어떻게' 단계로 나아가면서 길을 잘못 들어서고 말았다. 부모들이 학교 회의에서 질문을 잘할 수 있도록 도와주려면 무슨 질문을 하면 되는지 알려주면 된다고 생각한 것이다. 그래서 학교 예산안에 대한 질문, 자녀가 정학당하는 이유에 대한 질문 등 다양한 상황에 따른 질문을 한데 모아 부모들에게 나눠주고 회의에 가져갈 수 있도록 했다.

"학교 회의에 갔더니 학부모들이 그 질문 목록을 가지고 왔더군요. 그런데 마이크에 대고 목록을 그대로 읽는 겁니다. 그러다 학교 관계자에게 질문을 받으면 '이제 어떻게 해야 돼요?' 하는 표정으로 우리 쪽만 쳐다보았죠." 그 순간 산타나는 자신들의 실수를 알아차렸다. "부모들이 스스로 생각하고 질문을 떠올려야 한다는 사실을 깨달았어요."

그 후 로스스타인과 산타나는 부모들에게 질문하는 방법을 코치하기 시작했다. 특히 그들에게 가장 큰 영향을 끼치는 학교의 결정에 관해 질문하는 법을 가르쳤다. 즉 어떤 결정의 근본적 이유와 결정에 이르게 된 과정, 부모가 할 수 있는 역할에 대해 알아보는 것이었다.

그런데 교육과정이 진행될수록 몇몇 학부모에게서 인상적인 모습이 나타났다. 응급실 의사에게 정보를 얻는다거나 집주인과 논쟁을 벌일 때 등 학교 회의가 아닌 상황에서도 질문 기법을 활용하는 것이었다.

로스스타인과 산타나는 질문 교육 과정을 넓혀 다양한 상황에서 시도하기 시작했다. 전국의 개인 병원과 사회복지기관, 성인교육 프로그램을 대상으로 교육을 실시했다. 그들의 질문 기법은 뉴멕시코 주의 이민자 학부모들, 루이스빌의 노숙자 보호소, 하와이의 사탕수수 농장 일꾼들에게 사용되었다.[35] 마침내 2001년에 로스스타인과 산타나는 '올바른 질문 연구소'라는 비영리단체를 설립했다.

그들의 질문 기법이 점차 성인교육 프로그램에 활용되어 좋은 반응을 얻으면서 흥미로운 일이 벌어졌다. 성인들이 '왜 이걸 고등학교에서 배우지 않았을까?'라고 생각하는 것이었다. 또다시 로스스타인과 산타나는 '만약' 질문을 떠올렸다.

만약 학생들을 위한 질문 만들기 프로그램을 만든다면?

그들은 초중고 학생들을 위해 여러 단계로 구성된 프로그램을 고안했다.

1. **교사가 큐-포커스(질문 초점)를 제안한다.**(보기 : "고문은 정당화될 수 있다.")
2. **학생들이 질문을 생각해낸다.**(교사의 도움 없이 스스로 질문에 답하거나 토론하지 않음, 모든 질문을 받아 적음, 모든 문장을 질문으로 바꿈)
3. **학생들이 스스로 떠올린 질문들을 다듬는다.**(개방형은 폐쇄형으로, 폐쇄형은 개방형으로)
4. **학생들이 질문의 우선순위를 정한다.** 대개 가장 중요한 세 가지를 정하도록 한다.

5. **학생과 교사가** 선택된 질문들을 실행하기 위한 **다음 단계를 결정한다.**

6. **학생들이 배운 것을 되돌아본다.**

이 과정은 교사가 한 시간 안에 배우고 학생들도 금방 이해할 정도로 단순하게 고안되었다. 그러나 그렇게 단순화시키기가 정말 힘들었다. 기본 공식을 만드는 데 약 10년이 걸렸다.

RQI의 질문하기 기법은 교사들 사이에서 호평을 받으며 널리 퍼졌다. 보스턴의 고등학교 교사 마시 오스트버그Marcy Ostberg는 학생들이 질문을 통해 생각하기 시작하면서 "무언가가 잠금 해제된 것 같다"고 말했다.[36] 로스스타인에 따르면 학회에 마련된 RQI 부스에는 교사들이 줄을 선다. "우리 부스에서 질문 기법을 배운 교사들은 머리를 탁 치면서 '왜 지금까지 이런 걸 하지 않았지?'라고 합니다."

사회평론가 닐 포스트먼Neil Postman은 20년도 더 전에 질문이 학교 교육에서 차지하는 중요성에 대한 책을 썼을 때부터 그런 의문을 가졌고 자신만의 질문을 제기했다.[37]

인간에게 주어진 가장 중요한 지적 기술을 학교에서 가르치지 않는다니, 이상하지 않은가?

로스스타인은 신문 인터뷰에서 질문 교육이 오랫동안 실패한 이유가 무엇인지, 다음과 같은 이유가 아닌지 질문을 받았다.

• 배울 필요가 없다고 생각하기 때문에, 또는
• 가르치는 방법을 모르기 때문에.

로스스타인은 "제 대답은 둘 다였습니다"라고 말했다. 첫 번째 이유에 대해서는 질문이 '언어 구사의 자연스러운 부분'이고 사람들이 본능적으로 할 수 있는 것이라고 여겨지기 때문이라고 덧붙였다. 데보라 마이어를 비롯한 다수는 아이들이 타고난 질문자이고 질문하는 법을 가르칠 필요가 없다고 생각한다. 다만 질문 의지를 꺾지만 않으면 된다. 그러나 로스스타인은 질문하기는 일반적으로 생각하는 것보다 훨씬 미묘하고 복잡한 기술이며 확산적·수렴적·초인지적 사고라는 세 가지 정교한 사고가 수반된다고 말했다. 그중에는 자연스럽게 가능한 것도 있지만 학습과 연습이 필요한 것도 있다. 다섯 살 즈음부터 질문 숫자가 줄어들기 시작해서 중고등학교 무렵에는 타고난 질문 기술이 오랫동안 방치된 상태다. 그 시기에는 루스스타인이 말하는 '질문 근육'이 위축되어 있으므로 강화시켜줄 필요가 있다.

질문 방법을 스스로 배울 수 있을까?

중학교 무렵에 이미 질문 근육이 위축되어 있다면 대학 입시를 앞둔 학생의 상태는 어떠할지 생각해보자. 실제로 로스스타인이 만든 현황표를 보면 대학생 시절 내내 질문이 급격히 감소하고 있다. 내가 인터뷰한 대학 교수들도 명문 아이비리그에서조차 학생들의 질문이 부족하다는 사실을 확인해주었다.

"20년간 하버드 경영대학원에서 학생들을 가르쳤습니다. 이곳을 정말 좋아하지만 질문을 위한 직관이나 호기심은 20년 전보다 훨씬 줄어들었어요." 클레이튼 크리스텐슨 교수는 그 원인에 대해서도 언급했다. "성장기 내내 화면만 쳐다보고 학교에서도 답만 알려준다면 질문을 위한 통찰을 발달시킬 필요가 없겠지요. 학생들은 학교에서 질문을 요구받은 적이 없기 때문에 질문하는 법을 모르는 겁니다."

유명 저자이자 예일 대학교 교수인 윌리엄 데레시비츠William Deresiewicz는 또 다른 요소를 언급한다.[38] "요즘 대학 교육은, 특히 명문 대학일수록 기술관료제 특징을 띱니다. 특수 분야의 전문 지식을 얻기 위한 교육, 그 분야의 문제를 해결하기 위한 교육을 받습니다. 시험에 나오는 내용을 완벽하게 익히려고 피나는 노력을 해야 하죠. 한 발 뒤로 물러나 질문하고, 배우고 있는 내용을 생각해볼 시간 따위는 없습니다. 내가 보기에는 학생들이 가치와 의미, 목

 어떻게 자녀의 질문 능력을 키워줄 수 있을까?[39]

'질문의 대가들'을 연구하던 할 그레거슨은 '어린 시절에 흥미로운 질문을 떠올리도록 그들을 격려해준 어른이 적어도 한 명은 있었다'는 사실을 발견했다. 노벨 물리학상을 수상한 이시도어 아이작 라비Isidor Isaac Rabi의 어린 시절도 마찬가지였다. 학교에서 돌아오면 다른 어머니들은 "오늘은 뭘 배웠니?"라고 묻지만 그의 어머니는 "이지, 오늘 좋은 질문을 했니?"라고 물었다고 한다. 클레이튼 크리스텐슨은 부모가 '만약'으로 시작하는 질문을 통해 "아이가 주변 세상에 대해 깊이 생각하도록" 도와주면 탐구심을 길러줄 수 있다고 말했다. 아이가 집안일을 통해 직접 문제를 해결해보도록 유도하는 것도 중요하다고 덧붙였다. 혁신적인 디자인 기업인 IDEO의 공동 창업자 데이비드 켈리David Kelley도 그런 교육을 받았다. 문제를 해결하는 디자이너인 그는 어린 시절에 "세탁기가 고장 나면 고쳐보려고 나섰다"라고 말했다.

적에 관련된 커다란 질문을 하지 않는 것 같습니다. 미래의 리더인 그들에게 정말로 필요한 것은, 전문 기술이 아니라 진정으로 중요한 질문을 하는 법을 배우는 겁니다."

데레시비츠는 학생들의 탐구심을 자극해주는 훌륭한 교수가 드물다고 말했다. 그는 자신의 멘토이자 존경하는 은사를 언급했다. 젊은이처럼 새로운 눈으로 세상을 바라볼 줄 아는 분이었지요. 이마에 봉긋 솟은 희끗한 백발은 마치 새로운 발견이라도 한 듯 들떠 보였지요"라고 멋지게 표현했다. 그의 스승이 어떤 식으로 탐구심을 자극했는지 물어보았다.

"상황을 재구성하여 기본적인 것에 도달하는 질문을 하는 능력이 있었어요. 질문이 바보처럼 느껴질 때도 있었죠. 그러나 아무도 하지 않는 질문을 하는 '신성한 바보'가 되는 것이었습니다." 데레시비츠는 스승이 그런 방법을 통해 "우리 학생들에게 모든 것, 특히 이미 안다고 생각하는 것들이라도 질문에 열려 있다는 것을 보여주었습니다"라고 했다.

"교수님은 답을 알지 못하면서도 기꺼이 질문을 했습니다. 사람들은 교사나 대학 교수의 권위가 답을 아는 것에 달려 있다고 생각하죠. 그러나 교사가 '나도 모르겠는걸. 같이 찾아보자'라고 말하면 자유로운 분위기에서 학생들을 자극할 수 있습니다."[40]

데레시비츠의 스승이 행한 방식 같은 소크라테스식 교육법이 요즘 같은 온라인 시대에 되돌아올 수 있을까? 세바스찬 스런은 그렇게 되기를 바란다. 구글의 무인자동차를 비롯해 혁신적인 기술을 개발한 스런은 자국인 독일에서는 방해가 될까봐 질문하기가 불편했지만 실리콘밸리는 질문을 수용해주는 환경이었다고 말했다. 구글에 근무하면서 그는 스탠퍼드 대학교에서 강의를 했는데, 그가 가르치는 인공지능 수업이 2001년 온라인에서도 제공되었다. 그런데 스런은 몇만 명이나 등록한 것을 보고 깜짝 놀랐다. 얼마 뒤 그는 자기주도적으로 움직이는 자동차를 발명한 것처럼 자기주도적 학습에도 도전했다. 온라인 대학교 유다시티를 설립한 것이다. 온라인 교육 프로그램은 지난 몇 년간 커다란 관심만큼 찬반 논란도 있지만 여전히 증가하는 추세다. 흥미롭게도 스런은 유다시티에서 소크라테스식 교육법을 도입한 온라인 강의라는 목표를 추구하고 있다.

유다시티는 그저 온라인 방송으로 강의를 내보내는 것이 아니라 비판적 사고를 통한 질문을 주입시켜 학생들이 배우는 것에 대해 스스로 생각해보도록 한다. 이렇게 학생들이 스스로 질문을 떠올리도록 장려하는 일에 관하여, 구글 디자이너 출신이자 유다시티의 창립 파트너인 아이린 아우Irene Au와 스런은 온라인에서는 익명성 덕분에 질문하기가 훨씬 쉽다고 말했다.[41] 수업이 끝나갈 무렵, 다들 나가고 싶어 좀이 쑤실 때 강의실 뒤에서 손을 번쩍 들고 질문하는 '밉상'이 되지 않을 수 있다. (어느 대학 교수는 최근에 온라인 강의를 시작한 후 학생들의 질문이 그 어느 때보다 많아진 사실을 발견했다.)[42]

그러나 예일 대학교의 윌리엄 데레시비츠는 회의적이다. 그는 키보드로 질문을 입력하는 것과, 실제로 교수에게 질문하는 것은 크게 다르다고 지적한다. 또한 오프라인 강의실과 교수들에게 들어가는 간접비용을 없애주는 온라인 대학교 혁명이 결과적으로 대학을 해체시키는 첫걸음이라고 생각한다. 데레시비츠는 온라인 질문이 한자리에 모인 학생들과 교수 사이에서 이루어지는 협동적이고 예측 불가능한 소통을 대신할 수 없다고 본다. "소크라테스의 발명보다 나은 것은 없습니다."

답을 제공하든 그러지 않든, 온라인 강의는 많은 사람이 나이에 상관없이 전통적인 교육기관에서 벗어나 스스로 학습을 주도하고 질문 근육을 사용하도록 이끄는 커다란 현상 중 일부임은 분명하다.

니킬 고얄은 "학교가 바뀔 거라는 희망은 없어요"라면서 미래의 질문 탐구 학습이 학교가 아니라 사람들이 함께 모여 만드는 '메이커 스페이스' 혹은 '해커 스페이스'(주로 컴퓨터나 기계, 과학, 디지털 아트 등과 같은 공동 관심사를 가진 사람들이 만나고 어울리고 협력할 수 있도록 마련된 공동의 작업 공간 - 옮긴이)의 임시 교실에서 이루어질 것이라고 생각한다.

존 실리 브라운의 생각도 비슷하다. "학교를 자퇴하거나 진짜 공부가 학교 밖에서 이뤄진다고 생각하는 아이들은 요즘 활발하게 일어나는 메이커 스페이스 네트워크 운동의 일부가 되고 있습니다." '메이커 운동'은 예술이나 음악 작업뿐만 아니라 고차원이든 저차원이든 대부분 무언가를 만드는 것이다. 그러나 프로젝트 중심이고 동료 학습peer to peer learning이기 때문에 집단의 초보 '메이커'가 더 뛰어난 질문을 내놓는 경향이 있다. 메이커 스페이스는 대개 지하실이나 놀이터, 박물관(샌프란시스코 과학관 익스플로러토리엄 Exploratorium도 최근에 메이커 스페이스를 마련했다), 그리고 놀랍게도 도서관 같은 장소다. "도서관은 흥미로운 메이커 스페이스로 재탄생하고 있습니다. 사서가 질문 중심 학습의 교사 역할을 합니다"라고 브라운은 말했다.

그는 학생들이 교실 밖에서 새로운 경제 기술을 더 효과적으로 연마할 수 있다고 생각한다. 창조하고 실험하고 질문하고 학습하는 법을 배우기 때문이다. 따라서 기하급수적인 변화가 일어나는 요즘 시대에는 "그런 아이들이 정상의 자리에 올라설 수 있는 기술을 갖추게 될 것입니다"라고 브라운은 덧붙였다.

어떤 의미에서 우리는 모두 '메이커'다. 적어도 그렇게 생각하면 도움이 된다. 제대로 질문하는 법을 배웠든 그러지 않았든, 우리는 지금 스스로 자신만의 공간에서 그 기술을 갈고 닦을 수 있다. 우선 뛰어난 질문자들이 '왜, 만약, 어떻게' 같은 기본적인 질문을 어떻게 활용하여 문제를 해결하고 변화를 만드는지 살펴보면 큰 도움이 될 것이다.

제3장

혁신적인
3단계
질문 기법

왜…

왜 사진이 나올 때까지 기다려야만 할까?

에드윈 랜드Edwin Land[01]는 당대의 스티브 잡스라고 할 수 있을 정도로 뛰어난 발명가였다. 그에게는 남들이 상상조차 못하는 새로운 가능성을 알아보는 능력이 있었다. 때로 그것은 자세하고 완전한 형태로 떠올랐다. 그러나 1943년 어느 화창한 겨울날, 그는 자신이 미래를 바꿀 기회를 잡았다는 사실을 알지 못했다. 세 살짜리 어린아이의 조숙한 질문이 그가 나아갈 길을 확실하게 비춰주었다.

당시 랜드는 뉴멕시코 산타페에서 가족과 휴가를 즐기고 있었다. 그는 가장 좋아하는 카메라로 어린 딸 제니퍼의 사진을 찍어주었다. 당시만 해도 필름을 암실 혹은 현상소로 가져가 현상해야만 사진을 볼 수 있었다. 모든 어른이 그렇듯 랜드도 그 사실을 알고 있었다. 그러나 어린 제니퍼의 관점은 달랐다. 제니퍼는 왜 사진을 보려면 기다려야 하느냐고 물었다.

랜드는 그럴듯한 대답을 찾지 못했다. 그가 표현한 대로 "딸아이가 펼쳐놓은 퍼즐"은 그에게 도전으로 다가왔다.

오랜 세월이 지난 뒤 랜드는 어느 강연에서 이렇게 말했다. "저는 위험할 정도로 상쾌한 고원의 공기에 자극받아, '안 될 게 뭐 있어? 곧바로 현상할 수 있는 사진을 만들지 못하라는 법이 있어?'라고 생각했습니다."

당시 30대 중반이었던 랜드는 이미 거대한 질문에 파고드는 데 익숙했다. 두 번이나 하버드를 자퇴한 그는 편광에 대한 관심사를 어느 정도 성공한 사업체로 변화시킨 터였다. 그가 보유한, 빛을 여과하고 눈부심을 줄이는 기술은 선글라스와 사진 필터에 사용되고 있었다. 랜드는 그 기술로 생명을 구하겠다는 원대한 포부가 있었다. 만약 편광 헤드라이트와 앞 유리로 자동차 사고를 줄일 수 있다면?

그는 1930년대와 1940년대 초에 편광을 이용해 헤드라이트가 앞쪽을 완전히 비춰주면서도 반대편 운전자의 시야를 가리지 않게 하려는 아이디어에 파고들었다. 그러나 자동차 회사들의 지원을 받지 못했고 1943년 무렵에는 회사도 침체되기 시작해 혁신이 필수적이었다.

랜드는 몇 시간 동안 딸의 '왜' 질문에 대해 생각하면서 스스로 '만약' 질문을 떠올리기 시작했다. 그가 마주한 도전을 요약하면 이러했다. 만약 카메라 안에 암실 비슷한 것을 만든다면?

『인스턴트 : 폴라로이드 이야기Instant: The Story of Polaroid』의 저자 크리스토퍼 보나노스Christopher Bonanos에 따르면 랜드는 "카메라 안에서 통에 담긴 화학 용액이 철벅거리게 할 수 없음을 알고 있었다".02 그렇다면 작은 주머니에 담긴 화학 용액이 음화 필름에 뿌려지도록 하면 어떨까? 이것은 랜드가 두어 시간 동안 혼자 산책하면서 열심히 떠올린 질문 중 하나였다. 그는 '양화는 어떻게 인쇄하지? 카메라 뒤쪽에 음화지와 양화지를 모두 만든다면 어떻게 될까?'라고 생각했다.

랜드는 곧바로 질문에 모양을 부여했고 머릿속에서 부분적인 답들이 소용돌이쳤다. 그는 그날 바로 동료들을 불러모아 즉석카메라 개발안을 작성했다. 프로토타입을 신속하게 만들어 몇 달 만에 (자신의 모습을 찍은) 첫 번째 실험용 즉석 사진을 현상할 수 있었다. 그러면서 시련에도 맞닥뜨렸다. 랜드가 이끄는 팀은 약속한 4년 후까지 최초의 흑백 즉석카메라를 출시하기 위해 고군분투해야 했다.

그때까지도 랜드의 의문은 완전히 풀리지 않았다. 1948년에 출시한 즉석카메라는 세간의 관심을 끌었지만 그는 처음부터 더 훌륭한 제품을 구상했다. 랜드는 '어떻게 하면 컬러로도 할 수 있을까?', '왜 더 사용하기 간편한 카메라가 없는 걸까?' 같은 질문의 답을 찾으려고 노력했다. 그로부터 30년이 지나 그 모든 질문에 답해주는 명작이 탄생했다. 버튼 하나로 간편하게 조작할 수 있고 컬러 사진도 가능하며 인쇄 속도까지 더 빨라진 SX-70이었다.

딸아이의 아름다운 질문에 대한 답을 찾기까지 너무 오래 걸렸고 때로는 몹시 지쳤지만 랜드는 여정에 나설 준비가 되어 있었다. 제니퍼의 질문에 몹시 흥분된 상태로 산책을 하기 1년 전인 1942년 12월, 그는 폴라로이드 직원들에게 이렇게 말했다. "가치 있는 일을 꿈꾸고 실천하기만 한다면…… 다음에 뭘 해야 하는지 하나하나 자세히 생각하기만 한다면, 끝이 아무리 멀리 있다고 해도 그것은 훌륭한 꿈입니다. 오천 걸음을 걸어야 한다면, 첫 열 걸음을 내딛고 또 스무 걸음을 걸으면 미처 깨닫기도 전에 순식간에 오천 걸음을 다 걸었을 테니까요."

혁신가와 질문자들은 질문의 흥미로운 역동성을 잘 보여주는 폴라로이드 이야기를 무척 좋아한다. 우선 상황을 뒤바꿔놓는 결정적인 질문이 순진무구한 어린아이를 비롯해 누구에게서나 나올 수 있음을 보여준다. 또한 앞에서 밝힌 것처럼 비전문가 혹은 외부인이 전문가보다 질문에 훨씬 더 뛰어날 수 있음을 분명히 알 수 있다. 물론 전문가의 지식은 소중하지만 질문에 방해가 될 수도 있다.

폴라로이드 이야기는 순차적인 탐구 과정이 어떤 질문을 촉매제삼아 시작되기도 한다는 것을 알려준다. 획기적인 혁신 사례는 '왜, 만약, 어떻게' 과정을 거쳐 진행된다는 공통점이 있는데 폴라로이드의 성공담에서도 명백하게 드러난다.

랜드는 제니퍼의 질문에 자극받아 이상적이지 못한 현실에 대해 '왜 이럴 수밖에 없을까?'라는 질문을 떠올리면서 세계관이 바뀌기 시작했다. '만약'으로 시작하는 가정적인 질문이 마구 쏟아졌다. '카메라 안에 암실이 있다면?'이라는 커다란 질문을 해결하기 위해 다수의 작은 질문에 착수했다. 그는 화학과 광학, 기술공학 분야의 지식과 아이디어를 연결시켰다. 보나노스에 따르면 랜드가 아는 모든 것이 하나로 합쳐지는 듯했다. 그러나 그렇게 똑똑한 연계적 탐구도 랜드가 '어떻게' 단계로 나아가지 못했다면 모두 허사가 되었을 것이다. 그는 종이에 아이디어를 적고 주변에서 피드백을 얻고 암실을 갖춘 카메라의 프로토타입을 만들기 시작하고 초기 디자인을 시험하고 실패하고 수정하고 다시 시험했다.

랜드는 자신의 창조 과정이 '왜, 만약, 어떻게'로 나뉜다는 사실을 알지 못했을 것이다. 이런 순차적 과정은 사람들이 어떤 식으로 문제에 접근하고 해결해나가는지 보여준다. 문제를 인식하고 이해하는 것부터 시작해 가능한 해결책을 떠올려서 행동으로 옮긴다.

문제 해결 과정의 3단계에는 저마다 특정한 도전과 문제가 따른다. 따라서 서로 다른 사고방식과 질문 유형이 필요하다. 전문 지식이 유용한 시점도 있지만 그렇지 않은 시점도 있다. 어떤 단계에서는 제한 없이 멀리 퍼져나가는 확산적 사고가 필수인 반면, 규율과 집중이 필요한 단계도 있다. 이렇게 질문과 문제 해결 과정을 구조화하면 어떤 단계에 머물러 있느냐에 따라 접근 방식과 도구를 바꾸고 질문을 조정해야 할 필요가 있음을 기억할 수 있다.

'만약'이 상상이고 '어떻게'는 행동이라면 첫 번째 '왜' 단계는 보기·이해하기와 관련 있다. 그저 눈을 뜨고 주변을 살피면 되니까 쉬워 보이지 않는가? 하지만 에드윈 랜드는 바로 눈앞에 놓인 문제를 보지 못했다. 처음에는 제니퍼만 그것을 볼 수 있었다. 그렇다면 '왜' 질문을 잘하기 위해서는 두 개의 선택권이 있다. 당신이 놓치는

것을 볼 수 있는, 호기심 많고 말 많은 서너 살짜리 어린아이와 일
상을 함께하는 것이다. 또는 호기심 많은 어린아이처럼 세상을 바
라보도록 관점을 바꿀 수도 있다. 하지만 후자는 결코 쉽지 않다.
새로운 눈으로 사물을 바라보려고 노력해야 한다.

이것은 '왜' 질문을 하기 위해 필요한 일부분일 뿐이다. 그 밖에
도 다음과 같은 노력이 뒤따라야 한다.

- 한 걸음 뒤로 물러난다.
- 다른 사람들이 놓치는 것에 주의를 기울인다.
- (자신의 가정을 비롯해) 가정에 반박한다.
- 맥락적 탐구로 상황이나 문제에 대한 이해를 높인다.
- 자신의 질문에 질문을 해본다.
- 질문을 자신의 것으로 만든다.

계속 앞으로 나아가는 과정처럼 보이지만 처음에는 뒤로 물러나
는 것부터 시작한다.

왜 한 발 뒤로 물러나야 앞으로 나아갈 수 있을까?

'물러나기'는 질문 기술을 설명할 때 종종 따라오는 설명이다. 뒤로
물러나 이유를 생각해보고, 뒤로 물러나 관점을 바꿔보고…… 그

렇다면 과연 어디에서 뒤로 물러나라는 것일까?

중요한 질문이 수면으로 떠올랐을 때 에드윈 랜드가 휴가를 보내는 중이었다는 사실은 꽤 중요하다. 그는 평소 바쁜 일에서 잠시 물러나 있었다. 각종 업무 관련 문제에서 벗어나 있었으므로 매우 비현실적인 질문에도 시간을 투자할 수 있었다.

딸의 질문은 잠시 멈추고 순수한 관점에서 현실을 바라보도록 영감을 주었다. 이것은 다른 유형의 두 번째 물러나기를 뜻한다. 즉 그 자신의 앎과 전문 지식에서 떨어져 있었던 것이다. 그는 잠시 동안 알기knowing를 멈추고 의아해하기 시작했다.

질문을 잘하려면, 특히 기본적인 '왜' 질문을 잘하려면 반드시 휴가를 떠나 조숙한 세 살짜리 어린아이와 함께 있을 필요는 없다. 그러나 적어도 일시적으로 하기doing와 알기knowing를 멈춰야 질문을 시작할 수 있다.

'하기'는 '알기'보다 제어하기 쉬워 보이지만 오히려 더 어려울 수도 있다. 요즘처럼 빨리 움직이고 조금씩이라도 발전을 거듭해 '일을 완료'하느라 바쁜 세상에 이유를 생각해볼 시간이 어디 있을까?

직장에서는 더욱 그러하다. 회의에서 인기 없는 사람이 되는 방법은 간단하다. "그 일을 해야 하는 이유가 뭐죠?"라고 묻는 것이다. 전적으로 합리적인 질문이라도 말이다. 질문을 시도하는 것조차 얼굴 두꺼운 이방인이어야 하는 경우가 많다. 상징적인 잡지 표지와 광고를 만든 유명 디자이너 조지 로이스George Lois도 회의에서 방해꾼으로 유명했다. 그는 열정적으로 자신의 아이디어를 논의했는데 정작 중요한 문제는 '왜'라고 묻는 사람이 그밖에 없는 경우가 많다는 것이었다. 회의에서 '왜'라고 묻는 것은 분별 있는 행동이지만 임원들은 초조해한다. 로이스에 따르면 다들 동의하며 고개를 끄덕일 때 "나 혼자만 손을 들고 '잠깐만요, 여러분이 하려고 하는 이 일은 도무지 말이 안 되는군요. 도대체 왜 그런 식으로 하려는 거죠?'라고 물었다".[04]

다른 사람들은 그가 회의를 지체시키고 집단이 앞으로 나아가지 못하게 막는다고 보았다. 그러나 로이스는 그들이 습관에 따라 움직이는 경향이 있음을 알았다. 예전에 비슷한 상황에서 쓰인 아이디어나 접근법을 내놓는 것이다. 그것이 최선책인지, 이번에도 적합한 방법인지 물어보지 않는다. 로이스처럼 자신이 유일하게 질문하는 사람이라는 사실도 이겨낼 만큼 건강한 자아를 가진 사람이 그들에게 '물러나기'를 자극해줄 필요가 있었다.

앞으로 나아가야 한다는 압박감은 뒤로 물러나 질문하기를 꺼리게 만든다. 기업에서 흔히 볼 수 있는 모습이다. 각종 업무와 활동, 방해물로 가득한 현대인의 일상에는 '뒤로 물러나 질문하기'가 들어갈 자리가 없다. 따라서 어떤 일을 왜 해야 하는지 같은 가장 기본적이고도 가장 중요한 질문이 제기되지 않는다.

『무조건 행복할 것』의 저자 그레첸 루빈은 이렇게 말했다. "뒤로 물러나 '내가 삶에서 진정 원하는 것이 무엇인가?'와 같은 중요한 질문을 떠올리기가 갈수록 힘들어지고 있다." 그녀도 오랫동안 똑같은 생활에 얽매여 있었다. "매일 할 일에 치중하느라 내가 과연 행복한지, 혹은 어떻게 하면 더 행복해질 수 있는지 생각해볼 시간이 전혀 없었다." 앞에서 언급한 것처럼 그녀의 '뒤로 물러나기' 순간은 어느 비 오는 날 버스를 타고 가는 도중에 찾아왔다. 드물지만 짧은 여유가 생겨서 "나는 왜 행복하지 않은 걸까? (만약 바꾸려고 해본다면?)"라는 질문을 하게 되었다.

이처럼 '왜'라고 묻는 첫 번째 법칙은 잠깐 멈춤과 여유 공간이 필요하다는 것이다. 회의 방해, '전진'의 정지, 버스 창문 밖을 바라보는 조용한 순간 말이다. 대개는 그럴 때 일상에서 유일하게 질문할 시간이 생긴다.

'왜'라고 물으려면 '행동'뿐만 아니라 '앎'에서도 뒤로 물러나야 한다. 사람들은 일상에서든 직장에서든 자신의 영역에서 전문가가 된다. 그 안에서 어떤 일을 잘하기 위해 필요한 것을 이미 알고 있다고 확신한다. 앎의 인식은 호기심을 약하게 하고 새로운 아이디어와 가능성에 마음을 열지 못하게 만든다. 게다가 사실 우리는 생각보다 잘 '알지' 못한다.

『생각의 한계』를 쓴 신경학자 로버트 버튼Robert Burton은 누구나 실제보다 더 많이 안다고 생각하는 공통점이 있다고 주장한다.[05] 그는 오랫동안 '확신한다는 것은 어떤 의미인가?'라는 질문과 씨름했다.

버튼은 광범위한 연구를 토대로 '안다는 느낌'이 단순한 느낌 혹은 감각이라고 결론 내렸다. 그런데 그 느낌은 워낙 강해서 그가 말하는 '확신의 확산certainty epidemic'을 일으킨다. 많은 사람이 자신의 지식을 과대평가하고 '직감'을 지나치게 믿으며 실제보다 많은 답을 가지고 있다고 확신하면서 돌아다닌다. 당연히 질문할 가능성도 줄어든다.

게다가 우리는 주변 세상에 별로 관심을 기울이지 않는 습관이 있다. 신경학자들은 뇌가 정보를 신속하게 분류하고 걸러내며, 심지어 매순간 들어오는 엄청나게 많은 자극을 무시하도록 배선되어 있음을 발견했다. 사회문제를 집중적으로 다루는 정부 기관 USAID(국제개발처-옮긴이)의 혁신 책임자 모라 오닐Maura O'Neill은 이 현상을 적절하게 묘사했다. "뇌는 듀이 십진분류법과 비슷한 시스템을 이용해 우리가 보는 것을 대부분 버리고 나머지는 신속하게 분류하여 장기기억에 보관하도록 진화했다."[06]

오닐의 말처럼 이러한 행동이 발달한 데는 현실적인 이유가 있다. 우리 조상들은 눈앞에 있는 것이 우호적인지, 해로운지 재빨리 판단해야 했다. 오늘날에도 그래야만 하는 경우가 있지만 워낙 정보가 넘쳐나므로 이미 알고 있고 관련 없는 것과 새롭고 중요한 것을 구분하는 일에 더 신경 쓴다. 우리는 순식간에 판단을 내린다. 이것에는 관심을 쏟고 나머지는 무시하자, 왜냐하면 a)나와 관계없거나 관심이 없거나 b)이미 아는 것이니까.

우리는 이미 경험한 것을 토대로 '앎'을 판단한다. 오닐의 말대로 "더 많이 보고 듣고 만지고 냄새 맡을수록 뇌의 배선이 강해진다. 기존의 지식과 경험이 우리의 기본 설정이 된다".

기본 설정은 대부분의 상황에 유용하지만 새로운 아이디어와 가능성을 고려하고 습관적인 생각을 깨뜨리고 지식을 확장하려면 잠깐 동안만이라도 아는 것을 내려놓아야 한다. 폴 베넷Paul Bennett처럼 모험심과 겸손함을 가지고 끊임없이 질문을 떠올리는 '아무것도 모르는' 지대로 들어가야 한다.

베넷은 오랫동안 혁신적인 디자인 기업 IDEO의 크리에이티브 디렉터로 일하고 있다. 영국에서 태어나 싱가포르에서 자란 그는 IDEO의 런던 지사장을 지낸 후 아시아 지역의 론칭을 도왔다. 세계 곳곳을 돌아다니는 그는 끊임없이 관찰하고 '왜' 그런지 의아해한다. 이를테면 중국의 어느 지역에서는 왜 세탁한 옷이 널린 빨랫줄 옆에 말린 생선을 걸어놓는지 등이다. 그는 '호기심 연대기The Curiosity Chronicles'라는 블로그에서 자신의 생각과 질문을 공유한다.

"나는 기꺼이 IDEO의 바보 역할을 합니다. 나쁜 게 아니라 좋은 겁니다. 모른다는 사실에 편안해질 수 있어야 질문을 할 수 있으니까요."

베넷은 그런 역할이 편안하기 때문에 남의 시선을 의식하지 않고 "놀라울 정도로 순진한 질문"을 할 수 있다. 한 예로 국가적 금융 위기를 맞은 아이슬란드 국회에서 연설을 하게 되었는데, "'돈이 어디에 있죠?'를 비롯해 바보 같은 질문을 했습니다. 무례하게 굴려는 의도가 아니라 그런 기본적인 질문에 솔직하게 대답할 수 있는 사람이 한 명도 없는 것 같았기 때문입니다".

베넷은 순진한 질문은 상대방이 단순하게 설명할 수밖에 없게 만들어 복잡한 문제가 명확해지도록 해주기 때문에 가치 있다고 말했다. "내가 '이해가 안 됩니다. 왜 그런지 한 번만 더 설명해주겠어요?'라고 하면 사람들은 종합하고 단순화해서 불필요한 것은 빼버리고 핵심에 이를 수밖에 없습니다."

그는 자신의 순진무구함이 상대방에게 평소와 달리 편안하게 뒤로 물러나 다시 생각해볼 수 있도록 허락해주기도 한다고 말했다. 예를 들어 아시아의 일부 지역에서는 기업과 정부의 엄격한 계층구조 때문에 질문을 하지 못하는 경향이 있다. "그런 문화권의 사람들은 외부인이 들어와 기본적인 질문을 하는 걸 환영합니다. 스스로도 의아하지만 바보 같거나 무례해 보일까봐 물어보지 않을 수도 있으니까요."

베넷에 따르면 IDEO는 '바보 같은' 질문을 해도 되는 안전한 환경을 만들어야 하는 중요성을 알고 있다. "신뢰를 주는 문화가 마련되어야 합니다. 질문은 자신의 약점을 드러내는 것이고 문화적 자본으로서의 나약함을 인정하는 것이기 때문이죠." IDEO에서는 아무리 기본적인 질문이라도 마음 놓고 할 수 있다. 타인의 질문을 묵살하거나 기계적으로 답하기보다 서로 지지해주고 같이 발전시켜

나가도록 장려한다. "우리는 뒤로 물러나 서로를 받쳐주도록 허용합니다."

IDEO를 비롯해 실리콘밸리의 혁신적인 기업들은 순수한 질문을 보호하고 장려하기 위해 특별한 노력을 기울인다. 그것이 혁신적인 아이디어와 성공적인 신제품을 탄생시키는 값진 통찰로 이어질 수 있음을 잘 알기 때문이다. 실리콘밸리는 모두가 쉬지 않고 '다음'을 향해 경주하는 곳이다. 늦추거나 뒤로 물러나 기본적인 질문을 할 곳처럼 보이지 않는다. 하지만 기술 부문의 최고 능력자들은 뒤로 물러나는 방식을 수용했다. 근래에 그런 방식을 주도적으로 이끈 사람은 애플의 공동 창업자인 스티브 잡스였다. 그는 선禪 사상인 '초심初心'을 적극적으로 수행했다.[07]

잡스는 사람들이 일상에 기술을 통합하는 방식을 다시 상상하고 창조하기로 했다. 그러려면 기본적인 질문을 떠올려야 했다. (그는 시장 관행에서 직원들의 아이디어까지 모든 것에 끈질기게 질문한 것으로 유명한데, 해체하여 심문하는 경우가 많았다.) 일본의 스즈키 순류 선사가 1960년대에 캘리포니아 북부에 전파한 고대의 지혜는 잡스가 고정관념을 반박할 때 사용한 도구 중 하나였다.[08] 『선심초심』을 집필한 일본 승려 스즈키는 미국으로 이민 와 1971년에 세상을 떠날 때까지 선 사상을 가르쳤다.

그는 책에 "초심은 텅 비어 있고 전문가의 습관에서 자유롭다. 그런 마음은 모든 가능성에 열려 있으며 사물을 있는 그대로 볼 수 있다"라고 썼다.

스즈키는 그것이 혁신가에게 줄 수 있는 가치를 강조하는 중요한 생각도 밝혔다. "초심에는 수많은 가능성이 있지만 전문가의 마음에는 별로 없다."

초심은 역시 중요한 선 수행 방법인 마음 챙김과 경청, 질문과 함께 스티브 잡스와 애플을 넘어 점차 실리콘밸리를 사로잡았다. 레스 카예Les Kaye가 주지스님으로 있는 칸논 도선 명상센터Kannon Do Zen Meditation Center는 캘리포니아 주 마운틴뷰Mountain View에 있는 구글 본사와 지척에 위치해 있다.[09] 구글과 애플 직원들뿐만 아니라 다수의 신생 기술 기업의 기업가들과 거기에 자금을 대는 벤처투자가들이 카예의 신봉자다. 카예는 '모든 것을 질문하라'는 선 사상이 새로운 아이디어와 혁신을 일으키기 때문에 기업가들에게 영감을 준다는 사실을 알고 있다. 최근 어느 책에서는 선의 원칙과 혁신 전략을 합친 '제노베이션Zennovation'이라는 신조어까지 등장했다.

카예는 "'선을 수행하면 창의적으로 생각하게 될 거야'라고 여긴다면 오산입니다. 선 수행은 마법의 약이 아닙니다"라고 말했다. 그의 명상센터에서는 '애쓰지 않음not striving'이 선의 기본 원칙이라고 이야기한다. 물질적 이득과 성공에 강한 욕망을 느끼는 것은 부적절하다고 여긴다. 스티브 잡스가 시장을 점유하기 위해 '애쓰는' 동시에 '초심'을 이용해 신제품을 성공시킨 사실을 언급하자 한때 잡스와 같은 선원에서 수행했던 카예는 이렇게 말했다. "스티브는 선과 독특한 관계를 맺고 있었습니다. 선의 예술적인 부분은 취했지만 불교적인 측면, 즉 핵심은 취하지 않았지요."

어쨌든 스티브 잡스는 질문자인 동시에 정복자가 될 수 있음을 증명했다. 선을 '완전히' 수행하지 않아도 '초심'의 실용적인 가르침을 취할 수 있다는 것이다. 실리콘밸리의 유명 벤처 자본 기업 클라이너 퍼킨스 코필드 앤 바이어스Kleiner Perkins Caufield&Byers의 파트너이자 선 수행자인 랜디 코미사Randy Komisar는 관찰과 질문을 수용하는 것이야말로 일상적인 생각과 방해물, 선입견, 습관적 행동, 심지어 자기 자신으로부터 '초연'해지기 위한 열쇠라며 이렇게 말했다. "제삼자가 된 것처럼 자신을 관찰하기 시작한다." 그러한 '거리감'을 가질 수 있다면 생각이 더욱 '융통성 있고 유연해지며' "모든 것을 질문할 수 있는 유리한 위치에 놓이게 된다"는 것이다.[10]

TED 설립자 리처드 솔 워먼은 새로운 상황이나 주제에 접근할 때 마음이 '빈 양동이'라고 생각하면 도움이 된다고 말했다. 천천히, 그리고 체계적으로 양동이를 채워나가고 가장 기본적인 질문부터 떠올리기 시작한다는 것이다.

초심은 어린아이 같은 사고방식을 취하는 것과도 같다. 그렇게 비현실적인 일은 아니다. 앞에서 소개했지만 전자책 단말기 킨들에서부터 반으로 접을 수 있는 미래의 자동차까지 다양한 발명에 관여한 MIT 미디어랩의 이토 조이치는 어른이 어린아이 같은 정신적 특징을 유지하는 것을 '유형성숙'이라고 표현한다. 그에 따르면 유형성숙 사고방식은 훈련이 가능하다.

미디어랩은 놀이를 장려하는 '어른들의 유치원' 같은 분위기다. 그곳은 서로 다른 분야의 사람들이 함께 일할 수 있도록 만들어졌는데 "우리는 전문가가 아닌 분야의 문제를 바라보는 경우가 많습니다"라고 토드 마초버Tod Machover가 말했다.[11] 최첨단 음악 작곡가이자 MIT 교수인 그는 실험적인 연구로 인기 인터랙티브 비디오 게임 '기타 히어로'의 개발에 기여했다. 마초버는 전문 분야의 바깥에 있는 사람들에게서 혁신적인 아이디어가 나오는 것은 자주 있는 일이라고 말했다. 초보자들은 "새로운 시각으로 문제를 바라보고 쉽거나 힘든 일이 뭔지 잊어버릴 수 있으며, 해당 분야에서 이미 다른 사람들이 이룩한 일에 신경 쓰지 않기 때문"이다.

'진지한' 어른이 실제로 어린아이처럼 생각하는 것이 가능한지 의심스러울 수도 있다. 노스다코타 주립대학교의 다리야 자벨리나 Darya Zabelina와 마이클 로빈슨Michael Robinson이 실시한 연구는 슬쩍 찔러주기만 한다면 '어린아이처럼 생각하기'가 쉽다는 것을 보여준다.[12]

이전 연구에서 자벨리나는 어린아이들이 제약을 받지 않기 때문에 창의성 시험에서 좋은 결과를 낸다는 사실을 알게 되었다. 이에 그녀는 로빈슨과 함께 두 그룹으로 나뉜 어른들을 대상으로 실험을 실시했다. 첫 번째 그룹에는 "학교에 가지 않는 날을 즐기고 있는 일곱 살짜리"처럼 생각하라고 했다(두 번째 그룹에는 현재와 똑같은 어른처럼 생각하라고 했다). 창의성 시험에서 '어린아이'처럼 생각한 그룹은 훨씬 뛰어나고 독창적인 아이디어를 선보였고 "더 융통성 있고 유동적인 사고"를 보여주었다.

자벨리나는 "인간의 사고방식은 유연하다. 따라서 개방적인 어린아이의 사고방식을 좀 더 활용하는 것이 가능하다"라고 말했다. 한 걸음 뒤로 물러설 수 있는 (자기 자신 또는 타인으로부터의) 허락만 있으면 된다.

왜 조지 칼린은 모두가 놓친 걸 볼 수 있었을까?

뒤로 물러서면 무엇이 보일까? 여전히 똑같은 현실과 상황이 보인다. 그런데 좀 더 거리를 두면 커다란 그림이 눈에 들어온다. 전체적인 맥락이 보이고 개별적이라고 생각했던 것들의 패턴과 관계를 알아차릴 수도 있다. 이것은 모든 것을 바꿔놓을 수 있다. 뒤로 물러나 오랫동안 똑같이만 봐왔던 것을 다시 본다면 갑자기 난생처음 보는 것처럼 새롭게 느껴질 것이다.

마치 '거꾸로 된 데자뷔' 같은 경험이다. 데자뷔déjà vu란 한 번도 가본 적 없는 장소인데 이상하게도 낯익은 느낌이 드는 현상이다. 반대로 낯익은 것이 갑자기 새롭게 보이는 현상은 '뷔자데vuja de'라고 한다. 스탠퍼드 대학교 교수이자 저자인 밥 서튼Bob Sutton이 만든 용어다.[13]

서튼은 뷔자데의 렌즈로 주변 세상을 바라보는 훈련을 한다면 새로운 가능성이 잔뜩 열릴 것이라고 말했다. 지나치게 익숙한 주변 환경에 감춰진 새로운 질문과 아이디어, 도전이 눈에 띄기 때문이다. 리더와 관리자들은 모순이나 시대에 뒤처진 방식, 그리고 숨은 기회까지도 알아차릴 수 있다. 사회문제나 개인적인 문제를 해결해야 하는 경우에도 더 많은 사실을 보고 기본적인 질문을 할 수 있다.

"뷔자데는 부정적이라고 생각되는 것을 긍정적으로, 혹은 그 반대로 생각해야 하므로 쉽지 않다. 원인과 결과, 혹은 가장 중요한 것과 그렇지 않은 것에 대한 가정을 거꾸로 뒤집어야 할 수도 있다. 자동조종장치에 놓인 채로 살아가지 않는다는 뜻이다"라고 서튼은 말했다.

서튼의 뷔자데는 초심과 함께 혁신 기업가들에게 깊은 공감을 얻는다. IDEO의 간부 톰 켈리Tom Kelley는 뷔자데를 통해 "항상 그 자리에 있지만 알아차리지 못했던 것들"을 볼 수 있다고 했다.[14]

그러나 뷔자데라는 단어는 IDEO나, 심지어 서튼 이전에 미국의 코미디언 조지 칼린George Carlin의 스탠드업 코미디에서 짧게 언급되었다.[15] 칼린은 공연 도중에 굉장한 깨달음을 얻은 듯이 잠깐 멈추더니 관객들에게 방금 뷔자데를 경험했다고 말했다. "마치 이 모든 일이 처음인 듯 신기한 느낌"이라고 설명했다.

칼린은 2008년에 세상을 떠났지만 그의 딸이자 코미디언 겸 라디오 진행자인 켈리 칼린Kelly Carlin은 아버지가 평범하고 일상적인 일을 신기하고 흥미롭게 바라보는 뷔자데의 세계관으로 살았으며 그렇게 코미디 소재를 얻었다고 말했다. "익숙한 것이 낯설게 느껴지고 새로운 눈으로 바라볼 수 있다면 뇌의 새로운 서류함에 들어간 것이나 마찬가지입니다. 다른 사람들에게는 없는 관점에 접근할 수 있게 되죠."[16]

조지 칼린이 뷔자데의 관점을 이용해 발전시킨 관찰 스타일의 유머는 '왜' 코미디라고 할 수 있다. "야구나 개, 고양이, 누군가 냉장고 앞에 서 있는 모습 등 일상생활을 관찰하고 '왜 저런 것일까?' 하고 묻는 거였죠." 켈리 칼린의 말이다. 조지 칼린은 사람들이 당연시하는 일상적인 행동을 주의 깊게 살피고 모순을 발견하고 그 이유를 찾으려고 했다(찾을 수 없는 경우가 대부분이었지만). 그는 '사람들이 열쇠를 잃어버렸을 때 왜 똑같은 곳을 계속해서 찾는 걸까?' 의아해했다.

팟캐스트 '아메리칸 드림에서 깨어나기Waking from the American Dream'를 진행하면서 코미디언들과 자주 인터뷰를 하는 켈리 칼린은 뷔자데가 코미디언들 사이에서 흔히 나타나는 특징이라고 말했다. "코미디언들은 대부분 소속감을 느끼지 못하면서 성장한 경우가 많아요. 그들은 학교에서 오락반장 역할을 했고 이방인이었죠. 학습 장애가 있거나 학교생활에 잘 적응하지 못한다거나. 이방인들에게는 뒤로 물러나 관찰하고 사람들의 행동을 의아하게 여기는 것이 자연스러운 일입니다. 그런 것들이 결국 코미디 소재가 되어주지요."

조지 칼린은 비합리적이고 이치에 맞지 않는 일들이 자꾸만 눈에 띄는 것을 어쩔 수 없다면서, 가끔은 너무 신경이 쓰여 차라리 눈에 띄지 않았으면 하는 생각도 든다고 말했다.[17]

대부분의 사람들은 그와 정반대로 충분히 알아차리지 못한다는 것이 문제다. IDEO의 톰 켈리는 면밀한 관찰에 필요한 시간을 내지 않기 때문이라고 말했다. 사람들이 바로 눈앞에 있는 것을 보지 못하는 이유는 "너무 일찍 보는 것을 멈추기 때문"인 경우가 많다.[18]

다트머스 대학교의 경영학 교수 비제이 고빈다라잔Vijay Govindarajan과 컨설턴트 스리칸스 스리니바스Srikanth Srinivas가 고안한 방

식은 켈리의 말이 무슨 뜻인지 잘 보여준다.[19] 그들은 세미나에 참
석한 사람들에게 다음과 같은 그림을 보여준다.

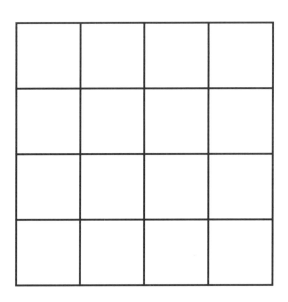

  잠시 후 그림을 가리고 스리니바스가 묻는다. "정사각형이 몇 개
나 있었습니까?"
  가장 쉽게 떠올리는 답은 열여섯 개다. 하지만 스리니바스가 1초
간 그림을 다시 보여주면, 관찰력이 뛰어난 사람들은 구성을 달리
하면 정사각형이 더 많아진다는 사실을 알아차린다. 한 칸짜리 정
사각형 열여섯 개 외에도 두 칸×두 칸으로 된 정사각형 아홉 개,
세 칸×세 칸으로 된 정사각형 네 개, 네 칸×네 칸으로 된 커다란
정사각형 한 개까지 정사각형은 모두 30개다.
  고빈다라잔과 스리니바스는 《하버드 비즈니스 리뷰》 블로그에

이 문제를 올리고 "정사각형들은 계속 그 자리에 있지만 찾으려고 하기 전까지는 보이지 않는다"라고 썼다. (수많은 독자들이 "정사각형은 모두 몇 개인가?"라는 질문에 답했는데, 열여섯 개와 30개, 최대 60개 – 가장자리가 검은색인 30개와 가장자리가 하얀색인 30개 – 에서 무한대까지 다양한 답이 나왔다.)

스리니바스는 우리가 단순히 시간을 내어 쳐다보지 않기 때문에 모든 가능성을 보지 못하는 경우가 많다는 것을 설명할 때 이 방식을 활용한다. 특히 어려운 상황에 놓인 사람일수록 크게 공감한다. 그는 "도저히 방법도 없고 선택권이 하나도 없는 것처럼 느껴질 때가 있습니다. 하지만 계속 찾으려고만 한다면 항상 또 다른 정사각형, 즉 또 다른 가능성이 있습니다"라고 말했다.

훌륭한 질문자들은 어떤 상황이나 문제, 주변 사람들의 행동방식 혹은 자신의 행동을 "계속 바라본다". 사소한 부분을 연구하고 눈앞에 있는 것뿐만 아니라 빠져 있는 것까지 살핀다. 필요하다면 뒤로 물러나 양옆으로 살피고 눈을 가늘게 뜨고 자세히 바라보기

 왜 컴퓨터가 계산 말고 다른 것을 할 수 없을까?[20]

1950년대에는 컴퓨터가 수학 이외의 분야에 사용될 수 있는지 분명하지 않았다. 초기의 상업용 전자 컴퓨터를 연구하던 영국의 수학자 콘웨이 버너스리Conway Berners-Lee는 '단순한 숫자 계산이 아니라 정보 연결에도 컴퓨터를 사용할 수 있을까?'라는 질문을 떠올리게 되었다. 훗날 그의 아들인 소프트웨어 엔지니어 팀 버너스리Tim Berners-Lee가 그 질문을 가다듬었다. 방대한 양의 연구 자료에 어쩔 줄 모르던 그는 초기 인터넷과 하이퍼텍스트 문서를 합쳐서 보다 나은 정보 검색과 공유 방법을 찾을 수 있을까 궁리했다. 1989년에는 글로벌 하이퍼텍스트 프로젝트인 '월드 와이드 웹World Wide Web'을 제안했다. 그가 만든 프로토타입에는 지금 우리에게 친숙한 웹브라우저, HTML, HTTP, URL 등이 포함되었다.

도 한다. 서튼은 뷔자데와 익숙한 것을 바라보는 관점에 대해 설명하는 책에서 "앞쪽의 사물과 패턴이 아니라 뒤쪽의 사물과 패턴으로 초점을 옮겨야 한다"라고 조언한다.[21]

자세한 관찰에는 인내와 끈기가 필요하다. 열여섯 개의 정사각형을 본 뒤에 시선을 돌려 다른 곳을 쳐다볼 가능성이 높지만, 마지막으로 알아차리는 서른 번째 정사각형이 남들이 아직 보지 못한 것을 볼 수 있는 기회의 창이 될 수도 있다. 아인슈타인은 건초더미에서 바늘을 찾아야 할 때 보통사람들이 어느 시점에서 찾기를 멈추는지 이야기했다. 그는 끝까지 찾는 것, 심지어 좀 더 나은 바늘을 찾는 것이 비결이라고 했다.

왜 매트리스가 남는데 숙소가 부족할까?

2007년 가을, 조 게비아Joe Gebbia와 브라이언 체스키Brian Chesky의 머릿속에는 중요한 질문이 자리했다. 하지만 그리 멋진 질문은 아니었다. 게비아는 "당시 '어떻게 월세를 마련하지?'가 중요한 문제였습니다"라고 말했다.[22] 그와 룸메이트 체스키는 직장도 없고 가진 돈도 별로 없었다. 다행히 두 사람에게는 잠을 잘 수 있고 눈비를 피할 수 있는 샌프란시스코의 아파트가 있었다. 그러나 비즈니스 컨퍼런스에 참석하려고 샌프란시스코를 찾은 많은 이들은 상황이 좋지 못했다. 모든 호텔의 예약이 꽉 차서 컨퍼런스 방문 예정인 사람들은 절박하게 숙소를 구하고 있었다.

게비아와 체스키는 그런 상황이 이해되지 않았다. 그들도 예전에 컨퍼런스에 참석할 때 직접 경험한 일이었다. 왜 하루 이틀 동안 머물 곳을 찾을 수 없는 걸까? 그 질문은 '우리 아파트도 안 될 것 없잖아?' 하는 질문으로 이어졌다.

게비아와 체스키의 집에는 팽창식 에어 매트리스 세 개가 있었다. 짤막한 광고를 내서 컨퍼런스 기간 동안 저렴한 가격으로 에어 매트리스를 빌려준다면 그달 월세에 어느 정도 보탬이 될 터였다. 그들은 곧바로 아이디어를 더 크게 키우고 여러 가지 '만약' 질문을 떠올리기 시작했다. '만약 매트리스뿐만 아니라 다른 것도 제공하면 어떨까?'와 같은 질문이었다. 그들은 가진 것이 많지 않았지만 소박한 아침식사(얼마나 소박했냐고? 팝 타르트(바삭한 페이스트리 안에 달콤한 잼이 채워져 있는 간식거리로, 켈로그에서 나오는 제품 – 옮긴이)였다!)와 관광 팁도 제공했다. 디자인 경력이 있는 게비아와 체스키는 크레이그리스트에 광고를 올리지 않고 '만약 웹사이트를 직접 만든다면 어떨까?' 생각하게 되었다.

그들은 정말로 세 명에게 매트리스를 빌려주었고 손님들도 만족스러워했다. 그 뒤로 게비아는 이런 생각을 했다. 왜 이 아이디어로 사업을 할 수 없는 거지? 만약 대도시마다 이런 일을 가능하게 만든다면?

하지만 두 몽상가는 일반적인 고정관념에 부딪혔다. 체스키와 게비아, 그리고 그들이 합류시킨 세 번째 파트너 외에는 아무도 그것이 사업성이나 투자 가치가 있는 아이디어로 여기지 않았다. 실리콘밸리의 유명한 신생 벤처 투자가로, 창업투자회사 와이 콤비네이터Y Combinator를 운영하는 폴 그레이엄Paul Graham은 "남의 침대에서 자고 싶은 사람은 없을 것이다"라고 단정 지었다.[23]

결국 에어비앤비를 탄생시킨 그들의 아이디어는 외부 방문객에게 숙소를 제공하려면 기존의 평판 좋은 호텔이 필요하다는 가정에 어긋나는 것이었다. 눈치 빠른 사람이라면 알아차렸겠지만, 몇 년 전까지만 해도 많은 사람이 자동차에 대해서도 비슷한 가정을 했다. 자동차를 사거나 렌트할 수는 있지만 공유할 수 있는 실용적인 방법은 없다고. 그런데 로빈 체이스Robin Chase라는 기업가는 '왜 안 되지?'라는 생각으로 자동차 공유 서비스업체 집카Zipcar를 탄생시켰다.

게비아에 따르면 그들이 문제의 해결 가치를 확신한 이유는, 즉 남들이 놓친 것을 볼 수 있었던 이유는 문제의 양쪽 상황을 모두 겪어보았기 때문이다. "우리는 낯선 도시에서 머물 곳이 필요한 상황과 빌려줄 수 있는 여분의 공간이 있는 상황을 모두 알고 있었습니다. 그래서 두 점을 연결했어요. 지금 생각해보니 당연한 일인데, 당시에는 두 점을 연결한 사람이 아무도 없었습니다."

게비아와 체스키에게는 성공적인 질문하기와 한 벌처럼 따라오는 '반항적인' 태도가 있었다. 문제를 인식하는 것과 문제의 존재 이유를 묻는 것은 다르다. 좀 더 나은 대안이 있는지 의아해하는 것도 마찬가지다. 나아가 전문가에게 "이 상황은 바꿀 수 없습니다. 상황이 이런 것은 나름대로의 이유가 있기 때문이에요"라는 말까지 듣고 계속 질문하는 것도 별개다.

게비아와 체스키는 '사람들에게 직접 숙소를 빌려주는 일을 다른 도시로 확대할 수 있을까?'라는 첫 번째 질문을 계속 밀고 나갔다. 초반의 반대를 극복해야 했고 한 걸음 나아갈 때마다 새로운 질문을 동력으로 삼았다. 그들은 '만약 이 아이디어를 다른 도시에서 실험해본다면?' 하고 생각했다. 2008년 민주당 전당대회가 열리는 덴버가 출발지로 제격이었다. 많은 사람이 찾아올 예정이라 호텔이 부족할 터였다. 그러나 숙소를 구하지 못하는 방문자들과 빌려줄 숙소가 있는 사람들에게 에어비앤비를 어떻게 알릴 수 있을까? 게비아와 체스키는 광고비를 감당할 수 없었기에 방송을 이용하는 수밖에 없었다. 덴버에 많은 사람이 몰려와 호텔 예약이 꽉 찼다는 사실을 뉴스에서 다룰 게 분명했다. 그들은 에어비앤비를 '해결책으로 제시하자고' PD들을 설득하여 CNN에 보도되게 했다. 예약이 밀려들었고 덴버 론칭은 성공을 거두었다.

이후 그들은 계속 질문을 했고 제대로 되었다고 생각할 때까지 한 해 동안 비즈니스 모델을 실험하고 다듬었다. 직접 에어비앤비 사이트를 이용하고 숙소에 묵으면서 무엇이 효과적이고 무엇이 그렇지 않은지 생각했다. 예를 들어 그들은 아파트 주인들에게 직접 숙박비를 내기가 조금 어색하다는 사실을 깨달았다. 게비아는 "줄곧 편안하고 재미있었는데 숙박비를 낼 때가 되니까 확 달라지더군요"라고 말했다. 그래서 '만약 온라인으로 숙박비를 지불하면 어떨까?'라는 질문을 떠올렸다. 다수의 사이트 이용자들이 외국 도시에 대해 묻는 것을 보고 '왜 미국에만 한정하고 있지? 세계로 진출하면 어떨까?'라는 담대한 질문도 떠올렸다. 2년도 채 지나지 않아

에어비앤비 이용 국가는 100개국 이상으로 늘어났고 100만 건이 넘게 예약되었으며 무려 1억 달러가 넘는 투자금이 들어왔다. 와이 콤비네이터의 폴 그레이엄처럼 초기에 회의적인 입장이었던 사람들의 마음까지 돌려놓았다. 그레이엄은 에어비앤비의 창업투자자 seed investor 중 한 명이 되었다.

현재 게비아와 체스키는 '공유경제'의 실현 가능성에 관한 새로운 질문들을 떠올리고 있다. '우리는 왜 진정으로 소유할 필요가 없는 것들을 계속 사는가?'라는 기본적인 의문에서 시작된다. 한 예로 미국의 경우 전기드릴의 평균 사용량은 수명 동안 30분에 불과하다.[24] 게비아의 말처럼 현대의 소비자들은 수십 년 동안 온갖 '잡동사니'를 쌓아놓았다. 만약 앞으로 100년 동안은 그중에서 좀더 다양한 것들을 공유하면 어떨까? 만약 소유권을 보다 효율적으로 활용할 수 있다면?

에어비앤비가 다른 주자들과 함께 '공유경제 운동'을 성공적으로 이끌 수 있을까 하는 것은 개방형 질문이다. 사람들이 과연 집이나 침대를 공유하려고 할 것인지보다도 경제 원리에 더욱 거세게 도전하는 일이다. 과연 사람들이 뿌리박힌 행동을 바꾸려고 할지, 공유가 정말로 실행 가능한 비즈니스 모델인지에도 정면으로 도전하기 때문이다.

하지만 게비아와 체스키가 이미 이뤄낸 성공은 일반적인 사회 통념에 개의치 않고 가정에 도전하고 세상 모든 것이 변화의 영향을 받는다고 믿었기 때문이다. 이러한 유형의 질문은 '왜' 질문의 하위

왜 인도에는 911 응급 서비스가 없을까?[25]

이것은 샤피 매더Shaffi Mather가 어머니의 건강문제와 관련된 응급 상황을 겪고 떠올린 질문이었다. 그는 구급차 한 대를 가지고 위급 상황에서 사람들이 전화할 수 있는 간단한 전화 서비스(1298번)를 개설했다. 그런데 가장 어려운 질문은 '가격을 어떻게 책정해야 할까?'였다. 매더는 누구나 간편하게 서비스를 이용하도록 일명 '낼 수 있을 만큼만 내세요' 요금제를 실시했지만 다들 가난해서 돈이 없다고 말했다. 이에 매더는 '어떻게 돈 있는 사람들이 돈을 더 많이 내게 할 수 있을까?' 생각하게 되었다. 그가 찾은 답은 더 좋은 병원으로 가자고 하는 사람일수록 구급차 이용 요금을 비싸게 부과하는 것이었다. 매더의 구급차 서비스는 어큐먼 펀드The Acumen Fund의 도움으로 아시아 최대 규모의 구급차 업체로 성장하여 약 200만 명을 이송했다. 그 과정에서 매더는 계속 질문을 했고 실수를 하기도 했다. 한 예로 비용 절감을 위해 '만약 구급차 의사들이 환자의 이동식 침대를 나르게 한다면?'이라는 질문을 떠올렸다. 하지만 사람들이 환자의 이동식 침대를 나르는 의사의 실력을 미더워하지 않는다는 깨달음을 얻었다.

범주에 속하는 '도전자의 질문challenger questions'이다. 도전자의 질문에는 특정한 태도가 엿보인다. 관습과 권위를 가만히 받아들이지 않고 반항적이고 회의적이다.

- 왜 현재의 것에 만족해야 하는가?
- 왜 내가 당신의 실행 불가능한 이야기를 믿어야 하는가?

도전자의 질문을 하는 것은 본질적으로 불편하다. 하버드 대학교의 학생 혁신가 프로그램을 지도하는 폴 보티노Paul Bottino는 "불협화음dissonance을 만들기 때문"이라고 말했다.[26] 그 프로그램에 참여하는 최고로 똑똑하고 창의적인 대학생들조차 처음에는 들은 것을 이의 없이 받아들인다. 보티노의 주요 임무는 "현직자들의 관심사가 현상 유지라는 것을 학생들에게 이해시키는 일이다. 질문을 잘하려면 '꼭 그럴 필요는 없다'라고 말할 수 있어야 한다".

이것은 학교에서 가르치는 내용과 어긋난다. 모든 질문에는 정답이 하나뿐이고 그것을 받아들이고 암기해야 한다고 배운다. 데보라 마이어가 질문을 장려하는 센트럴 파크 이스트 학교를 세웠을 때 학생들에게 가장 먼저 가르친 '마음 습관'은 "무엇이 진실인지 어떻게 아는가?"라고 질문하는 것이었다. 마이어는 학생들이 배우고 듣는 모든 것에 질문하기를 원했다. 켈리 칼린은 아버지 조지 칼린이 평생 권위를 불신했으며 부모에게 "아이들에게 읽는 법만 가르치지 마라. 읽은 것에 대해 질문하는 법을 가르쳐라. 모든 것에 질문을 하도록 가르쳐라"라고 조언했다고 말했다.

보티노는 우리가 오랫동안 "전문가들"의 "답"을 받아들여야 한다고 훈련되었기 때문에 전문가의 가정에 질문을 던지는 데 익숙해질 수 있는 방법은 오랜 반복뿐이라고 말했다. 도전자의 질문을 하기 위해 익숙해져야 하는 일 중에는 '어째서 당신이 전문가보다 많이 안다고 생각하는가?'라는 반도전자의 질문을 받는 것이다. (그 질문의 답은 전문가보다 적게 알지만 그게 더 유리할 수도 있다는 것이다.)

도전자들은 흔히 "그렇다면 천재 양반, 더 좋은 방법이 뭔데?" 같은 유형으로 반박하는 질문을 받는다. 그런데 이 질문에는 흥미로운 가정이 들어 있다. 기존의 방식에 도전하려면 대안을 준비해두어야 한다는 것이다. 그러나 아직 '어떻게'를 모르더라도 '왜'와 '만약' 질문을 하는 것은 중요하다. 좀 더 나은 대안을 찾기까지 오래

걸릴 수도 있지만 어느 지점에서는 시작을 해야 한다. 대개는 현재 상태에 질문을 던지는 것으로 시작된다.

왜 '질문에 질문을' 해야 할까?

일반적인 가정에 도전하는 질문은 유용하고 촉매제가 되어주지만 그 자체에 결함이 있을 수도 있다. 우리가 떠올리는 질문에는 자신의 가정과 선입견이 들어 있을 수 있기 때문이다. 그것을 알아내는 방법은 질문에 질문을 하는 것이다.

대부분의 사람들이 '확신의 확산' 때문에 질문을 적게 하는 경향이 있다고 주장한 신경학자 로버트 버튼은 우리가 질문을 할 때도 불확실한 본능과 편견에 의존하는 경우가 많다고 말했다. "당신에게 일어난 모든 일은 당신이 내리는 모든 결정에 정보를 제공하고 어떤 질문을 하는지에도 영향을 미친다. 따라서 뒤로 물러나 '내가 왜 그런 질문을 떠올렸지?'라고 질문해보면 도움이 된다. 질문을 떠올릴 때마다 '이 질문의 근본적인 가정은 무엇인가? 내가 떠올려야 하는 다른 질문이 있는가?'를 생각해야 한다."

"내가 왜 '왜?'라고 묻고 있지?"라고 질문에 질문을 던지는 것은 어디로도 나아가지 않고 빙빙 돌기만 하는 것처럼 보인다. 하지만 좀 더 실용적이고 건설적으로 질문에 질문을 할 수 있다. 통찰과 정보를 바탕으로 질문을 만들어주는 방법이다. '다섯 가지 왜five whys' 같은 단순한 방법부터 맥락적 탐구처럼 심오한 방법까지 다양하다. 질문을 좀 더 넓은 세계로 가져가 현실과 접촉했을 때도 여전히 유효한지 알아보는 것이다.

'다섯 번의 왜' 기법은 일본 도요타 산업Toyota Industries의 설립자인 도요타 사키치가 고안했다.[27] 도요타는 수십 년 동안 제조 공정상의 문제를 근절하기 위해 '왜'라고 다섯 번 묻는 방법을 썼다. 예를 들어 공장에서 자동차 부품에 결함이 발견되었을 때, 첫 번째로 '왜'라고 물으면 가장 명백한 답이 나온다. 조립 공정에서 누군가 실수를 했기 때문이다. 그다음에는 왜 그런 실수가 발생했는지 물으면 업무 훈련 부족 등과 같은 근본 원인이 드러난다. 그리고 또다시 '왜'라고 물으면 직원 교육 프로그램의 예산이 부족하기 때문임을 알 수 있다. 거기에 또 '왜'라고 물으면 기업의 예산안 우선순위와 기업에서 가장 중요한 것이 무엇인지를 알 수 있다.

이러한 '질문을 통한 발굴'은 최근에 비즈니스 세계에서 더욱 인정받고 있다. 저자이자 컨설턴트이며 '다섯 번의 왜' 기법의 열렬한 지지자인 에릭 리스Eric Ries는 린 스타트업의 일부로 가르치고 있다. 질문에 질문을 하는 것이 유치할 정도로 단순하지만 그렇게 효과적인 이유를 물었다. "인간 심리학의 한계를 극복할 수 있도록 고안된 기술입니다"라고 리스는 설명했다. 사람들이 문제에 대해 가장 쉽고 명백한 설명을 찾으려는 경향이 있다는 뜻이다. "우리는 체계적인 것들을 개인화하려는 경향도 있습니다"라고 리스가 덧붙였다. 복잡하고 서로 연관된 문제의 요인을 모두 고려하기보다는 조립 라인 근로자의 잘못을 탓하기가 쉽다는 뜻이다.

'다섯 번의 왜' 기법은 비즈니스 이외의 분야에서도 활용할 수 있다. IDEO는 행동에 관한 문제를 해결할 때 사용한다. IDEO는 다음과 같이 일상적인 문제에 적용하는 사례를 제시한다.[28]

- **왜 운동을 하는가?** 건강에 좋기 때문에.
- **왜 건강에 좋은가?** 심장 박동 수를 올려주니까.
- **그게 왜 중요한가?** 더 많은 칼로리를 태울 수 있기 때문에.
- **왜 칼로리를 많이 태우고 싶은가?** 체중을 줄이기 위해서.
- **왜 체중을 줄이려고 하는가?** 몸매가 좋아야 한다는 사회적 압박감을 느끼기 때문에.

'왜 다섯 번째에서 멈춰야 하지?'라고 생각하는 사람도 있을 것이다. 멈추는 지점이 임의적으로 보이기는 한다. (실제로 '왜'를 세 번 물어서 중요한 사실에 도달할 수도 있고 여섯 번 물어야 할 수도 있다. 이 방식이 전혀 효과적이지 않을 수도 있다.) 적절한 지점에서 '왜?'라고 묻기를 멈추지 않으면 루이스 C. K.의 코미디에서처럼 '왜?'라는 질문이 우주의 원리까지 이어져서 완전히 길을 잃을 수도 있다.

횟수에 상관없이 '왜'라고 반복적으로 묻는 것은 더욱 깊은 진실로 들어가기 위해 정말로 가치 있는 시도다. 할리우드의 개성파 영화배우이자 저자인 스티븐 토보로스키Stephen Tobolowsky는 순차적 질문으로 캐릭터의 핵심에 접근한다.[29] 그는 "배우에게 유용하고 구체적인 것에 이르기까지 세 단계의 질문과 세 번의 요새 급습이 필

왜 필요한 사람들이 물을 얻지 못할까?[30]

엔지니어이자 사회운동가인 게리 화이트Gary White는 깨끗하고 안전한 물을 공급받지 못하는 사람이 전 세계에 약 10억 명이나 되는 문제를 해결하고자 영화배우 맷 데이먼Matt Damon과 함께 자선단체 'Water.org'를 설립했다. 그런데 기부금을 모아 우물을 파게 하는 기존의 방법은 '물 프로젝트를 포기하는 것이나' 마찬가지였다. 화이트와 데이먼은 그런 방법이 효과가 없음을 알고 '왜 자선단체들의 노력에도 불구하고 물을 가장 필요로 하는 이들이 물을 얻지 못할까?'라고 생각하게 되었다. 알고 보니 우물 시설을 운영하는 현지 중개인들에게 보조금이 전달되기 때문에 가난한 사람들은 비싼 돈을 내고 물을 사거나 여전히 멀리까지 물을 길러 가야 했다. 이에 화이트와 데이먼은 권한 이임에 관련된 질문을 떠올렸다. 만약 지역사회에 스스로 수원을 만들 만한 재력이 있다면? 'Water.org'는 워터 크레디트Water Credit라는 혁신적인 소액 대출 프로그램을 만들어서 사람들(주로 여성들)에게 돈을 빌려줘 스스로 수원을 마련하도록 했다. 지금까지 전 세계적으로 100만 명이 넘는 사람들이 도움을 받았다.

요하다"라고 말했다.

만약 의사를 연기한다면 토보로스키는 캐릭터의 현재 동기를 질문하는 것부터 시작할 것이다. 그리고 여러 단계의 질문을 통해 점차 깊이 들어간다. "의사로서 내가 무엇을 잘하고 또 잘하지 못하는지, 또 능숙한 걸까? 그다음에는 더 깊은 단계의 질문으로 들어간다. 왜 내가 의사가 되고 싶어 했을까?" 그는 '다섯 번의 왜' 기법에 대해 들어본 적이 없지만 효과가 있음을 알기에 자신만의 '세 번의 왜' 기법을 오랫동안 활용해왔다.

선택한 질문을 '해결'해나가는 방법은 그 밖에도 여러 가지가 있다. 해체하거나 모양 및 범위를 바꿀 수도 있다. MIT 미디어랩의 토드 마초버는 때에 따라 질문을 넓히거나 좁히라고 말했다. 질문을 넓히면 좀 더 많은 사람에게 적용되고 더 중요해진다. 예를 들어 에

어비앤비 창업자들은 '샌프란시스코에 온라인 숙박 공유 시스템을 만들 수 있을까?'로 질문 범위를 제한할 수도 있었지만 '전 세계에 적용할 수 있을까?'라고 즉각 넓혔다. 반면 마초버의 설명대로 더 큰 질문으로 나아가려면 실행 가능하도록 작게 쪼개야 한다. 이를테면 '전 세계로 확대하기 전에 어떻게 이 지역에서 성공시킬 수 있을까?'와 같은 것이다.

올바른 질문 연구소는 질문을 손보는 또 다른 방식을 고안했다. 연구를 통해 질문을 열거나 닫음으로써 개선할 수 있다는 사실을 발견했다. '왜 장인어른과 잘 지내기가 힘들까?'라는 질문과 씨름하고 있다고 해보자. 이것은 '왜, 만약, 어떻게' 질문과 마찬가지로 정해진 답이 없는 개방형 질문이다. 하지만 '예' 또는 '아니오' 질문, 즉 폐쇄형 질문으로 바꾸면 어떻게 되는지 보자. 장인어른과 잘 지내기가 힘든가?

이런 식으로 질문을 바꿔보면 첫 질문에 담긴 가정이 틀릴 수도 있음을 고려하게 된다(장인어른이 다른 친척이나 친구들과는 잘 지낼 수도 있기 때문이다). 따라서 처음 질문으로 돌아가 좀 더 정확하게 수정해야 한다. 왜 나는 장인어른과 잘 지내기가 힘들까? RQI의 연구에서는 이 과정이 양쪽으로 모두 가능함을 보여준다. 즉 폐쇄형 질문을 개방형 질문으로 바꿀 수도 있다.

이런 방식으로 질문을 손볼 수 있지만 질문에 질문을 하는 가장 좋은 방법은 직접 세상 밖으로 가지고 나가는 것이다. 질문에 담긴 가정이 실제로 사람과 상황에 노출되었을 때 유효한지 확인해야 한다. 어떤 상황에서는 올바른 질문 같아도 다른 상황에서는 틀리다는 것이 입증되는 경우가 많다.

개발도상국에는 유아용 인큐베이터가 부족하다. 보건 및 자선단체들은 오래전부터 '어떻게 하면 필요한 곳에 더 많은 인큐베이터를 공급할 수 있을까?'라는 꽤 논리적인 질문을 했다. 이 질문의 가장 직접적인 대답은 '기부를 통해서'다. 그런데 알고 보니 답은 맞아도 질문이 틀렸다. 가난한 국가들에 인큐베이터가 잔뜩 기증되었지만 《뉴욕 타임스》의 보도대로 "결국 인큐베이터의 무덤"을 초래하고 말았다.[31] 인큐베이터를 뛰어넘는 더욱 커다란 문제가 있었다. 조사 결과, 해외에서 개발도상국으로 기증된 의료 기구 중 96퍼센트가 단기간 동안 사용되었다 버려진다는 사실이 밝혀졌다.

이 문제에 착수한 보건 관계자가 좀 더 나은 질문을 떠올렸다. '왜 개발도상국에서는 인큐베이터가 있어도 사용하지 않을까?'였다. 현지 조사를 해보니 인큐베이터는 고장 나기 쉬운데 현지에는 고칠 만한 부품이나 기술 노하우가 없다는 사실이 밝혀졌다. '왜' 질문의 답을 찾은 관계자들은 '만약' 질문으로 옮겨갔다. 만약에 유지·보수가 쉬운 인큐베이터를 제공한다면?

이 문제를 해결하려고 나선 관계자 중 한 명인 의사 조너선 로젠 Jonathan Rosen은 조사를 통해 인큐베이터 문제가 있는 여러 지역에서 자동차와 자동차 부품을 쉽게 구할 수 있다는 사실을 발견했다. 따라서 '자동차 부품으로 어떻게 인큐베이터를 만들 수 있는가?'라는 질문을 떠올리게 되었다. 문제를 해결하기 위해 비영리 디자인 단체가 참여해 '자동차 부품으로 이루어진 인큐베이터'를 설계했다. 저렴하고 사용하기 쉬우며 기본적인 기술만 있으면 누구든 현지 고물상에서 부품을 구해 고칠 수 있었다.

사회 환원이나 기업 경영, 의료, 과학 분야에는 자동차 부품으로 만든 인큐베이터의 사례처럼 틀린 질문이 나오는 경우가 많다. 불완전한 정보나 잘못된 가정 때문에 진짜 문제에서 동떨어진 질문이 형성되기 때문이다. 이를 극복하기 위한 최선의 방법은 질문자와 문제의 거리를 좁히는 것이다.

맥락적 탐구는 관찰과 경청, 감정이입을 통해 전후 맥락을 고려한 질문을 떠올리게 해줌으로써 더 지적이고 결과적으로 더 효과적인 질문으로 이끌어준다.

기업 부문에서 IDEO는 맥락적 탐구를 활용하는 연구의 선구자다.[32] 디자이너 데이비드 켈리와 톰 켈리 형제를 비롯한 창업자들은 20여 년 전에 IDEO를 세울 때, 인간공학human engineering 문제(어떻게 사람들의 삶에 잘 어울리는 도구를 만들 수 있을까?)를 해결하려면 사회과학자들이 활용하는 심리적이고 행동적인 질문 방식을 도입해야 한다는 사실을 깨달았다.

IDEO는 회사 내부 관점이나 포커스 그룹 같은 인위적인 배경으로는 효과적인 질문이 불가능하다는 것을 알았다. 사람들이 살아가는 방식을 이해하려면 그들의 삶 속으로 들어가야 했다. 사람들이 부엌에 있는 모습을 지켜보고 슈퍼마켓을 따라가고…… IDEO 연구원들은 직접 경험하기 위해서라면 뭐든 마다하지 않았다.

IDEO의 방식을 잘 보여주는 대표적인 사례가 있다. 한 병원이 '우리 환자들의 경험은 어떠한가?'라는 질문의 답을 찾으려고

IDEO에 의뢰했다.[33] IDEO는 파워포인트를 이용한 세련되고 깔끔한 프레젠테이션 대신 병원 천장이 찍힌 길고 지루한 영상을 보여줘 병원 간부들을 경악시켰다. IDEO의 폴 베넷이 그 영상의 핵심을 설명했다. "환자들은 하루 종일 침대에 누워 천장만 바라봐야 합니다. 정말로 형편없는 경험이죠." IDEO가 환자들의 입장을 잘 알았던 것은 한 직원이 실제로 그 병원에 입원해서 바퀴 달린 침대로 이리저리 옮겨진 뒤 몇 시간 동안 침대에 누워 있었기 때문이다. 이러한 '침투식' 접근법 덕분에 IDEO는 밖에서 엿보는 것이 아니라 안에서 속속들이 질문이나 문제를 바라볼 수 있었다. (그 영상을 본 간호사들은 스스로 나서서 모든 병실의 천장 타일을 장식했다.)

맥락적 탐구를 잘하기 위해서 반드시 팀이나 전문 연구원이 필요하지는 않다. 호기심 가득하고 열린 마음으로 세상에 나가 자세히 관찰하고 귀를 기울이면 된다. 내가 인터뷰한 여러 질문자들에 따르면 귀를 기울이는 것이 가장 중요하다. 경청은 질문에 정보를 제공한다. 폴 베넷은 훌륭한 질문자가 되는 비결은 생각 없이 반사적으로 마구 질문하는 것을 멈추고 주의를 기울이는 것이라고 말했다. 그러면 진정으로 흥미로운 질문이 떠오를 것이다. 재클린 노보그라츠Jacqueline Novogratz가 설립한 비영리단체 어큐먼 펀드는 우선 돕고자 하는 마을과 지역사회에서 많은 시간을 보내는 방법으로 사회문제를 해결하려고 한다. 모든 감각을 이용해 주변에서 일어나는 일들을 흡수한다. 즉 "온몸으로 귀 기울이는 것"이다.[34]

맥락적 탐구는 질문에 대한 몰입을 필요로 한다. 방 안이나 사무실, 온라인 설문조사에서 질문에 대해 생각하는 것과 노보그라츠의 말대로 밖으로 나가 "바닥에 같이 앉아 사람들이 이야기해주는 그들의 삶에 귀 기울이는 것"은 천지 차이다. 그 단계까지 나아가는 것은 질문의 소유권을 취하는 일이기도 하다. 섣불리 뛰어들기 전에 잠시 멈추고 '왜 이것이 나의 문제인가? 나의 문제가 아니라면 왜 그래야만 하는가?'라고 물어야 한다.

정사각형 숫자를 세어보는 실험을 통해 보이지 않는 기회를 찾으라고 격려하는 스리칸스 스리니바스가 나와의 인터뷰에서 흥미로운 질문을 했다. 우리는 혁신적인 돌파구가 질문에서 시작되는 것에 대해 이야기하면서 넷플릭스와 폴라로이드의 사례에 집중했다. 스리니바스는 '왜 연체료를 내야 하지?'나 '왜 사진이 현상될 때까지 기다려야 하지?'는 누구나 떠올릴 수 있는 평범한 질문이었다고 말했다. "하지만 대부분의 사람들은 그런 질문을 떠올리고도 실행하지 않았을 겁니다. 그러니까 '왜 어떤 사람들은 질문을 실행할까?'라는 질문을 해봐야 되겠지요."

그 질문에는 답이 없다. 상상력이나 의지, 또는 의족을 발명한 밴 필립스처럼 절박함과 관련 있다고 할 수도 있다. 하지만 필립스나 폴라로이드를 발명한 랜드, 넷플릭스의 창업자 헤스팅스, 어큐먼의 노보그라츠, 에어비앤비의 창업자들을 비롯해 이 책에 소개된 모든 사람의 경우는 이렇다. 그들은 자신보다 더 큰 문제에 직면했을 때, 그리고 문제를 정의하는 질문과 마주했을 때 그것을 자신의 것으로 만들기로 결정했다.

그저 질문을 떠올리는 것과, 그것을 앞으로 진행시키는 것은 그저 재미 삼아 생각해보는 것과 삶의 일부가 된다는 차이가 있다. 어떤 질문이 삶의 일부가 된다는 것은 심리치료사 에릭 마이젤Eric Maisel이 '생산적인 집착'이라고 부르는 것과 비슷하다.[35] 수면으로 떠올랐다 가라앉았다 또다시 떠오른다. 무의식에 자리해 꿈에서까지 나타난다. 같이 씨름하고 산책할 때도 잠잘 때도 함께한다. 이 모든 것은 '만약' 단계에 큰 도움이 된다.

만약…

만약 음악 DNA 지도를 만들 수 있다면?

팀 웨스터그렌은 입력한 노래와 비슷한 노래를 재생해주는 인터넷 사이트 판도라 라디오를 통해 음악 감상법에 혁명을 일으키기 전에 그 자신도 록밴드의 뮤지션이었다. 웨스터그렌 역시 주변의 밴드 및 뮤지션들과 마찬가지로 자신의 음악을 들어줄 소비자층을 찾기가 힘들었다. 그가 아는 뮤지션들은 뛰어난 재능에도 불구하고 라디오에서 노래가 소개되지 않는 이상 두터운 팬층을 구축하기가 어려웠다. 팬이 많지 않으면 라디오 방송을 타기도 힘들었다.[36]

이에 웨스터그렌은 '왜 훌륭한 뮤지션들이 팬을 찾을 수 없을까?'라는 첫 번째 질문을 떠올리게 되었다. 그는 결국 밴드를 그만

두고 영화음악 작곡가로 취직했다. 하지만 그 질문은 여전히 그의 머릿속을 떠나지 않았다.

그가 새로 시작하게 된 일은 타인의 취향을 반영하는 음악을 만드는 것이었다. 《더 스트리트The Street》에서 그는 "감독의 취향을 분석해서 원하는 곡을 만드는 게 영화음악 작곡가의 일이죠"라고 말했다. 그는 감독들에게 단순히 어떤 음악이 좋은지 물어보지 않고 여러 종류의 음악을 들려주고 반응을 살폈다. 그런 다음 "머릿속에 음악 취향 DNA"를 만들었다.

이는 굉장한 깨달음의 순간으로 이어졌다. 실제로는 연계적 탐구였다. 어느 날 웨스터그렌은 한 잡지에 실린 포크가수 에이미 만Aimee Mann에 관한 기사를 읽고 있었다. 그의 설명에 따르면 어느 정도 인기를 갖춘 재능 있는 가수인 그녀는 "이러지도 저러지도 못한 채 앨범 출시가 계속 미뤄지고 있었다".

그 기사를 읽고 왜 뮤지션들이 팬을 찾을 수 없는지에 대한 질문이 다시 떠올랐다. 이번에는 조금 달랐다. 질문을 미해결 상태로 남겨두지 않았다. 웨스터그렌은 당시 "직접 개발한 음악 취향 데이터 분석 기법"과 에이미 만을 비롯해 수많은 뮤지션들이 직면한 문제를 연결시키기 시작했다.

만약 음악 데이터 분석을 통해 에이미 만과 그녀의 음악 스타일을 좋아하는 관객을 연결시켜주면 어떨까?

웨스터그렌은 분명하고 예측 가능한 추천을 해주는 알고리즘 엔진을 만드는 기술이 존재한다는 것을 알고 있었다("범죄 미스터리 소설을 좋아하는 사람이 좋아할 만한 범죄 미스터리 소설"). 그가 머릿속으로 그리는 것은 훨씬 정교했다. 수십, 수백 가지의 미묘한 음악적 특징을 토대로 어떤 음악을 좋아하는 이유를 분석해주는 시스템이었다. 가장 기본적인 요소로 음악을 분해해주는 방법을 찾아야 했다. 아니, 그는 생물학적 유사점, 즉 유전자를 이용해 음악을 분석해야 한다고 생각했다. 따라서 그가 해결해야 할 진짜 질문은 이것이었다.

만약 음악 DNA 지도를 만들 수 있다면?

이 질문을 떠올린 뒤에는 생각을 공유하고 지지를 얻으려고 노력하면서 '어떻게' 단계로 넘어갔다. 웨스터그렌은 자신의 신용카드도 최대한도까지 써가면서 뮤지션과 기술자들을 고용할 자금을 확보했다. 그다음에 실험이 시작되었다.

웨스터그렌이 고용한 뮤지션들은 매일 출근해 헤드폰을 쓰고 음악을 듣는 것이 일이었다. 듣는 노래마다 전부 분석했다. 멜로디와 하모니, 리듬, 악기 편성, 보컬 등 넓은 카테고리부터 시작해 약 400가지 특징에 따라 음악을 분석했다. 넓은 카테고리는 기본 구성 혹은 '유전자'로 다시 세분화했다. 예를 들어 보컬은 탁한 목소리, 감미로운 목소리 등 25~30가지 특성으로 나누었다. 이렇게 뮤지션들이 음악을 분석하는 동안 엔지니어들은 특수 검색 엔진을 개발했다. 둘 다 중요했다. 그가 개발 중인 '비밀 소스'의 성공은 인간의 판단과 알고리즘의 조합에 달려 있는 것처럼 보였다.

프로토타입을 만드는 데 1년 가까이 걸렸다. "그런 식으로 음악을 분석하느라 꽤 시간이 걸렸기 때문"이라고 웨스터그렌은 설명했다. "사실 우스꽝스러운 방법이었지만 내가 떠올릴 수 있는 유일한 전략이었다."

처음 프로토타입을 시험할 때 그가 비틀즈의 곡을 입력하자 시스템이 비지스의 곡을 추천했다. 비지스의 음악이 1970년대 디스코 스타일이라고 알고 있었던 그는 순간 경악했다. 웨스터그렌이 만든 시스템은 적어도 음악에 관한 한 그보다 똑똑했다. 비지스의 초기 음악은 실제로 그가 입력한 비틀즈의 곡과 흡사했다.

오늘날 판도라 라디오의 청취자는 7,000만 명에 이른다. 웨스터그렌은 판도라 라디오가 음악의 유전자 지도를 그릴 수 있는가에 대한 질문뿐만 아니라 그의 첫 번째 질문, 즉 뮤지션들과 팬들을 연결시켜주는 방법에 대한 답을 제공한다는 사실이 자랑스럽다. 그에 따르면 오늘날 판도라는 매일 인지도 없는 밴드들의 음악을 그것을 좋아할 만한 청취자들에게 제공하고 있다. 청취자들이 음악 유전자나 무명 뮤지션들의 성공 가능성에 신경 쓰지 않을 수도 있지만, 판도라 라디오는 그들의 질문에 답해준다. 만약 라디오 방송국이 청취자가 좋아할 만한 노래를 알 수 있다면?

판도라 이야기는 질문을 원동력으로 삼는 신생 벤처기업들과 마찬가지로 충족되지 않은 욕구에 대한 질문으로 시작되었다. 그리고 질문자, 즉 웨스터그렌이 완전히 현실화된 답을 세상에 내놓는 것으로 끝났다.

그렇다면 도중에 어떤 일이 생겼을까? 아이디어의 번개가 반짝였다. 웨스터그렌의 경우, 아이디어와 영향력이 합쳐지기 시작했다. 즉 그는 자신이 음악에 대해 아는 것과 새롭게 배워가고 있는 기술

148

을 합쳤다. 잡지 기사와 겉으로는 상관없어 보이는 세상(생물학)이 영감을 주었다. 머릿속에 새로운 가능성의 그림이 그려지기 시작했다. 그리고 대담한 가정형 질문이 만들어졌다. 현실로 가능할 수도, 그렇지 않을 수도 있지만 사람들을 모아 도전하게 만들 만큼 흥미로운 질문이었다.

질문의 과정 중에서 '만약' 단계는 모든 것이 가능한 비현실적인 순간이다. 그 단계에서 떠올리는 가능성들은 현실적인 '어떻게' 단계에서 살아남지 못할 수도 있다. 그러나 무모하고 실현 불가능해 보이는 아이디어가 수면으로 떠올라 영감을 주는 단계이므로 혁신에 필수적이다.

'왜'라는 말에는 관통하는 힘이 있어 질문자가 가정을 지나쳐 문제 속으로 깊이 파고들게 해준다면, '만약'이라는 말에는 좀 더 광범위한 효력이 있다. 한계나 제한 없이 생각하고 마음껏 상상력을 발휘하도록 해준다. 존 실리 브라운은 "상상력이 활짝 피어나려면 사물을 현재 모습이나 겉으로 보이는 모습 이상으로 볼 수 있어야 한다.[37] 이것은 '만약?'이라는 간단한 질문으로 시작한다. 이상하거나, 심지어 명백히 사실이 아닐 수도 있는 것을 현재 상황이나 관점에 도입시키는 과정이다"라고 말했다.

판도라 이야기에서는 '만약'의 질문을 통해 정말로 '이상한' 것을 세상에 내놓았다. 음악의 광활한 세계를 유전자로 분석하려는 웨스터그렌의 아이디어는 많은 이들에게(특히 뮤지션들에게) 정말로 엉뚱하게 다가왔다. '만약' 단계에서는 엉뚱하고 무모한 아이디어가 얼마든지 환영받는다.

만약 세 가지 간식을 하나로 합친다면? (거기에 선물까지 준다면?)[38]

1890년대에 성공을 꿈꾸며 독일에서 시카고로 건너간 프레더릭 루크하임Frederick Rueckheim 은 섬광처럼 번쩍이는 연계적 질문을 떠올렸다. 사탕과 땅콩, 팝콘 같은 간식이 큰 인기를 끌 자 그는 '만약 이 세 가지를 하나로 합친다면?'이라고 생각하게 되었다. 그는 1893년에 시카 고 세계박람회Chicago World's Fair에서 처음 그런 제품을 선보였지만 뭔가 부족한 듯했다. 설 탕을 입힌 팝콘은 서로 뭉치기 일쑤였고 '사탕을 입힌 팝콘과 땅콩Candied Popcorn and Peanuts' 이라는 이름도 맞는 말이기는 했지만 강렬한 끌림이 없었다. '어떻게 뭉치지 않게 할 수 있을 까?' 고민하던 루크하임은 오일을 섞었다. 그리고 새로운 제품의 이름도 갑자기 나타났다. 1896년에 제품을 시식하던 사람이 "이건 크래커잭이야crackerjack('정말 훌륭하다'는 뜻 – 옮긴 이)!"라고 소리친 것이다. 그 뒤로도 루크하임은 질문을 멈추지 않았고 '뭘 더해야 크래커잭 을 더 매력적으로 만들 수 있을까?' 고민했다. 1913년에 마침내 마지막 재료가 완성되었다. 그것은 바로 '깜짝 선물'(크래커잭 상자 안에 작은 장난감이나 문신 스티커, 수수께끼나 농담이 적힌 종이 등 자잘한 선물을 넣은 것 – 옮긴이)이었다.

무모하고 이론적인 아이디어는 어디에서 나올까? 아이디어가 정 확히 어디에서 샘솟고 어떻게 접근할 수 있는지 안다면 창의성은 수수께끼 같거나 예측 불가능하지도 않을 것이다. 그래도 독창적 인 아이디어나 통찰이 (전구에 불이 반짝 들어오듯 상상력 넘치는 '만약' 질문으로 넘어가는 순간) 아이디어와 영향력을 합치고 보 통은 잘 어울리지 않는 것들을 섞고 또다시 섞는 능력과 관련 있음 은 알 수 있다. 아인슈타인을 비롯한 이들은 그것을 '조합적 사고 combinational thinking'라고 불렀다. 이 책에서는 질문의 측면을 강조 하기 위해 '연계적 탐구connective inquiry'라고 부르겠다. 명칭이 어떠 하든, 믹스 앤 매치mix and match는 창의성과 혁신의 핵심이다.

참신한 아이디어가 꼭 처음부터 새로 만들어내야 하는 것이 아니 라는 사실은 다행스럽다. 이미 존재하는 것을 가져와 재료로 사용할 수 있다. 기존의 조각들을 영리하고 독특하고 실용적으로 연결하여 현명한 재조합smart recombination을 만들어내야 하는 것이 열쇠다 (이것은 영국의 디자이너 존 타카라John Thackara가 만든 용어인 듯하다).[39]

현명한 재조합은 주변 어디에나 있다. 판도라를 보자면 라디오 방송국과 검색 엔진의 조합이다. 유전 암호의 생물학적 모형을 음악 분야로 가져온 것이기도 하다(현명한 재조합은 서로 다른 분야의 아이디어나 영향력을 한데 섞는 경우가 많다). 애플의 아이폰을 비롯해 요즘 같은 첨단 기술 시대에 엄청난 성공을 거둔 제품들은 기존의 기능과 특징을 새로운 방식으로 합친 하이브리드 제품이 많다.

기업도 현명한 재조합으로 탄생할 수 있다. 넷플릭스는 월 회원제 헬스클럽식으로 운영되는 비디오 대여 사업으로 시작되었다(현재는 TV 프로그램 제작사까지 합쳤다). 에어비앤비는 온라인 여행사와 소셜 미디어 플랫폼, 아침식사 제공 숙박업소의 조합이다(아침식사를 제공하는 숙박업소인 전통적인 B&Bed and Breakfast 역시 똑똑한 재조합의 산물이다).

인간은 아이디어라는 것이 처음 존재했던 태곳적부터 아이디어를 조합하고 재조합해왔다. 더구나 요즘 같은 인터넷 시대에는 '메시업meshup'(웹상으로 제공되는 정보나 서비스를 융합하여 새로운 소프트웨어나 서비스, 데이터베이스 등을 만드는 것-옮긴이)을 만들 수 있는 기회와 가능성이 무궁무진하다. 《와이어드》에 따르면 "창조 행위는 더 이상 무에서 무언가를 만드는 것이 아니라 이미 존재하는 문화 상품에서 새로운 것을 만드는 행위를 뜻한다."[40]

현명한 재조합은 매우 다양하게 자극된다. 때로는 냉정한 계산의 결과물이다(어떻게 이 방법과 저 방법을 합쳐서 더 많은 돈을 벌 수 있을까?). 뜻밖의 행운인 경우도 있다. 인기 소설『뱀파이어 헌터, 에이브러햄 링컨』의 경우 두 가지가 조금씩 합쳐졌다. 작가 세스 그레이엄 스미스Seth Grahame Smith는 서점의 '베스트셀러' 진열대에 온통 뱀파이어를 소재로 한 책이 가득하고 근처 진열대에는 링컨의 전기가 가득 쌓여 있는 것을 보았다.[41] 그가《뉴욕 타임스》에 밝힌 바에 따르면, 그렇게 각자 쌓여 있는 책들을 보는 순간 "약간 냉소적인 관점에서 '저 둘을 합친다면 멋지지 않을까?'라는 생각이 들었다".

특별히 '현명하지' 않은 재조합도 많지만, 기존 요소들이 합쳐져 독창적이고 놀랍고 흥미롭고 유용한 것을 만들어내기도 한다. 논리적이거나 자연스러운 연관성이 없어 보이는 아이디어나 영향력을 합칠 때 매우 강력한 결과물이 탄생할 수 있다.

미국 항공우주국의 프로젝트에 참여한 로켓 과학자이자 훗날 인투이트Intuit의 혁신 책임자가 된 데이비드 코드 머레이David Kord Murray는 책『바로잉』에서 연계적 창의성에 대해 이야기했다.[42] 그는 "기존의 아이디어로 새로운 아이디어를 구축하는 것이 혁신의 본질이다"라고 말했다. 그에 따르면 아인슈타인과 월트 디즈니, 조지 루카스, 스티브 잡스 같은 대표적인 혁신가들은 "문제를 정의하고 아이디어를 빌려 새롭게 결합했다". 어울리지 않는 것처럼 보이는 것들을 결합하고 '멀리'에서 아이디어를 빌림으로써 가능했다.

연결 능력이 뛰어난 혁신가들은 현재 다루고 있는 문제와 비슷한 생각을 하기 시작한다. 예를 들어 새로운 놀이공원을 계획하고 있는 월트 디즈니라면 이렇게 생각할 것이다. 만약 놀이공원에 영화를 재현한다면? 머레이는 "디즈니는 원래 주제인 놀이공원 위에 '영화'라는 비유를 올려놓고 그 비유를 통해 바라보기 시작한다. 따라서 스토리보드 제작 기법을 활용하고 직원들은 영화배우가 된다"라고 설명했다. 지금은 테마가 있는 놀이공원이 당연한 조합 같지만 월트 디즈니 시절에는 새롭고 놀랍고 아주 흥미로운 조합이었다.

머레이의 말처럼 가장 창의적인 아이디어가 '먼 거리' 연결에서 (서로 멀리 떨어져 있고 연관성이 없어 보이는 아이디어의 결합) 나온다면, '만약 A와 B를 합치면 어떻게 될까?'보다 'A와 Z를 합치면 어떻게 될까?'라는 질문이 더 효과적이다(그보다는 A와 26을 합치는 것이 더 낫겠고). 머레이는 비논리적인 결합을 위해서는 "논리적 사고를 잠재워야 한다"라고 조언한다. 최근의 신경학 연구에서도 인간의 뇌가 절대로 잠들지 않는 연계적 탐구 기계라는 사실이 확인되었다. 우리 뇌는 서로 관련 없어 보이는 조각들을 살펴보면서 '만약 이것과 저것을 합치면 어떨까?'라고 끊임없이 질문한다.

만약 뇌가 울창한 나무로 뒤덮인 숲이라면?
(그리고 나뭇가지끼리 서로 닿는다면?)

플로리다 대학교 의과대학 켄 하일먼 박사는 '왜 X는 이래야만 할까?', '만약 다른 방법을 생각해낸다면 어떨까?'와 같은 도전적인

질문은 일종의 확산적 사고로, 뇌에 흥미로운 활동을 일으킨다고 말했다.[43]

하일먼은 그때 뇌에서 일어나는 일을 그려보려면 뇌가 나무로 뒤덮인 숲이라고 생각하라고 말했다. "뉴런 혹은 신경세포를 숲 속의 나무라고 생각해보세요." 이 비유에서 세포체는 나무줄기에 해당하고 축색돌기는 큰 나뭇가지, 수상돌기는 가장 멀리까지 뻗어 있는 작은 나뭇가지에 해당한다. "이 중에는 서로 가까이 붙어 있는 나무들이 있는데 나뭇가지들이 서로 교감을 합니다." 그때 '신경 연결'이 이루어져서 새로운 생각과 아이디어와 통찰이 나올 수 있다.

그렇다고 모든 연결이 똑같이 창조적인 통찰을 만들어내지는 않는다. 테이블과 의자를 연상시키는 것처럼 명백한 연결과 연상이 더 흔하며, 이는 대부분 좌뇌에서 일어난다고 드렉셀 대학교의 신경학 교수 존 코니어스는 말했다.[44] 하지만 "'테이블' 하면 '테이블 아래'를 떠올리는" '먼 거리' 연상은 좀 더 멀리까지 신경이 닿아야 한다. 긴 나뭇가지를 가진 세포들로 이루어진 우뇌가 더 적합하다.

하일먼과 코니어스 등은 정신적 돌파구, 즉 문제를 해결하거나 창의적이고 새로운 아이디어를 떠올리는 통찰이 우뇌의 원거리 신경 연결과 관련 있음을 발견했다. 수상돌기가 뻗어나가 멀리 있는 '나무들'과 접촉하기 때문에 평소에는 불가능했던 생각과 지식, 영향의 결합이 이루어져서 독창적인 아이디어가 나올 수 있다.

'왜'와 '만약'에 질문을 하는 것만으로 먼 거리 신경 연결이 일어나지는 않지만, 질문은 나무에 영양분을 주고 가지가 더 멀리까지 뻗어나가도록 해준다. 토론토 대학교 로트먼 경영대학원의 첸보 종 Chen-Bo Zhong 교수는 연계적 혹은 연상적 사고를 연구했다.[45] 어째서 그것이 통찰과 창의적 아이디어를 만들어내는지, 무엇이 이런 유형의 사고를 장려하는지 등 광범위한 연구가 이루어졌다. 먼 거리 신경 연결은 대부분 무의식적으로 일어나기 때문에 제어할 수 없지만, 자극을 줄 수 있고 풀어야 할 문제와 어려운 질문에 집중하도록 만들 수 있음이 드러났다. 첸보 종은 "그런 목표나 질문에 착수하는 것은 매우 중요합니다"라고 말했다. 의식적으로 질문을 가져다놓으면 뇌가 무의식적으로 매달릴 가능성이 높다.

게다가 호기심이 많고, 호기심을 풀기 위해 적극적으로 질문하고 지식을 모은다면 첸보 종의 말대로 "연결 재료의 과잉"이 일어나

 만약 점과 선으로 세상을 분류할 수 있다면?[46]

1948년 필라델피아의 슈퍼마켓 간부는 제품 자료를 부호화할 수 있는 방법을 개발할 학생이 있는지 알아보기 위해 드렉셀 대학교의 캠퍼스를 찾았다. 《뉴욕 타임스》에 따르면 두 명의 대학원생이 도전했지만 난항에 부딪혔다. 그중 한 명이 마이애미비치에 있는 할아버지 집에서 겨울을 보내며 그 문제에 대해 생각하게 되었다. 그는 정보를 시각화하려면 부호가 필요하다는 사실을 깨달았다. 보이스카우트 출신인 조셉 우드랜드Joseph Woodland는 '만약 간단하고 조합 가능성도 무한한 모스부호를 그래픽으로 바꿀 수 있다면?'이라고 생각했다. 이러한 연계적 탐구는 해변에서 이루어졌다. 모래에 손가락을 대고 갈퀴질하듯 긁어서 생긴 굵은 선과 좁은 선을 보고 모스부호처럼 활용할 수 있다는 사실을 깨달은 것이다. 우드랜드와 동료 대학원생은 그 아이디어를 개발해 특허를 얻었다. 그것이 바로 바코드의 탄생이었다.

연계적 탐구에 도움이 된다. 특히 특정 문제에 호기심이 집중되어 있고 심오한 사고와 맥락적 탐구를 하고 다양한 관점과 각도에서 질문하고 '왜' 질문을 여러 번 해왔다면 나중에 통찰과 현명한 재조합의 훌륭한 양식이 된다.

따라서 초심으로 문제에 접근하는 것이 처음에는 이롭지만 '만약'의 해결책을 상상하는 단계로 나아가면서는 문제에 대한 지식이 있어야 유용하다. 다양한 관점에서 모인 지식이라면 더 좋다. 또한 문제와 관련 없어 보이는 넓은 지식의 토대가 마련되어 있으면 도움이 된다. 다방면에 걸친 정보 창고가 마련되어 있을수록 뜻밖의 연결 가능성이 높아진다. (하일먼은 책을 많이 읽고 많이 여행하고 다방면의 관심사를 추구하고 넓은 인문교양교육을 받은 사람일수록 "일련의 서로 다른 모듈이 만들어져 더 큰 연결과 창의성이 발휘된다"고 말했다.)

다양한 지식 창고는 '만약' 아이디어를 떠올리게 도와준다. 다양한 방법과 실험이 도움이 된다. 그러나 연계적 탐구를 의식적으로 시도하기 전에 이 사실을 알아야 한다. 연계적 탐구는 주의가 딴 데로 팔려 있거나, 심지어 무의식중에 더 잘 이루어진다. 질문을 대하는 가장 좋은 방법이 산책을 하거나 박물관에 가는 것일지도 모른다. 잠자리에 들면서 생각해볼 수도 있다.

만약 질문에 대해 생각하면서 잠을 잔다면?
(일어나면 답이 나와 있을까?)

켄 하일먼 박사는 뉴런 나무의 숲과 수상돌기 나뭇가지의 개념을 연구하기 오래전인 학창 시절에 직접 창의성과 뇌 기능에 관한 발견을 하게 되었다. 그가 나에게 말했다. "대학 시절 시험 때마다 무척 긴장을 했습니다. 그래서 가장 확실한 문제부터 먼저 답하는 방법을 쓰게 되었죠. 그러다 긴장감이 줄어들면 좀 더 깊이 생각해야 하는 문제에 답하기 시작했습니다."

당시에는 알지 못했지만 그런 방식은 생물학적으로나 화학적으로나 일리가 있었다. 훗날 그는 전문적인 연구를 통해 초조하고 불안할 때 뇌의 창의성과 상상력이 떨어진다는 사실을 발견했다. "안이 아니라 바깥 세계에 주의를 쏟고 싶어집니다. 가장 단순한 답을 얻으려고 하죠. 하지만 긴장이 풀려 있으면 반대로 안으로 들어갈 수 있습니다." 그리고 좀 더 느긋한 상태에서는 신경망이 열려서 모든 연결이 자유로워진다.

질문자는 도전적인 질문에 당장 답하려 하지 말고 한동안 씨름해야 한다. 질문과 함께 '생활'하고 고민도 해보고 뒤로 물러나 오랫동안 생각하면 뇌가 새로운 통찰과 돌파구로 이어지는 만약의 가능성을 떠올릴 수 있다.

첸보 종의 연구를 비롯해 느긋하거나 주의가 흐트러진 상태에서 새로운 아이디어나 해결책이 나올 가능성이 높다는 연구 결과가 늘어나고 있다. 첸보 종은 그런 상태를 '무주의 상태state of inattention'라고 부른다. 그는 연구 결과를 보고 이런 질문을 하게 되었다. 예술가나 과학자들이 몽상에 잠기기만 하면 혁신적인 발견 혹은 선구적인 창조가 가능할까?

그도 인정하는 사실이지만, 몽상만으로는 답이 되지 않는다. 몽상이 창의적인 문제 해결 과정에 도움이 되기는 한다. 첸보 종은 집중적인 주의와 무주의를 왔다 갔다 하는 것이 최선일지도 모른다고 말했다. 10대 청소년 잭 안드라카가 혁신적인 암 진단법을 개발하게 된 것도 비슷하다.

안드라카는 가족과 가까운 사람이 췌장암으로 세상을 떠나자 초기 암 발견에 관심을 기울이게 되었다. 나름대로 조사를 실시한 그는 하루에 약 100명이 췌장암으로 목숨을 잃고 다수가 뒤늦게야 암에 걸렸음을 발견한다는 사실을 알게 되었다. 병의 진행을 막고 생명을 지키려면 초기 발견이 무엇보다 중요하다는 것을 알게 된 안드라카는 '왜 빠르고 저렴한 췌장암 진단법이 없을까?' 의아했다.

안드라카는 과학자는 아니지만 다양한 과학 잡지를 독파하는 과학 마니아였다. 그는 좀 더 나은 진단법을 개발하려면 여러 과학 분야의 아이디어를 조합해야 한다는 사실을 일찍부터 알고 있었다. 출처가 다른 정보 조각들을 항상 연결시켜온 그에게 잘 어울리는 일이었다.

"말하자면 《암 저널》에서 정보를 얻고 물리학 기사에서 정보를 얻고 또 어쩌다 읽은 화학 기사에서도 정보를 얻어요. 전부 다 읽거든요." 안드라카가 나에게 말했다. 이렇게 조사를 하다 보면 어느 시점에 이르러 "소파에 편하게 앉거나 산책을 하면서 많은 생각을 하게 돼요. 만약 여러 가지 아이디어를 합쳐서 문제를 해결한다면? 그런 질문을 그냥 배양시키면서 여러 아이디어를 연결시킬 수 있는지 보는 거예요".

안드라카는 정보를 모으고 연결하고 가끔씩 "소파에 앉아 쉬면서" 여러 기사에서 읽은 탄소나노튜브와의 연결점을 만들기 시작했다. "탄소나노튜브를 분리하면 전기적 특성이 변한다는 사실에 큰 흥미를 느꼈어요. 거기에 단백질을 결합하면 안에서 항체가 자라요." 이 연결점을 통해 안드라카는 길고 복잡한 '만약' 질문으로 넘어갔다. 만약 항체를 가진 탄소나노튜브를 췌장암에 과다 노출된 단백질에 노출시킨다면?

그의 깨달음은 '아하' 하는 순간이 아니라 가능성을 가진 가정적 질문으로 나타났다. "맞을 가능성이 50 대 50"이라고 생각했다. 그후 항체와 그 특성에 대해 계속 연구하면서 "모든 게 맞아떨어졌고 자신감도 커졌어요. 물론 부모님은 제가 정신이 나갔다고 생각하셨죠". 그다음에는 화학자인 형에게 확인을 했다. "형한테 '어때, 맞는 것 같아?'라고 물어보니 '아니, 절대로 가능하지 않을 거야!'라고 하더라고요."

그후 안드라카는 200명의 교수에게 이메일을 보냈는데 단 한 명에게만 실험실을 사용하도록 해주겠다는 연락이 왔다. 이제 그는 '어떻게 췌장암 진단법 아이디어를 현실로 만들고⋯⋯ 저렴한 가격으로⋯⋯ 믿을 수 있게⋯⋯ 만들 수 있을까?'라는 질문의 답을 찾아야 했다. 비록 쉽지 않았지만 그는 불과 열다섯 살의 나이에 시중에 나와 있는 것보다 100배는 빠르게 췌장암을 진단할 수 있고 감도가 400배나 높은 종이 센서를 발명했다. 게다가 기존의 진단법보다 비용이 2만 6,000배나 저렴하고 100퍼센트의 정확도를 자랑했다. 안드라카가 이룩한 혁신은 그에게 국제적인 과학전람회에서 수상의 영광을 안겼고 오바마 대통령의 2013년 신년 국정연설 때 특별 손님으로 초대되기까지 했다.

눈을 감고 정보들이 합쳐지도록 하는 것 등 안드라카가 설명해주는 생각 과정을 들으니 구글의 과학자 레이 커즈와일Ray Kurzweil이 어느 인터뷰에서 밝힌 내용이 떠올랐다. 그는 어려운 문제를 해결할 때 잠자기 전에 모든 관련 사안과 어려움을 검토한다. 그런 다음 잠자리에 들어 무의식이 움직이게 한다.[47]

무의식이 문제에 착수하면 어떻게 되는지를 보여주는 연구가 점점 늘어나고 있다. 샘 맥너니Sam McNerney는 얼마 전 웹사이트 빅싱크Big Think에 올린 글에서 수면이 창조적인 해결책이 필요한 어려운 문제 해결을 도와준다는 최근의 여러 연구 결과를 소개했다.[48] (그는 존 스타인벡John Steinbeck의 소설 『달콤한 목요일』에 나오는 "밤사이 어려웠던 문제가 한잠 푹 자고 나면 아침에 해결되어 있는 일은 흔한 경험이다"라는 대사를 인용했다.)

몽상이 독창적이고 창의적인 아이디어를 떠올리는 데 중요한 역할을 한다는 비슷한 연구 결과도 있다. 샤워를 하는 동안 좋은 아이디어가 떠오르는 클리셰cliché(사실이기 때문에 클리셰)는 누구나 알고 있을 것이다. 모두가 똑같은 신경계의 힘이 작용하는 듯하다. 잠자거나 쉬고 있는 상태의 뇌는 방해물을 차단하고 안쪽으로 향하므로 우뇌 활동이 더욱 활발해져서 연결 범위가 넓어진다.

산책(휴양지를 산책하던 에드윈 랜드를 기억할 것이다)이나 장시간 운전, 또는 잠깐 동안 주의를 살짝 흐트러지게 하는 활동도 똑같은 효과가 있다. (영화 감상은 주의를 '심하게' 흐트러뜨리므로 창조적 사고를 중단시킨다.)

신경학자 존 코니어스에 따르면 "눈에 띄는 일화적 증거"를 손보거나 끼적거릴 때 통찰에 이로운 무주의가 일어난다. "어떤 손으로 끼적거리느냐에 따라 다른 결과가 나올 수 있다. 왼손을 사용하면 우뇌가 자극된다"라고 코니어스는 말했다.

휴식을 취하는 동시에 연계적 탐구를 자극하고 싶다면 박물관 관람이 안성맞춤이다. 상상력이 발동되는 동시에 생각의 여지도 남긴다. 다른 사람들이 과거에 만든 창조적인 연결과 현명한 재조합이 영감을 준다. 그리고 수많은 아이디어와 영향력에 노출되므로 새로운 정신적 연계에 필요한 재료가 풍부해진다. (자신의 최고 아이디어들은 메트로폴리탄 박물관을 돌아다니는 동안 나왔다는 디자이너 조지 로이스는 "박물관은 '깨달음'을 관리해주는 곳이다"라고 말했다.)[49]

연계적 탐구나 '만약' 단계의 핵심은 어려운 문제와 씨름할 때 질문과 함께 시간을 보내면 뇌가 계속 그 문제에 매달려 있게 된다는 것이다. '만약' 아이디어를 의식적으로 일으키는 방법이 없다는 뜻은 아니다. 뒤에서도 몇 가지 소개될 것이다. 하지만 템포를 늦추고 질문이 조용히 배양되게 해야 한다. 그러면 적어도 아침에 늑장을 부리면서 "10분만 더. 연계 질문을 해야 한단 말이야"라고 말할 수 있는 핑계가 된다.

만약 일부러 틀린 생각을 한다면, 그래서 짝짝이 양말을 판다면?

잠이나 몽상이 반짝이는 아이디어나 '만약' 질문을 떠올리게 해주지 않는다면, 그런 유형의 사고를 장려하는 방법이 있다. 그중 하나는 일부러 '틀리게' 생각하는 것이다.

그 방법은 창의성 구루 에드워드 드 보노Edward de Bono의 연구에서 시작되는데, 좀 더 최근에 이르러서는 프로그 디자인Frog Design 같은 혁신 기업과 스테판 사그마이스터Stefan Sagmeister와 존 비엘렌버그John Bielenberg 같은 디자이너들에 의해 수용되었다.[50] 이들은 모두 확산적 사고를 실행한다. 창조적인 문제 해결의 초기 단계에서는 색다르고 다양한 아이디어를 떠올려야 한다.

하지만 의식적인 상태의 뇌는 광범위한 아이디어의 구축과 먼 거리 연계적 탐구에 저항하므로 쉬운 일이 아니다. 뇌는 자주 사용되는 익숙한 신경로를 따라가면서 같은 방법을 되풀이하여 문제를 해결하려는 경향이 있다.

그렇다면 고의적으로 '틀리게' 생각해서 뇌가 예측 가능한 길에서 벗어나게 만들면 말이 안 되는 것처럼 보이는 아이디어를 떠올리고 보통은 어울리지 않는 것들을 연결시킬 수 있다. 지지자들에 따르면 이 기법은 창조적 사고에 충격 효과를 준다. 저자이자 성인 학습 전문가인 캐슬린 테일러Kathleen Taylor에 따르면 반대되는 생각 혹은 거꾸로 된 아이디어에 맞닥뜨리지 않을 수 없도록 하면 신경학적인 측면에서는 뇌의 "시냅스를 이리저리 흔드는 것"이 된다.[51] 오래되고 신선미 없는 신경 연결망이 해제되어 새로운 연결이 더 쉬워질 수 있다.

실험적인 문제 해결 워크숍 '프로젝트 M'을 운영하는 유명 디자이너 존 비엘렌버그는 20년 가까이 '틀리게 생각하는' 법을 가르쳤다.[52] 그는 뛰어난 혁신가와 창의적인 천재들은 아이디어들을 놀랍고도 색다르게 연결한다고 말했다. "피카소와 스티브 잡스는 타고난 '틀린 사상가'들이었죠. 하지만 보통사람들은 노력을 해야만 가능합니다."

비엘렌버그는 워크숍에서 관계없는 생각이나 단어들 사이에 '임의적인 연결'을 만들어보라고 한다. 사전만 있으면 되는 간단한 방법이 있다. 높은 번호와 낮은 번호를 하나씩 고른다(예를 들어 342와 5). 사전 342쪽을 펼쳐서 다섯 번째 단어를 찾는다. 그 단어를 바탕으로 여러 생각을 떠올린다. 단어를 분해하거나 글자 순서를 재배치하여 다른 단어를 찾아본다. 다시 이 과정에 따라 두 번째 단어를 찾아서 두 단어를 합쳐본다. 원한다면 세 단어를 하나로 조합해도 된다.

창의적인 예술가들은 이렇게 단어 조합을 통해 창의성이 자연스럽게 흘러가게 만든다. 이제는 워낙 대중적인 방법으로 자리 잡아서 사전 없이도 스마트폰 앱 '아이디어 제너레이터Idea Generator'에서 임의의 단어를 세 개 골라 휴대전화를 흔들면 조합할 수 있다.

비엘렌버그는 워크숍에서, 그리고 고객들과 일할 때 한 단계 더 끌어올린 임의적인 조합을 활용한다. 예를 들어 은행 고객이라면 전혀 관계없는 분야와 비즈니스를 합쳐보는 색다른 '만약' 시나리오를 떠올려보라고 한다. '만약 「세서미 스트리트Sesame Street」 제작자들이 우리 은행을 운영한다면?', 직원들 대신 꼭두각시 인형들이 있을까?' 등이다.

비엘렌버그가 쓰는 방법에서 약간 변형된 것도 많다. 몇 년 전 나는 창의성 컨설턴트 톰 모나한Tom Monahan의 워크숍에 참여했다.[53] 그는 '틀리게 생각하기'의 다른 이름이라고 할 수 있는 '180도 사고'를 가르친다. 워크숍 참가자들에게 요리가 불가능한 오븐이나 움직이지 않는 자동차처럼 무용지물 아이디어를 떠올려보라고 한다. 정신 나간 일처럼 보이지만, 이렇게 하면 흥미로운 아이디어가 나올 수 있다. 오븐이나 자동차의 색다른 대안을 찾을 수 있기 때문이다.

이런 연습법의 목표는 계속 진행시킬 만한 아이디어를 떠올리는 것이 아니다. 앞으로 밀고 나갈 만한 아이디어가 나온다면 그것은 보너스다. 문제나 도전을 마주했을 때 다르게 생각하고 특이하고 다양한 가능성을 고려하는 것, 보통은 묶어서 생각하지 않는 아이디어들을 연결하도록 뇌를 훈련시키는 것이 핵심이다. 다시 말하자면 '만약' 근육을 키우고 강화하는 것이다.

존 실리 브라운의 말처럼 '만약' 질문은 "사물을 현재의 방식과 다르게 봄으로써" 마음껏 상상력을 발휘하게 해준다. 비록 잠깐일 지라도 현실을 바꾸게 해주는 것이다.

『디스럽트』의 저자이자 프로그 디자인의 크리에이티브 디렉터를 지낸 루크 윌리엄스Luke Williams는 '만약' 질문이 현실을 '뒤집을' 수 있다고 말했다.[54] 식당에서 손님이 도착하면 메뉴판을 주는 것이 현실이라면, 그것을 뒤집는 가설은 '만약 식당에서 손님이 떠날 때만 메뉴판을 준다면?'이 된다. 윌리엄스는 소비자 행동에 대한 가장 기본적인 가정에 반박하는 가정적 질문을 떠올린 고객들과 일했다. 그는 레스토랑에서 저녁을 먹으며 동료들과 무모하고 믿기 어려운 비즈니스 아이디어에 관해 논의하고 있던 조나 스토Jonah Staw의 이야기를 인용했다. 누군가 "짝짝이 양말을 파는 건 미친 짓이겠지?"라고 물었다. 이것은 비엘렌버그나 모나한의 워크숍에서 나올 법한 전형적인 '틀린 생각'이다. 오늘날 소녀들을 상대로 다양한 색상의 짝짝이 양말을 판매하는 리틀미스매치드LittleMissMatched는 유쾌한 패션으로 인식되면서 계속 성장하고 있다.

'만약' 질문은 과거를 지우고 새로운 시작이 되어주기도 한다. 에어비앤비의 조 게비아가 가장 좋아하는 질문은 '만약 백지에서 시작할 수 있다면?'이다. 이것은 비즈니스뿐만 아니라 인간관계나 삶의 선택에도 적용 가능하다. '만약' 질문으로 실패 가능성을 제거할 수도 있다. '만약 실패가 불가능하다면?'이라고 묻는 것이다. '만약' 질문을 통해 불가능한 일을 해보는 상상을 할 수 있다.

그러나 어느 지점에 이르면 반드시 현실과 싸워야 한다. 혁신 또

만약 교도소에 벽이 없다면?[55]

교도소 개혁에 관한 다양한 의견 중에서도 일치되는 부분이 있다. 높은 재범률과 치솟는 경비 때문에 기존의 감금 방식이 더 이상 효과적이지 않다는 것이다. 범죄를 막고 비용을 절감하고 좀 더 인간적으로 범죄자들을 다룰 수 있는 대안을 찾다 보면 흥미로운 질문이 제기된다. 만약 범죄자들을 감금하지 않고 밖에 풀어주는 대대적인 변화를 추구한다면? 특히 요즘은 GPS 추적 장치를 비롯한 첨단 장비가 있어서 비폭력 사범들을 교도소 밖에 풀어주고 감독할 수 있다. 실시간으로 위치를 알려주고 탈주 상황 등이 발생하는 경우 곧바로 표시되는 착용형 기기를 통해 최첨단의 강화된 감독이 가능하다(지금까지 가석방 시스템의 실패 사례는 두 건). 이 시스템은 하와이에서 이미 성공적으로 실험을 마쳤다. 《애틀랜틱》의 보도대로 좀 더 널리 이용된다면 막대한 교도소 운영비가 절반으로 줄어들 것이다.

는 창조적인 돌파구는 틀린 생각으로 시작될 수 있지만 단순한 추측에서 실제로 존재하는 유형의 것으로 나아가면서 불가능을 가능으로 바꿔야 한다. 즉 무엇이든지 가능한 확산적 사고가 실행 가능한 것을 중심으로 모이기 시작해야 한다. '만약' 질문이 '어떻게' 질문으로 바뀌어야 한다.

어떻게…

어떻게 질문에 실체를 부여할까?

몽상하거나 잠을 자면서 정신적 연결이 일어나 '만약'의 가능성을
제시해주는 무의식적인 창의성은 고마운 선물이다. 하지만 언젠가
는 깨어나야 하는 때가 온다. 가우리 난다Gauri Nanda의 문제도 그
것이었다.

그녀는 아침에 일어나기가 몹시 힘들었다.[56] '왜 늦잠을 잘까?',
'왜 알람시계가 나를 깨우지 못할까?'라는 '왜' 질문을 먼저 떠올렸
다. 답은 간단했다. 많은 사람이 그렇듯 반복 알람 버튼을 계속 누
르는 버릇 때문이었다. 문제 해결에 일가견이 있는 MIT 학생으로
서 그녀는 상황을 분석하고 이런 질문을 떠올렸다. 만약 알람시계

를 끄기가 훨씬 힘들어진다면? 침대에서 일어나 쫓아가서 꺼야만 하는 알람시계라면?

이것은 연계적 질문의 고전이라고 할 수 있는 질문으로 이어졌다. 만약 알람시계에 바퀴를 달면? 난다는 처음으로 바퀴 달린 알람시계를 떠올리게 되었다. '만약' 질문은 문제 해결에 시동을 걸었다. 하지만 무언가에 바퀴를 단다는 생각은 누구나 할 수 있다. 실제로 어떻게 바퀴를 달 것인가?

난다는 '어떻게' 단계의 시작점이 되어주는 일부터 시작했다. 이론적인 아이디어에 대한 피드백을 얻는 것이었다. 침대 옆 탁자에 놓인 알람시계에 바퀴가 달려서 쫓아가야만 끌 수 있다면 어떠할지 친구들에게 물어보았다. "다들 웃음을 터뜨렸어요. 긍정적인 의미에서요." 친구들은 그런 시계라면 살 의향이 있다고도 했다.

그녀는 자신이 가진 재료와 대학 실험실에서 빌린 것을 합쳐서 첫 테스트용으로 '굴러가는 시계'를 만들었다. 클락키Clocky의 초기 버전은 모터와 바퀴 등 레고 장난감 부품으로 만들어졌다. 침대 옆 탁자에서 바닥으로 굴러 떨어지는 충격을 완화해줄 보호용 외피로는 북슬북슬한 카펫 원단을 사용했다. "재밌게 생긴 동물처럼 보였어요."

난다는 발명품을 실험하면서 "생각보다 훨씬 어려울 거라는 사실을" 깨달았다. 시계가 굴러가게 만들기는 쉬웠지만 탁자에서 바닥으로 자살이나 다름없는 다이빙을 하고도 살아남도록 만드는 것은 달랐다. "보통 시계로는 생각할 수 없는 일이니까요." 그 충격을 어떻게 흡수할 수 있을까? 난다는 추락할 때의 충격을 흡수하기 위해 시계 내부의 전자장치를 강화하고 더 큰 바퀴를 달았다. 반복된 실험으로 얻은 교훈이었다. 몇 번이고 시계를 떨어뜨려서 잘 견디는지 실험했다. 실험 과정에서 시계의 도망가는 움직임이 예측 가능해서 잡기 쉽다는 사실도 깨달았다. 좀 더 잡기 힘들도록 만들어야 했다. 마이크로프로세서를 장착하여 시계가 다양한 경로와 속도로 움직이게 했다.

난다의 독특한 프로젝트는 기술 블로그들의 관심을 끌어 인터넷에서 큰 화제를 불러일으켰다.[57] 아직 미완성인 발명품을 TV 프로그램에 소개해달라는 요청까지 받았다. 이제 그녀는 황금시간대 프로그램에서 선보일 프로토타입을 만들어야 하는 도전에 직면했다. 시계와 회로판을 연결하는 전선을 없애고 북슬북슬한 카펫도 다른 소재로 바꿔야 했다. 결국 튼튼한 실리콘을 외장재로 사용했다.

말끔하게 변신한 클락키는 미디어에 몇 차례 소개되었고 소비자들의 관심도 커졌다. 그러자 난다는 '어떻게 생산량을 늘릴 수 있을까?', '어떻게 주문량을 감당할까?', '어떻게 정식 자격을 갖춘 사업체를 열 수 있을까?'와 같은 질문으로 넘어갔다.

그녀는 모든 문제를 차근차근 해결하고 2006년에 난다 홈Nanda Home을 설립했고 3년간 클락키를 50만 개 넘게 팔았다. 이 제품은 난다의 연계적 질문과 '만약' 질문을 떠올리는 의지에서 탄생했지만 그녀가 파격적인 아이디어를 차례로 현실화시키지 않았다면 존재할 수 없었을 것이다.

질문하기의 '어떻게' 단계에서는 아이디어가 실행된다. 난다의 경우에는 시계를 바닥에 떨어뜨려야 하는 시점이었다. 여러 가지가 합쳐지고 몇 번이고 산산이 부서지는 시점인 것이다. 현실이 성큼 개입하기 때문에 모든 것이 계획대로 되지 않는다. '어떻게'는 질문하기에서 가장 힘든 단계이지만, 그렇다고 '왜' 질문으로 가정에 도전하거나 '만약' 질문으로 새로운 가능성을 그리기가 쉽다는 뜻이 아니다. '왜'나 '만약' 질문 역시 힘들게 뒤로 물러나 기발한 상상력을 발휘해야 한다. '어떻게' 단계는 진전이 더 느리고 어렵다. 당시에는 잘 모르지만 결과적으로 도움이 되는 실패를 겪을 가능성도 높다.

'어떻게' 단계의 어려움 중 하나는 하나의 아이디어에 몰입하는 것이다. '만약' 단계에서는 광범위한 질문을 떠올리면서 현실적인 것에서 난해한 것까지 다양한 가능성을 떠올린다. 하지만 아이디어를 실행해야 하는 시점에 이르면 가능성을 좁히고 다음 단계로 진행시킬 가치가 있는 하나로 모아야 한다.

하나의 아이디어에 전념할 때는 아이디어를 공유하고 피드백을 얻는 방법을 꼭 찾아야 한다. 아이디어가 머릿속에만 머물러 있는 경우가 많다. 하지만 타인에게 말하는 것만으로도 아이디어에 대한 헌신이 시작된다. 디자이너 샘 포츠Sam Potts는 이렇게 말했다. "아이디어를 계속 밀고 나가지 않을 수 없도록 남들에게 이야기하는 것이 중요합니다. 남들에게 말해놓고 아무것도 하지 않는다면 바보처럼 보일 테니까요."[58]

난다도 그렇게 했다. 친구들에게 '알람시계에 바퀴가 달렸다면 어떨까? 그런 알람시계가 있다면 사겠어?'라고 물었다. 이런 언어적 제안verbal pitch은 어느 시점까지 유용하다. 그러나 실체를 부여하기 전까지는 정말로 헌신하지 않은 것이다. 질문이나 아이디어를 공유할 수 있도록 유형의 것으로 만들어야 한다. 주변에 돌리거나 어떤 식으로든 실험한다면 더 좋다.

아이디어에 실체를 부여하는 가장 기본적인 방법은 종이에 적는 것이다. (난다는 클락키를 만들기 전에 대충 모양을 구상해 스케치했다.) 아이디어에 따라 요약이나 제안 등 글쓰기로 충분할 수 있지만 시각 자료에 더 큰 힘이 있음을 기억하라. 시각화 전문가인 데이비드 시베트David Sibbet는 이렇게 말했다. "어떤 문제에 대한 정신적 모형이 사람마다 똑같기를 바란다면 그림을 이용하는 게 가장 빠르다."[59]

냅킨이나 스케치 앱으로, 아이패드로, 혹은 인터넷에 올라온 스톡 사진(사진작가가 촬영한 사진을 저렴한 가격으로 고객에게 대여하거나 판매하는 것-옮긴이)을 이용해 그릴 수도 있다. 아이디어의 표현이 점점 복잡해지면 프로토타입 단계로 넘어가야 한다. 테스트용 웹사이트나 (카펫 원단을 사용한 난다의 시계처럼) 초기 3차원 모델을 만드는 것이다.

프로토타입은 전문 용어 같지만 누구든 어떻게든 할 수 있다. 영화 제작의 첫 단계로 만든 짧은 유튜브 영상, 파일럿 프로그램이나 시범 운영, 테이프나 풀로 붙인 대략적 모형, 컴퓨터 디자인 소프트웨어로 만든 정교한 3D 렌더링 등 예비적으로 아이디어를 표현해주는 것이라면 뭐든지 프로토타입이 될 수 있다. IDEO 디자이너 디에고 로드리게스Diego Rodriguez는 "프로토타입은 질문이 구현된 것이다"라고 말했다.[60] 이렇게 실체가 부여된 질문은 무시하기가 더

어떻게 하면 힘들게 끌지 않고 굴릴 수 있을까?[61]

'만약 바퀴를 달면 어떨까?'라는 질문은 지금까지 수많은 '현명한 조합'의 토대가 되어주었다. 한 예로 1970년대 수하물 업체의 간부 버나드 새도Bernard Sadow는 공항에서 무거운 여행 가방 두 개를 끌고 가다가 일꾼들이 바퀴 달린 활주부에서 거대한 기계를 손쉽게 나르는 모습을 보았다. 새도는 '만약 여행 가방에도 바퀴를 달면 어떨까?'라는 질문을 떠올렸다. 그 뒤로 '어떻게' 단계로 넘어갔다. 처음에 그는 바닥에 평평하게 놓은 여행 가방에 네 개의 바퀴를 달아 끌고 다닐 수 있도록 만들었다. 그 뒤 항공사 조종사 로버트 플래스Robert Plath가 여행 가방 위쪽에 기다란 손잡이를 달고 아래쪽에 두 개의 바퀴를 달아 세워서 끌 수 있도록 했다. 새도와 플래스의 질문은 요즘 어디에서나 흔히 볼 수 있는 바퀴 달린 '롤러보드Rollaboard' 여행 가방을 탄생시켰다.

어려워진다. 바퀴 달린 시계를 실제로 보고 '만약 시계에 바퀴가 달렸다면?'이라는 난다의 질문에 대한 사람들의 관심도 커졌다.

이제는 기술의 발달로 모양과 형태에 상관없이 어떤 프로토타입이든 빠르고 저렴하게 만들 수 있다. (이 책 역시 프로토타입으로 출발했다. 같은 제목의 블로그에서 책 아이디어를 발전시켰고 방문자들에게 피드백을 얻었다.) 누구든 스케치 화가 또는 웹디자이너로 만들어주는 프로그램들이 있다. 복잡한 소프트웨어들은 아주 정교한 모델을 만들어 어떤 종류의 '만약' 질문이든 시험할 수 있게 해준다(예를 들어 빌딩 디지털 프로토타입으로 시뮬레이션을 통해 내진 성능을 실험할 수 있다).

향후 몇 년간 3D 프린팅이 일반화되고 가격도 저렴해지면서 프로토타입 제작의 가능성이 확대될 것이다. 디자인 소프트웨어 기업 알리브레Alibre의 CEO J. 폴 그레이슨J. Paul Grayson에 따르면 컴퓨터 화면에 디자인을 스케치하고 (주로 플라스틱이나 강철로) 실물 모형을 쉽게 만들 수 있게 해주는 3D 프린팅 기술 덕분에 "일반인들이 아이디어를 실제 상품으로 만들 수 있게 되었다".[62] 그 밖에도 질문에 실체를 부여하는 방법은 다양하다.

하지만 기술도 많은 사람이 초기 단계의 대략적인 모습으로 아이디어를 공개하는 두려움을 덜어주지 못한다. 저자 피터 심스Peter Sims는 《하버드 비즈니스 리뷰》에서 대부분의 사람들이 학창 시절 내내, 기업 세계에 몸담은 뒤에도 아이디어가 완벽하게 다듬어지기 전까지는 드러내지 말라고 배운다고 지적했다.[63] 아이디어를 신속하게 실행하여 피드백을 통해 보완하는 것이 아니라 지나치게 많이 생각하고 준비하는 행동은 오랫동안 우리 몸에 배여 있다.

그것은 자연스럽고 본능적인 탐구와 창조 방법이 아니다. 아이들이 질문과 아이디어를 실행하는 모습은 '만약'에서 '어떻게'로 빠르고 과감하게 옮겨가는 좋은 사례다.

어떻게 (맨 위에 마시멜로를 올려놓아도) 무너지지 않는 탑을 만들까?

한 소프트웨어 디자이너가 유치원 아이들을 소집단으로 나누어 도전 과제를 내준 흥미로운 실험 이야기를 들려주었다. 스파게티 가닥과 끈, 테이프, 마시멜로를 이용해 정해진 시간 안에 가장 높은 구조물을 만드는 것이었다(완성된 구조물 위에 마시멜로를 올려놓아야 했다).

실험의 두 번째 단계에는 새로운 방법이 추가되었다. 하버드 MBA 과정 재학생들을 참여시켜 유치원 아이들과 경쟁시켰다. 대학원생들은 이 도전을 매우 진지하게 받아들였다. 그들은 아주 분석적인 접근법을 활용하여 어떻게 스파게티 가닥과 끈, 테이프로 최대 높이를 달성할지 토론했다.

이미 눈치챘겠지만 MBA 학생들은 유치원 아이들의 상대가 되지 못했다. 그들이 열심히 토론하고 계획해서 신중하게 만든 구조물은 무너져 내렸고 시간 부족으로 다른 시도도 못했다. (친구에게 들은 바로는 MBA 학생들은 대표를 정하는 일로 언쟁을 벌이느라 역시 많은 시간을 낭비했다.)

반면 아이들은 곧바로 만들기에 돌입해 훨씬 효율적으로 시간을 활용했다. 어떤 방법이 잘되지 않으면 곧바로 다른 방법을 시도했다. 아이들은 꽤 다양한 시도를 했다. 미리 모든 것을 알려고 하지 않고 계속 시도하면서 실수를 통해 배웠다.

이 마시멜로 실험의 목적은 MBA 학생들에게 굴욕감을 주려는 것이 아니라 불확실한 조건에서 어려운 도전 과제를 진행시키는 방법을 이해하는 것이다. 유치원 아이들은 빠른 시도를 통해 무엇이 효과적이고 그렇지 않은지 알아보는 것이 얼마나 효과적인지 가르쳐준다.

질문의 프리즘을 통해 바라보자. MBA 과정 학생들은 '만약'의 가능성들을 고심하느라 너무 오랫동안 옴짝달싹 못했지만 아이들은 재빨리 '만약'에서 '어떻게'로 나아갔다. 가능한 조합을 생각해

내자마자 정말 효과가 있을지 시도했다.

그렇다면 마시멜로와 유치원 아이들이 등장하는 이 독특한 실험이 현대인에게 무엇을 암시할까? 우리는 갈수록 역동적으로 변하는 환경에서 비슷한 시험을 치르고 있거나 곧 그래야 한다. 새로운 사업이나 시장, 커리어, 인생 계획을 구상할 때 친숙하지 않은 도구의 사용에 빠르게 적응해야 한다. 분명한 설명도 주어지지 않고 빠르게 흐르는 시간 속에서 끊임없이 변화하는 기술을 사용해야 한다. 좀 더 나은 질문자뿐만 아니라 실험자가 되어야 하는 상황이다.

혁신가들이 있는 환경을 보면 마시멜로 실험의 아이들과 비슷한 방법으로 운영된다는 것을 알 수 있다. IDEO의 디자이너들은 아이디어 구상에서 실험 단계로 재빨리 넘어간다. MIT 미디어랩에서도 마찬가지다. 이토 조이치의 설명에 따르면 연구원과 학생들은 어떤 질문을 오랜 시간 궁금해하거나 어떻게 진행시키면 가장 좋을지 오래 생각하지 않는다. 실험실에서 마땅히 해야 하는 일, 즉 실험을 재빨리 시작한다. "요즘은 시도 가능한 아이디어인지 알아보는 것보다 그냥 실행하는 편이 훨씬 쉽고 비용도 저렴합니다"라고 이토는 말했다.

구글이나 페이스북 등 전 세계의 기술 기업에서도 비슷한 광경이 펼쳐진다. 페이스북에서는 설립자 마크 주커버그Mark Zuckerberg가 아이디어를 빨리 구축하고 실험해본다는 개념을 '해커 웨이Hacker Way'라고 묘사하면서 신성한 원칙으로 승격시켰다.[64] 2012년 기업공개IPO 때 주커버그는 페이스북의 잠재적 투자자들에게 보내는 서신에서 해킹은 부정적인 의미를 함축하고 있지만 페이스북에서는 "무언가를 빨리 만들어내고 가능성을 실험하는 것"을 의미한다고 했다. 끊임없이 새로운 아이디어를 대략적인 형태로 시도해본다는 뜻이다. "해커는 모든 답을 한번에 얻으려 하지 않고 작은 규모의 반복을 통해 빠르게 실행하고 배움으로써 장기적으로 최고의 서비스를 구축한다. …… 해커는 새로운 아이디어가 실현 가능한지, 혹은 무언가를 만드는 가장 좋은 방법이 무엇인지 수일 동안 토론하지 않고 프로토타입을 바로 만들어 알아본다."

에릭 리스가 창시한 린 스타트업도 '신속하게 실험하고 배우기'가 기업가들 사이에 인기를 끄는 데 일조했다. 리스는 창업 기업가나 기존의 기업은 물론 새로운 것을 만들려는 사람이라면 광범위한 자원과 시간을 투여해 아이디어를 완벽하게 만들려 하지 말고 계속 실험하면서 빠르게 새로운 아이디어를 세상에 내놓아 사람들이 소비할 수 있도록 해야 한다고 말했다. 또한 그는 기업들이 '최소 요건 제품minimum viable products' 개발에 집중해 불완전한 상태의 아이디어를 실험하여 빠르게 시장에 내놓고 반응을 보면서 보완해나가야 한다고 주장한다.

실험-학습test and learn은 단순한 비즈니스 전략이 아니다. 역동적이고 불확실한 조건에서 문제를 해결하려고 애쓰는 상황이라면 어디든지 기본 원리를 적용할 수 있다.

예를 들어 뉴욕 시는 마이클 블룸버그Michael Bloomberg 시장 시절 인도 확장에서 자전거 대여 제도, 정보 제공을 위한 311 민원 전화까지 모든 정책에 실험-학습 파일럿 프로그램을 활용했다. 블룸버그가 이끄는 시 행정부는 기본적인 '왜' 질문으로 변화를 일으키는 데 능수능란했다. 블룸버그는 '파일럿 프로그램 시장' 역할을 했다. 그래서 대규모 변화를 실행하기가 좀 더 쉬웠다. 파일럿 프로그램이 잘 진행되지 않으면 수정하거나 완전히 시행될 때까지 투자할 필요 없이 폐기해버리면 그만이었기 때문이다.

어떻게 부러진 의족을 사랑할 수 있을까?

실험-학습 방식은 전혀 힘들어 보이지 않는다. 그러나 계속 실험을 통해 질문을 실행해야 하므로 실패가 거의 확실시된다. 한 번도 아니고 여러 번 실패할 것이고, 그때마다 실망감은 물론 실제로 고통까지 느낄 수 있다.

밴 필립스는 매번 희망에 부풀어 수많은 프로토타입 의족을 시도했고, 때로는 부러진 의족과 함께 땅바닥에 내팽개쳐졌다. 하지만 실패도 그를 막지 못했다. "비결은 열정을 잃지 않고 실패를 거듭하는 것이다"라는 윈스턴 처칠Winston Churchill의 말처럼.[65] 그렇다면 '열정적으로 실패하는 비결'을 어떻게 배울 수 있을까?

필립스는 "프로토타입이 부러질 때마다 제 가슴도 찢어졌습니다"라고 말했다. 하지만 그것은 '어떻게 실패에서 배우는 법을 배울수 있을까?'를 생각해보는 기회이다. 실패에서 도망치거나 없었던 일처럼 잊어버리려 하지 말고 '이 아이디어나 시도가 왜 실패했을

어떻게 삶은 달걀 껍데기를 없앨 수 있을까?[66]

가정의 부엌은 혁신적인 질문이 마구 자라나는 곳이다. 부엌용품 디자이너든 호기심 많은 가정주부든 '왜 이 일은 이렇게 할 수밖에 없을까?', '어떻게 하면 더 쉽게 할 수 있을까?'라고 생각하게 된다. 벳시 레브리비 코프먼Betsy Ravreby Kaufman에게는 손님을 접대하기 위해 만드는 데블드 에그deviled egg(삶은 달걀을 반으로 갈라 노른자를 파낸 뒤 노른자를 각종 양념으로 버무려 다시 채워 넣는 요리 – 옮긴이)가 의문의 대상이었다. 그녀는 삶은 달걀을 까는 것과 달걀 껍데기를 버리는 일이 몹시 귀찮게 여겨졌다. 달걀이 삶아지는 냄비를 바라보던 그녀는 '삶은 달걀 껍데기를 벗길 필요가 없다면 얼마나 편할까?'라고 생각하게 되었고, 그 질문은 '만약 껍데기 없이 달걀을 삶을 수 있다면?'으로 바뀌었다. 그녀는 사람들의 발명 아이디어를 후원해주는 에디슨 네이션Edison Nation에 자신의 아이디어를 전달했다. 그리고 1년 뒤 '껍데기 없이 달걀을 삶을 수 있는' 플라스틱 용기 '에기스Eggies'가 출시되어 코프먼의 부엌뿐만 아니라 상점에서 쉽게 볼 수 있게 되었다.

까? 만약 실패에서 배운 것을 바탕으로 수정한 방법을 시도해본다면? 어떻게 그렇게 할 수 있을까?'라고 물어야 한다.

스탠퍼드 대학교의 밥 서튼은 실수를 분석할 때 무엇이 잘못되었는지만 묻지 말고 '이 실수에서 잘된 것은 무엇인가?'라고도 물어보라고 말했다.[67] 반대로 성공적인 시도에서는 잘못된 것을 찾아 보완하라고 서튼은 말했다. (최고의 학습은 성공과 실패를 차례차례 살펴봄으로써 이루어진다.)

전진이 막힐 때마다 떠올려야 하는 핵심적인 질문은 '매번 다르게 실패하고 있는가?'이다. IDEO 설립자 데이비드 켈리는 이렇게 말했다. "같은 실수를 반복한다면 아무것도 배우고 있지 않다는 뜻이다. 매번 이전과 다른 실수를 한다는 것은 당신이 새로운 것을 하고 있으며 새로운 것을 배우고 있다는 뜻이다."[68]

초기 형태의 아이디어를 세상과 공유할 때 부정적인 피드백이 나올 가능성이 높은데, 그것을 실패의 증거로 해석하는 사람들이 있다. 하지만 하버드의 폴 보티노는 그것이 꼭 사실인 것은 아니며 피드백에서는 "불협화음이 공감보다 더 값질 수 있다"라고 지적한다. 사람들이 당신의 아이디어를 밀어내는 것은 당신이 잠재적으로 중요한 미지의 영역으로 들어가고 있다는 좋은 신호일 수도 있다. 일반적인 가정에 반하는 아이디어는 부정적인 피드백(절대로 가능할 리가 없어!)이 나올 가능성이 높다. 보티노는 "불협화음은 가장 곡해된 피드백이다. 그것을 환영하고 최대한 활용하는 법을 배워야 한다"라고 말했다.

보티노의 말처럼 어려운 프로젝트에 착수할 때는 외부의 의견과 도움을 얻고 잠재적 조언자와 후원자, 협력자를 개입시키는 것이 필수적이다. 정말로 힘든 질문이라면 혼자 답을 찾을 수 없을 것이다. 협력적 탐구collaborative inquiry는 타인에게 '당신은 나처럼 이 질문에 흥미를 느낍니까? 함께 답을 찾고 싶습니까?'라고 묻는 것으로 시작한다.

인터넷과 소셜 네트워킹 덕분에 관심사가 똑같은 사람이나, 비슷한 질문과 도전을 탐구하는 사람을 찾고 이어지기가 쉬워졌다. 또 관심사가 아니더라도 호기심을 일으켜 도움을 받을 수 있다.

잭 안드라카는 타인의 도움이 없었다면 '만약 좀 더 단순하고 빠른 췌장암 진단법을 만들 수 있다면?'이라는 질문을 그렇게 멀리까지 밀고 나가지 못했을 것이다. 특히 그는 실험 재료와 도구, 즉 실험실이 필요했다. 이미 부모님과 형에게 "절대로 불가능한 아이

어떻게 작은 섬에 골프장을 만들까?[69]

1980년대에 그랜드케이먼 섬Grand Cayman Island의 골프장 설계를 맡은 프로 골프선수 잭 니클라우스Jack Nicklaus는 한 가지 난관에 부딪혔다. 그 섬의 면적은 너비 6마일(약 9.6킬로미터 - 옮긴이)에 길이 22마일(약 35킬로미터)로, 완전한 크기의 골프장이 들어가기에는 너무 좁았다. 이에 니클라우스와 설계팀은 다른 티에서 두 번 칠 수 있는 아홉 개의 홀로 된 골프장을 설계했다. 그래도 사람들이 스윙 거리를 줄이지 못해 골프공이 바다로 떨어지는 경우가 허다했다. 이에 니클라우스는 골프장의 크기가 아닌 다른 문제로 초점을 바꾸었다. 만약 골프공이 멀리 날아가지 않는다면? 니클라우스와 맥그레거 골프 컴퍼니MacGregor Golf Company는 집중적인 실험과 연구를 거쳐 비행거리가 제한적인 '케이먼 골프공'을 개발했다. 똑같이 스윙했을 때 일반 공보다 절반 정도의 거리만큼 날아가는 공이다. 작은 섬의 호텔과 집 뒷마당에서 골프를 즐기는 사람들에게는 희소식이었다.

디어"라는 불협화음 피드백을 얻은 상태였다. 그럼에도 계속 앞으로 나아갔다. 기본 계획을 세우고 아이디어에 실체를 부여했다. "절차와 예산, 타임라인을 적었어요. 아이디어를 구체적으로 표현하기 위해서였죠." 그런 다음 "췌장암에 대해 아는 모든 사람"에게 이메일을 보냈다. 거기에는 국립보건원National Institutes of Health과 존스홉킨스·메릴랜드 대학교 등의 전문가들이 포함되었다. 약 200명에게 연락하자 더 많은 불협화음 피드백이 돌아왔다. "불가능한 이야기라고 딱 잘라 말한 사람들도 있고 잘못된 부분을 하나씩 일일이 열거한 사람들도 있었어요. 정말 가혹했죠." 하지만 한 교수가 안드라카의 질문에 관심을 가졌다. "만약 항체가 있는 탄소나노튜브를 췌장암에 과다 노출된 단백질에 노출시키면 어떻게 될까?"라는 질문에서 흥미로운 가능성을 발견한 것이다. 그 교수는 "그래, 가능할 거야"라고 답변해왔다. 게다가 안드라카에게 실험실을 개방해주었다.

10대 소년 안드라카는 전문 실험실에 가본 적이 없었다. "엄청 신나서 '와, 원심분리기다!'라고 외쳤죠. 마치 사탕가게에 온 기분이었어요." 하지만 실험이 시작되면서 실패를 경험하게 되었다. "한 달 뒤엔 정성껏 배양하고 있던 세포를 파괴해버렸어요. 어떻게 해봐도 다 실패였어요."

안드라카의 성공은 도전을 작은 문제와 큰 질문으로 쪼개면서 천천히, 단계적으로 찾아왔다. 각각의 해결책을 가지고 다음 질문으로 나아갈 수 있었다. 종이 센서에 사용하려던 항체를 최적화하려는 시도는 첫 번째 장애물로 석 달씩이나 그를 방해했지만 항체를 찾을 때까지 실험을 계속 수정해나갔다. 그런 다음에는 탄소나노튜브 연구를 시작했다. 센서에 항체와 나노튜브를 합치는 방법을 찾아야 했다. 마지막으로 그것이 췌장암을 감지할 수 있는지 실험해봐야 했다. 7개월 만에 모든 것이 완료되었다.

안드라카는 '어떻게' 단계에서 현실적인 복잡성을 실감하고 실패도 하고 진전이 전혀 없기도 했던 일에 대해 이렇게 말했다. "질문을 떠올리는 것은 재미있어요. 그다음에 이론적인 해결책에 도달하는 것은 더 재미있고요." 실험실에서 실험하고 배우는 과정에서 극심한 부침도 있었다. "어떤 시점에 이르러서는 이런 생각이 들기 시작했어요. '사람들의 말이 맞는지도 몰라. 열네 살밖에 안 된 내가 암에 대해 뭘 알겠어?'라고 말이에요."

하지만 마침내 답을 찾은 것은 "최고의 경험이에요"라고 안드라카는 말했다. 그는 자신이 도달한 해결책에 '품격 있다'는 표현을 사용했다. 종잇조각으로 된 진단도구에는 잘 어울리지 않는 단어 같지만. "이렇게 품격 있는 해결책을 찾고 나서 순수한 우쭐함을 느꼈죠."

다 같이 교향곡을 만든다면?

암 진단법에 관한 열네 살 소년의 터무니없어 보이는 아이디어는 이메일을 잔뜩 보내게 했고 문제 해결을 도와주는 장비를 전부 갖춘 최고 수준의 실험실을 이용할 수 있게 해주었다. 이처럼 물어보기만 한다면 사람들이 도와줄 것이다. (단, 잘 물어봐야 한다. 안드라카의 질문은 합리적인 계획이 뒷받침된 강력한 질문이었다.)

「방법을 모른다고? 아는 사람을 찾아라」라는《뉴욕 타임스》기사처럼 요즘은 좋은 아이디어만 있으면 아이디어의 개발과 현실화, 그리고 완성된 결과물을 어떻게 해야 하는지까지 도와주는 전문가들과 쉽게 연결될 수 있다.《뉴욕 타임스》의 니콜 라포트Nicole LaPorte 기자는 이렇게 썼다. "우리는 '발명가' 하면 지하 실험실에서 몇 주 혹은 몇 달 동안 쪼그려 앉아 혼자 발명품을 만드는 외로운 영혼을 떠올린다."[70] 하지만 이제는 "타인의 경험과 자원"에 의지하는 것이 혼자서 하는 것보다 훨씬 나을 때가 많다.

이는 놀라운 일이 아니다. 어려운 문제나 질문은 여러 사람의 관점이 모일수록 낫다.『디퍼런스 : 다양성의 힘이 보다 나은 집단과 회사, 학교, 사회를 만든다The Difference: How the Power of Diversity Creates Better Groups, Firms, Schools, and Societies』의 저자 스콧 페이지 Scott Page는 누구나 어려운 질문의 답을 찾는 과정에서 "막히지만" "다양한 도구를 가진 사람들과 함께하면 다른 곳에서 막힌다"라고 말했다.[71] 협력자를 찾으려면 다른 배경과 문화적 경험, 기술을 가진 사람이어야 한다. 다양성이 창의성을 부채질한다.

과거에는 같은 지역에서 협력자를 찾는 경향이 있었지만(안드라카가 처음에 그랬던 것처럼) 요즘은 지리적 제한을 둘 필요가 없다. 영화제작자이자 발명가인 믹 에블링Mick Ebeling은 이제 어려운 질문에 매달리는 사람이라면 "누구나 두 가지 멋진 것이 가능해졌다"라고 말했다.[72] "우리의 손끝에는 거의 무한한 정보 자원이 있다. 지금까지 이런 접근성을 가진 세대는 없었다. 그리고 (소셜 네트워킹과 인터넷을 통해) 사람들끼리 신속하게 연결된다. 그렇게 정보, 사람과의 연결을 합쳐서 글로벌 브레인global brain을 이용할 수 있다."

에블링도 몸이 마비된 화가가 작품 활동을 계속할 수 있도록 도와주려고 힘든 프로젝트를 실시할 때 '글로벌 브레인'을 활용했다. 그 이야기는 에블링이 그라피티계의 전설이자 로스앤젤레스에 거주하는 예술가 토니 콴Tony Quan의 전시회를 찾았을 때 시작되었다. 콴은 한때 활발하게 작품 활동을 했지만 ALS(루게릭병)에 걸려 점차 양손과 양다리를 쓰지 못하게 되면서 작업을 하기가 무척 힘들어졌다. 처음에 에블링은 콴과 그의 가족에게 금전적인 도움을 주려고 했지만 아내와 저녁식사를 하면서 나눈 대화를 통해 이런 질문이 떠올랐다. 스티븐 호킹Stephen Hawking이 기계를 통해 소통

할 수 있다면 콴 같은 예술가가 다시 그림을 그릴 방법도 있지 않을까?

'왜' 질문에서 '만약'의 순간으로 넘어가면서 에블링의 여정이 시작되었다. 레이저와 포인터를 이용해 빌딩 측면에 그림을 그리는 레이저 태깅 프로젝션 기술laser-tagging projection technology에 대해 알게 된 그는 눈의 움직임으로 레이저를 조작하여 의사소통을 하거나 그림을 그리는 저렴한 방법이 있을까 궁금했다. 어떻게 그것을 가능하게 만들지 전혀 몰랐지만 적어도 그에게는 좋은 질문이 있었다. 양손을 사용하지 않고도 레이저 기술로 그림을 그릴 수 있다면, 콴이 눈으로 레이저를 제어할 수 있도록 해주는 방법을 찾는다면 어떨까?

에블링은 관련 기술 분야에 대한 지식이 전혀 없었다. 게다가 가격이 저렴해야 한다는 생각이 그의 도전을 더욱 어렵게 만들었다. 스티븐 호킹이 사용하는 고가의 개인 의사소통 시스템을 모방한 것이 아니라 형편이 좋지 못한 마비 환자들이 편하게 이용할 수 있는 훨씬 단순한 도구를 꿈꾸었기 때문이다.

"공동의 방식으로 문제를 풀어야 한다고 생각했습니다"라고 에블링은 말했다. 그는 레이저 태깅 기술 전문 기업 그라피티 리서치랩Graffiti Research Lab에 연락해 자신의 질문에 대한 답을 찾도록 도와줄 사람이 있느냐고 물었다. 그리고 컴퓨터 코딩과 엔지니어링 전문 지식을 가진 사람을 찾기 위해 자신의 넓은 인맥을 이용했다. "현대인은 누구나 해커이고 메이커입니다"라고 에블링은 말했다. 흥미로운 질문으로 제대로 된 조합의 사람들을 찾아 한데 모아야

저렴한 선글라스

구리 전선

와이어 타이

IR LED

마이크로 CCD 캠

한다. 계획과 조직에 1년의 시간을 보낸 뒤 에블링은 자신의 집에 국제 해커 일곱 명과 프로그래머 두 명을 데려와 2주 반 동안 하루 종일 프로그래밍 작업을 했다. 작업이 끝나자 그들이 다 함께 만든 '아이라이터Eyewriter'가 탄생했다.

아이라이터는 놀라울 정도로 단순했다. 적어도 표면상으로는 그 랬다. 저렴한 선글라스가 전선을 통해 안구 인식 기술과 레이저를 통합한 작은 패킷으로 연결된 모습이었다. 그것을 병원에 입원 중이던 콴에게로 가져가 첫 번째 시험을 했다. 에블링의 팀원들이 병원 밖에 프로젝트를 설치했고 무선으로 연결된 아이라이터를 콴에게 주었다. 그날 밤 콴은 6년 만에 처음으로 그라피티를 그릴 수 있었다. 아이라이터를 쓴 채 눈의 움직임으로 레이저를 조종해 병원 밖 건물 벽에 '그림'을 그리기 시작했다.

아이라이터의 DIY 디자인과 소프트웨어는 무료로 다운로드 받을 수 있다. 얼마 전 에블링은 TED 강연에서 "이제는 몸이 마비된 사람이라도 눈을 이용해 그림을 그리거나 의사소통을 할 수 있습니다"라고 말해 청중들로부터 기립박수를 받았다. (에블링은 청중들에게 매일 두 가지 질문을 하라고 강조하면서 강연을 마쳤다. 지금이 아니라면 언제인가? 내가 아니라면 누가 할 것인가?)

협력적 탐구의 힘에 매료된 에블링은 혁신가들이 어려운 문제를 찾아 함께 해결할 수 있도록 이어주기 위해 웹사이트 낫 임파서블 랩Not Impossible Labs을 개설했다. "이제는 어떤 문제를 바라보면서 해결할 수 없다고 생각하는 것은 순진한 일이다"라는 그의 믿음에서 나온 이름이다. 아무리 어려운 질문이라도 답을 찾을 수 있도록 도와주는 지식과 기술, 상상력을 가진 사람들이 세상 어딘가에 존재한다. 그들과 이어질 수만 있으면 된다.

혼자 문제를 해결하는 데 익숙한 사람에게는 협력자를 구하는 일이 위험을 무릅쓰는 것처럼 느껴질 것이다. (나 역시 그랬다. 그동안 나는 거의 혼자 책을 써왔다. 하지만 이 책에서는 새로운 방식을 시도했다. 블로그에서 사람들에게 질문에 관한 아이디어나 연구, 생각 등을 물어보았다. 그 결과 열 명이 넘는 협력자가 생겨서 글을 쓰는 데 엄청난 도움을 주었다.) 이런 걱정이 생길 수도 있다. 누군가와 공유해도 여전히 '내' 아이디어라고 할 수 있을까? 과연 실제로 도와줄 만큼 관심 있는 사람이 있을까? 지금까지 혼자 아이디어를 떠올려왔는데 과연 남들과 같이 일할 수 있을까?

MIT 미디어랩의 토드 마초버는 자기 분야에서 협력적 탐구의 지지자이자 대가다.[73] 엔지니어이자 음악 작곡가인 그는 유명 인터랙티브 게임 '기타 히어로'의 개발부터 오페라 작곡, 관객들을 적극적으로 참여시킨 교향곡까지 다양한 작업을 해왔다. 대규모 프로젝트는 전부 협력 작업으로 하게 되지만 마초버는 반드시 혼자 일하는 것과 남들과 함께 일하는 것의 균형을 맞춰야 한다고 강조한다. "특히 창조 과정의 초기에는 속도를 늦추고 혼자 어려운 질문에 대해 생각해보고 싶을 때가 있습니다."(그런 경우 그는 창고를 개조한 음악 스튜디오에서 혼자 시간을 보낸다.) "나는 작곡가로서 남들과 공유하기 전에 질문을 떠올립니다. 심지어 세상 전체에 대해 상상하기도 하지요. 질문에 대해 오랫동안 생각하며 머릿속에서 진짜로 만들 수 있다는 것이 좋습니다."

또한 그는 질문을 '창고 밖으로' 가져가 남들과 같이 일해야 하는

 어떻게 선을 없앨 수 있을까?[74]

점점 '무선' 세상으로 바뀌고 있다. 그렇다면 왜 여전히 유선 기기로 충전하고 있을까? 이것은 이스라엘 출신의 기업가 랜 폴리아킨Ran Poliakine이 2006년에 떠올린 질문이었다. 답을 찾던 그는 1890년대에 이루어진 니콜라 테슬라Nicola Tesla의 무선 동력 연구를 접하게 되었다. 2009년 10월 폴리아킨은 듀라셀 파워매트Duracell Powermat에 자기유도magnetic induction, 磁氣誘導를 이용한 '무선 충전' 부문을 신설했다. 이와 별개로 우주생물학도 메레디스 페리Meredith Perry는 2010년에 코드 없이 전자기기로 직접 동력을 공급하는 방법을 찾고 있었다. 구글 검색을 통해 연구조사를 하던 페리는 압력을 가하면 발생하는 전기인 압전기piezoelectricity, 壓電氣 개념을 접하게 되었다. 그리고 그녀는 다음 질문으로 넘어갔다. 어떻게 무언가를 움직이지 않고 공기 중에서 진동을 만들어낼 수 있을까? 벤처투자기업 크런치펀드CrunchFund의 마이클 애링턴Michael Arrington은 페리가 만든 유빔uBeam 충전기를 가리켜 '마법에 가까운 것'이라고 표현했다. 소리와 전기, 배터리 기술 분야를 모두 합친 유빔은 현재 수백만 달러의 벤처투자금을 지원받아 개발 중이다.

경우도 있다고 말했다. 미디어랩은 다양한 분야의 사람들이 모인 이상적인 협동 환경이다. "다들 실험실에서 편하게 말합니다. '요즘 내가 열정적으로 매달리고 있는 일인데, 이 질문에 대해 생각하는 걸 도와주겠어?'라고 말이죠."

마초버는 실험실 사람들하고만 협력하는 것이 아니다. 얼마 전 그는 토론토 교향악단으로부터 곡을 의뢰받았다. 그는 토론토 시 전체를 참여시켜 함께 교향곡을 만들어보기로 했다. 토론토의 일상생활을 상징하는 소리를 포착하고 공유함으로써. "굉장히 많은 사람과 함께 질문의 답을 찾으려고 하면 어떻게 되는지 궁금했습니다." 그가 떠올린 협력적 질문은 이러했다. 토론토는 무슨 소리가 날까?

마초버는 몇 년간 근본적으로 똑같지만 약간 변형된 질문들을 탐구해왔다. 어떻게 하면 음악을 좀 더 참여적인 경험으로 바꿀 수 있을까? 사람들이 대부분 소극적인 음악 소비자가 되었다는 생각에서 나온 질문이었다. "음악은 사람들의 헤드폰 등 어디에나 있지만 음악을 공부하거나 만들거나 음악의 완전한 경험에 참여하는 사람들은 줄어들었죠." 1990년대 중반 마초버는 '브레인 오페라 Brain Opera'라는 실험적인 음악 행사를 계획했다. 일반 대중이 오케스트라 악기를 연주할 수 있도록 한 것이었다.

뉴욕 링컨센터에 하이퍼인스트루먼트hyperinstrument(어쿠스틱 악기와 연주자의 손에 컴퓨터 센서를 부착해 악기 소리와 연주자의 모든 동작으로 소리를 생성하는 미래지향적인 악기로, '인텔리전트 악기intelligent instrument'라고도 불린다 – 옮긴이)를 설치해 사람들이 지나다니며 연주할 수 있게 했다(악기는 연주자의 움직임에 반응해 소리를 만들어냈다). 그 소리를 무대 공연을 위해 한 곡으로 편집했다. "반은 내가, 반은 시민들이 작곡한 작품이었습니다. 한마디로 음악 감상을 좋아한다면 음악의 일부가 되고 악기를 만지고 직접 만든다면 음악을 더 좋아하게 된다는 말을 하고 싶었습니다"라고 마초버는 말했다.

비뮤지션들이 몸의 움직임만으로 기타 연주를 할 수 있는 인터랙티브 게임 '기타 히어로'의 아이디어도 브레인 오페라 실험에서 나왔다. 그리고 토론토 교향악단 실험은 협력적 음악에 대한 그의 질문을 새로운 방식으로 제기하는 시도였다. 수천 명이 프로젝트에 참여해 토론토의 지하철과 항구 주변 등의 소리를 합쳐 자신만의 음악을 만들었다(마초버가 제공한 멜로디와 화음을 이용해). 마초버는 많은 소리를 하나의 곡으로 합쳤고, 2013년 토론토 교향악단이 그 교향곡을 선보였다.

마초버는 자신의 질문에 대한 답을 찾으려는 실험에 그렇게 많은 사람이 참여하자 깜짝 놀랐다. "하지만 자신의 관심사를 사람들 앞에 펼쳐놓으면 그들이 관심을 보이고 참여할 거라는 사실을 확신했습니다. 사람들은 놀라운 일을 해낼 수 있어요."

이처럼 타인과 질문을 공유하면 호기심 많은 사람에게 거부하기 힘든 도전 과제를 내주는 것이나 마찬가지다. 질문을 떠올리는 것만으로도 필수적이고 어려운 발걸음을 내딛은 것이고, 그 이후로 다른 사람들이 함께할 수 있다. 클레이 서키Clay Shirky의 책에 따르면 많은 사람이 자신의 아이디어로 무無에서 시작하는 것보다 기존의 아이디어를 개선하고 발전시키는 데 기여하는 일에 끌린다.[75] 마초버는 질문 공유로 타인의 관심을 끄는 것은 "협력자를 프로젝트에 동등하게 참여시키는 것이다"라고 말했다. 처음에는 '내' 질문인 것처럼 보이지만 곧바로 그들의 질문도 된다. 모두에게 속한 질문이다.

답은 가장 먼저 도달한 사람의 것이다. 아이디어를 혼자만의 비밀로 간직하고 아름다운 질문을 쌓아두기만 하면 아무런 의미가 없다. 머릿속 서랍에 숨겨진 질문을 앞으로 발전시키기는 힘들다. 하지만 질문을 밖으로 꺼내놓으면 다른 사람들의 도움으로 해결책이든 학습 경험이든, 통찰이든 새로운 관점이든, 목적의식이든 당신의 것이 될 무언가를 얻을 수 있다는 사실을 믿기 바란다.

'어떻게' 단계는 이 책에서 혁신적인 질문하기의 세 번째이자 마지막 단계이지만 질문하기에서 마지막 단계는 없다. 한 가지 해결책에 도달해도 질문은 끝나지 않기 때문이다.

하나의 '답'에 도달한 질문자들은 빠르게 다시 질문하기로 돌아간다. 그들은 종종 자신이 찾은 답에 질문을 한다. 답이 확정적이지 않을 수도 있기 때문이다. 해결책을 개선하고 토대로 삼아 확장하여 새로운 단계로 끌어올리는 방법을 찾을 가능성(그리고 필요성)은 언제나 있다.

밴 필립스는 자신이 디자인한 고급 의족에 만족할 수도 있었지만, 그것이 의족에 수천 달러를 쓸 수 있는 일부 사람들의 문제만 해결해줄 뿐이라고 생각했다. 그는 개발도상국의 절단장애인들도 사용하도록 몇백 달러로 구입할 수 있는 고성능 의족을 꿈꾸었다. 특히 지뢰 생존자들을 돕겠다는 데 초점을 맞추었다. 그는 몇 년 전에 저렴한 새 의족 개발에 관한 '왜'와 '만약' 질문을 다시 거쳤고 이 글이 쓰일 당시에는 '어떻게' 단계에 몰입했다. 그런 의족을 만드는 방법은 찾았지만 시장 출시에 관련된 세부 사항에 착수하고 있었다.

아이라이터를 개발한 믹 에블링 역시 새로운 질문으로 빠르게 넘어갔다. 처음에 아이라이터는 토니 콴이 눈의 깜빡임으로 조작할 수 있어서 효과적이었다. 그런데 새로운 문제가 발생했다. 콴이 몸 상태 악화로 안구 근육이 퇴화해서 눈을 빠르게 깜빡거리기가 어려워졌다. 따라서 에블링은 '만약 레이저를 제어하는 다른 방법을 찾을 수 있다면? 만약 눈 깜빡임이 아니라 생각으로 가능하다면?'라는 새로운 질문을 떠올리게 되었다.

그는 아이라이터의 고급 버전인 '브레인라이터Brainwriter'를 만들기 위해 새로운 협력팀을 구성했다. EEG로 측정되는 뇌의 전자 활동을 이용해 그림 그리는 장치를 만들기로 했다. 아이라이터보다 훨씬 복잡하고 까다로워 보였지만 에블링은 "올바른 사람들이 개입하면 충분히 실행 가능한 일이었다"라고 말했다.

특히 요즘처럼 역동적인 비즈니스 환경에서는 아이디어를 계속 앞으로 밀고 나가고 새로운 기회를 추구하고 질문 주기를 반복해 변화에 대응하는 것이 필수다. 기업들은 '정답'이 일시적이고 점점 수명이 짧아지는 경험을 하고 있다. 다음 장에서는 비즈니스 세계에서 끊임없는 질문이 그 어느 때보다 중요해진 이유를 살펴보자.

제4장

기업과 질문

왜 똑똑한 기업가들이 실수를 할까?

클레이튼 크리스텐슨은 대표적인 비즈니스 혁신 전문가로 유명하다. 하버드 비즈니스 스쿨의 석좌교수인 그는 20년 전에 '파괴적 혁신disruptive innovation'이라는 비즈니스 용어를 처음 소개했고, 그 뒤로 그것은 기업의 클리셰인 동시에 원동력이 되었다.[01] 앤디 그로브 Andy Grove나 애플의 공동 창업자 스티브 잡스 같은 리더들이 그의 이론을 받아들였다.

1990년대 후반에 비교적 잘 알려지지 않은 교수였던 크리스텐슨의 머릿속에는 떨쳐낼 수 없는 질문이 있었다. 비즈니스 업계에서 점점 심화되는, 도저히 이해할 수 없는 현상에서 비롯된 질문이었다. 기술을 비롯한 여러 부문에서 시장을 주도하는 기업들이 품질은 떨어질지 몰라도 좀 더 단순하고 편리하고 저렴한 제품과 서비스를 내놓는 신생 기업들에 추월당하는 경우가 늘어나고 있었다. 그보다 더 알 수 없는 일은 갑작스럽게 뒤바뀐 운명으로 괴로워하는 기업들이 전혀 잘못하고 있는 일이 없어 보인다는 것이었다. 그들은 고객에게 더 봉사하고 제품을 개선하고 마진도 높였다. "그들은 비즈니스 스쿨에서 배운 대로 잘하고 있었다"라고 크리스텐슨은 말했다.

크리스텐슨은 특히 유능한 비즈니스 리더들이 왜 이런 난관에 대처하지 못하는지 의아했다. 그는 "나는 모든 것을 질문으로 시작합니다"라고 나에게 말했다. "나는 기업들의 실패가 경영자의 어리석음 때문이 아님을 알고 있었어요. 그래서 '세상에서 가장 똑똑한 사람들이 왜 이런 문제를 겪고 있는가?'라는 질문을 떠올렸습니다. 그런 식으로 생각하는 것만으로도 새로운 관점으로 문제를 바라볼 수 있었습니다."

그는 문제를 겪고 있는 기업들 중 대부분이 좋은 제품을 좀 더 낫게 만드는 혁신에 주력하고 있음을 발견했다. 혁신의 진정한 가능성은 저가 시장에 있었다. 디스크드라이브에서 자동차까지 모든 제품이 마찬가지였다. 점점 기술 중심으로 변해가는 시장에서 비싸고 복잡하고 독점적인 제품에 쉽게 접근하도록 저렴하게 만든다면 대량 판매 시장에 들어가 판도를 바꾸고 일류 리더들을 넘어뜨릴 수 있다. 그런데 왜 신생 기업들만 그런 기회를 붙잡고 있었을까? 뛰어난 노하우와 자원을 갖춘 일류 리더들은 어째서 고가 시장뿐 아니라 저가 시장을 지배할 수 없었을까?

크리스텐슨은 그것을 딜레마로 인식하게 되었다. 기업이 저가 시장에서 파괴적 혁신을 추구하려면 지금껏 열심히 쌓아온 모든 것을 내려놓아야 한다. 크리스텐슨의 설명대로 기업들은 교묘하고 현혹적인 질문에 맞닥뜨렸다. 보다 나은 제품을 만들어 우리 고객들에게 팔아 더 높은 수익을 내야 하는가, 우리 고객들이 구입하지 않고 마진도 낮은 저가의 저품질 제품을 만들어야 하는가?

똑똑한 리더라면 당연히 전자를 택할 것이다. 논리적인 것처럼 보이는 그 선택이 기업의 운명을 결정지었다.

크리스텐슨은 저가 시장의 표준적인 비즈니스 관행이 된 '파괴적 혁신'에 초점을 맞춘 베스트셀러 『혁신 기업의 딜레마』를 출간했다. 당시 그 책은 실리콘밸리에서 혁신가의 바이블로 통했다. 그 책은 '왜'와 '만약' 질문을 찾은 크리스텐슨의 예리한 질문 능력을 보여주는 증거였지만 이런 의문이 들지 않을 수 없다.

왜 다른 이들-특히 그가 연구한 기업들을 운영하는 똑똑한 리더들-은 '혁신 기업의 딜레마'를 알아차리지 못했을까?

왜 그들의 기업과 산업 분야에서, 코앞에서 어떤 일이 벌어지고 있는지 경영학 교수가 지적해줘야 했을까? 왜 그들은 크리스텐슨이 떠올린 질문을 떠올리지 않았을까?

크리스텐슨은 그들이 질문에 훈련되어 있지 않기 때문이라고 말했다. 미래의 기업 간부들은 비즈니스 스쿨에서 유용하고 합리적인 경영 이론으로 완벽하게 무장한다. 하지만 세상이 변하고 옛 이론이 더 이상 효과가 없어졌다. 그런 시점에 이르러도 대부분의 리더들은 뒤로 물러나 이런 질문을 떠올리지 못했다.

왜 이 방법이 더 이상 효과가 없을까?

만약에 시장이 거꾸로 뒤집어졌다면, 아래가 위로 올라와 있다면? 만약 그런 것이라면······.

우리 회사가 새로운 현실에 어떻게 반응해야 하는가? 옛 이론을 어떻게 새로 써야 하는가?

오늘날 시장의 조건과 도전이 더욱 복잡하고 불확실해지고 산업 분야를 가로지르는 급진적 파괴의 영향을 받고 있지만 크리스텐슨은 리더들이 여전히 질문을, 특히 올바른 유형의 질문을 충분히 하지 않는다고 생각한다.

오랫동안 IBM이나 코카콜라 같은 일류 기업들의 컨설팅을 맡은 키스 야마시타Keith Yamashita는 이렇게 말했다. "1980년대 이후로 25년간 전반적으로 효율성, 효율성, 효율성만 강조했습니다. 효율성 시대는 사람들이 옹졸한 질문만 하도록 만드는 의도치 않은 결과를 가져왔어요. 끊임없이 발전하기 위해 고민하면서 '어떻게 돈을 아낄 수 있을까, 좀 더 효율성을 높여서 비용을 줄일 수 있을까?'라는 질문밖에 하지 않기 때문입니다."[02]

야마시타는 '옹졸한 질문'의 시대가 끝나가고 있다고 말했다. "리더들은 작은 질문만 떠올리면 어젠다나 시장 점유, 브랜드의 발전이 이루어질 수 없다는 것을 깨닫고 있습니다. 이제 혁신을 하기 위해서는 좀 더 넓은 질문을 해야 합니다."

야마시타의 말은 질문 자체의 진화를 뜻한다. 낡은 폐쇄형 질문(얼마나 많이? 얼마나 비싸게? 얼마나 빠르게?)은 여전히 실용적인 측면에서 중요하지만 기업이 분명한 목표의식과 미래 비전, 변화 의지를 요구하는 환경에서 발전하려면 좀 더 정교한 개방형 질문(왜? 만약에? 어떻게?)에 매달려야 한다.

이러한 변화는 신생 기업뿐만 아니라 기존의 일류 기업들에도 영향을 끼친다. 신생 기업은 언제나 자신의 존재 이유에 관한 힘든 질문(왜 세상은 또 다른 기업을 필요로 하는가? 왜 사람들이 우리에게 관심을 기울여야 할까? 어떻게 혁신을 추구할 수 있는가?)을 떠올려야 했다.

요즘처럼 신입생들로 가득한 시장에서는 필수가 되어버렸다.

전통적인 산업 부문의 일류 기업들은 질문을 해야 할 필요성이 더 크다. 요즘 많은 기업이 새로운 위협과 변덕스러운 변화 앞에서 왜 우리 회사가 필요한지, 우리 회사는 무슨 일을 어떻게 하는지와 같은 갑작스러운 질문을 떠올리지 않으면 안 된다. 점프 어소시에이츠Jump Associates의 데브 팻나이크Dev Patnaik 같은 일류 컨설턴트들이 "질문하기는 내가 고객들과 가장 많은 시간을 보내는 일이다"라고 말하는 것도 전혀 놀랍지 않다.[03]

사실 기업이 질문을 하기란 쉽지 않다. 대부분의 기업은 질문을 하게끔 만들어지지 않았다. 팻나이크에 따르면, 특히 미국 기업들과 제2차 세계대전 이후에 설립된 다수의 유럽 기업들은 "군대 모형을 토대로 전쟁을 경험한 사람들이 만들었고 그런 사고방식을 중심으로 조직되었다". 따라서 형식적인 계층제와 연쇄 명령이 중심을 이루고 있으므로 관행이나 절차에 관해 질문할 수 있는 여지가 별로 없다.

구식 비즈니스 모형은 특히 속도와 유연성, 협력적 탐구를 선호하는 시장에 적합하지 않다. 이미 확고하게 자리 잡힌 모형을 바꾸려면, 즉 많은 질문을 허용하는 쪽으로 바꾸려면 뿌리 깊은 정책과 접근법에 변화가 이루어져야 한다. 창업가나 기존의 기업들에 민첩하고 유연한 방식에 적응하라고 가르치는 '린 스타트업 운동'의 선구자 에릭 리스는 오래전부터 질문이 아닌 답을 장려하는 인센티브 시스템이 구축되었다고 지적한다. "산업 경제에서는 답을 알고 자신감을 표현하는 것이 가장 중요했다. 제대로 준비했다면 답을 알아야 했다. 질문에 답하지 못하면 일을 제대로 하지 않았다는 뜻이고 보상받지 못했다."[04]

방해물은 또 있다. 급속한 변화 때문에 더 많이 질문하는 것이 필수적이지만 기업가들은 자신이 하고 있는 일에 질문할 시간이 없는 것처럼 느낀다. 질문이 기업에 어떤 역할을 하는지 연구한 하버드의 교육 전문가 토니 와그너는 "단기적 결과에 대한 압박감이 질문을 배제시키는 경향이 있다"라고 말했다.[05]

또 질문을 하는 사람이라도 무엇을 질문해야 할지 알기 어려울 수 있다. 팻나이크는 "워낙 불확실한 요소가 많아서 기업들은 뭘 모르는지조차 모르고 있다"라고 말했다. 현재의 도전과 시장 상황에 따라 기업이 떠올려야 할 가장 필수적인 질문을 찾는 것이야말로 최우선 과제다. 기업에 따라 핵심 질문은 다르지만 가장 기본적인 목적에 관한 질문부터 시작하는 것이 좋다.

왜 우리는 비즈니스를 하는가?
(우리가 몸담고 있는 진짜 비즈니스는 무엇인가?)

모든 기업이 돈을 벌기 위해 비즈니스를 하고, 또 돈을 벌어야 비즈니스를 계속할 수 있다. 기업들의 출발점으로 거슬러 올라가보면 대부분이 돈을 넘어서 훨씬 복잡한 이유로 탄생했음을 알 수 있다.

파타고니아, W. L. 고어, 나이키, 에어비앤비, 파네라, 넷플릭스 등 이 책에 나오는 기업들 중 다수가 아직 충족되지 않은 욕구를 충족하기 위해, 생활의 어떤 측면을 좀 더 쉽고 편리하고 즐겁게 만들려는 목적으로 출발했다. 좋은 기업은 질문에 답하고 문제를 해결하는 과정에서 탄생하며 그것이 초기의 목적의식이 되어준다.

그러나 시간이 지나면서 고무적인 원칙도 묻히게 된다. '왜' 질문을 떠올리면 다시 파헤칠 수 있다. (목적의식을 다시 파헤친 뒤 새로 활기를 불어넣고 시대에 맞게 바꾸려면 역시 질문이 도움이 된다.)

목적에 대해 생각하는 방식은 여러 가지가 있다. 가구 소매업체라면 가구를 판매하는 것이 목적이라고 생각할 것이다. 그러나 다른 방식으로 접근할 수도 있다. 적은 예산으로 센스 있는 라이프스타일을 추구할 수 있도록 해주는 기업 또는 가구를 통해 창의성을 발휘할 수 있도록 해주는 기업이라는 보다 고귀한 목적을 떠올릴 수도 있다. 제대로 된 목적을 찾기란 쉽지 않다. 광고는 기업에 일반적이거나 인위적인 목적을 부여하기도 한다. 하지만 기업이 어디에서 나왔고 무엇을 제일 잘하며 고객이 누구인지, 리더가 열심히 생각하고 질문한다면 좀 더 의미 있고 진실한 목적을 찾을 수 있다.

야마시타는 목적을 찾으려는 기업 고객들에게 질문 기법을 활용한다.[06] 그중에는 조금 거창하면서도 분명하고 확실한 질문이 있다.

당신의 기업이 이 세상에 존재하는 목적은 무엇입니까?

야마시타는 이윤을 추구하는 기업에 고매하게 들릴 수도 있는 질문임을 인정한다. 하지만 새로운 환경은 기업들이 일상적인 관심사를 초월하여 생각하도록 요구한다. 야마시타는 기업이 강력한 목적의식을 찾으려면 "기본적으로 외향적인outward looking 지향성"을 추구함으로써 세상 사람들이 무엇을 원하고 필요로 하는지, 무엇이 걸림돌로 작용하는지 알아야 한다고 말했다. 그와 동시에 리더들은 안을 들여다보면서 핵심 가치와 보다 큰 목표를 확실히 세워야 한다.

야마시타는 내재적 가치를 찾으려면 리더들이 과거를 돌아보며 이 질문을 떠올려야 한다고 말했다.

최고 전성기였을 때 우리는 역사적으로 어떤 기업이었는가?

야마시타는 최고 전성기에 기업의 핵심 가치가 빛을 발한다고 덧붙였다. 그러나 가끔씩 과거를 다시 떠올려서 기업의 보다 높은 목적을 재확인해야 한다.

아웃도어 의류업체 파타고니아의 CEO 케이시 쉬안Casey Sheahan에 따르면, 파타고니아처럼 야외활동과 환경보호를 장려하는 강력하고 명확한 사명을 가진 기업이라도 기업의 목적과 사명에 대한 질문을 정기적으로 논의할 필요가 있다. "우리 회사에서는 경제적인 성장 측면에서 보는 성공과, 환경에 끼치는 영향 측면에서 보는 성공의 의미에 대해 매일 긴장감이 흐릅니다."[07] 기업의 덩치가 커질수록 도전도 커지고 쉬안은 끊임없이 이 질문과 씨름해야 한다. 어떻게 하면 5억 7,000만 달러 규모의 기업을 운영하면서 탄소발자국이 환경에 미치는 막대한 영향을 최소화할 수 있을까?

그는 파타고니아가 어떻게 탄생했는지 아는 것이 매일 기업을 이끌어주고 있다고 말했다. "창업자들은 사랑하는 자연을 지키고 영향력의 범위를 넓혀 다른 사람들에게도 영감을 주고자 우리 회사를 세웠습니다."

그것은 파타고니아가 존재하는 이유이자 오늘날 사람들이 파타고니아에 일하러 오는 이유이다. 쉬안은 "우리 직원들이 한 번에 두 계단씩 오르면서 출근하는 이유이기도 하죠"라고 말했다. 최근에 파타고니아는 탄탄한 경제적 성장을 이루었지만 대부분의 직원들이 파타고니아에서 일하는 '이유'는 따로 있다. CEO가 경제적 성과에 대해 이야기하면 직원들은 별다른 열정을 보이지 않는다. "하지만 '아, 걸프 만 피해 복구 현장에 자원봉사자 50명을 보낼 겁니다'와 같은 말을 하면 다들 일어나 환호합니다. 그게 바로 그들이 우리 회사에서 일하는 이유니까요."

모든 기업이 파타고니아처럼 환경보호를 사명으로 여기지는 않지만 쉬안은 "무엇이든 강력한 목적과 가치가 있으면 기업에 활력을 불어넣는다"라고 말했다. 그것을 겉으로 드러내는 좋은 방법이 있다. 설립 당시를 돌아보면서 '처음에 세운 고귀한 목적은 무엇이었는가? 어떻게 하면 그 목적을 중심으로 하나가 될 수 있을까?'라고 묻는 것이다.

목적에 관한 커다란 질문을 떠올릴 때는 야마시타의 말처럼 앞을 바라보는 것도 중요하다. 그는 기업 고객들에게 '우리는 앞으로 어떤 기업이 되어야 하는가?'라는 질문에도 착수하라고 말했다. "아직 존재하지 않는 그림을 떠올리기 때문에" 어려운 도전이 될 수 있다고 그는 말했다.

목적에 관한 질문이 중요한 것은 리더들이 그 답을 통해 얻은 확고한 토대를 바탕으로 자유롭고 광범위하게 기회와 질문을 추구할 수 있기 때문이다. 야마시타는 이렇게 말했다. "제품도 바뀌고 리더도 바뀌고 트렌드도 바뀌게 마련이지만, 그 모든 변화 속에서 '우리 회사의 변하지 않는 진정한 핵심은 무엇인가?'라는 질문에 대한 답을 알고 있어야 한다."

그 답은 기업이 극적인 변화 시기에 놓였을 때 특히 중요하다. 디지털 혁명은 기업들이 다시 구축하고 다시 생각하게 만들고 때로는 낯선 영역으로까지 밀어 넣는다. 정체성과 목적에 관한 기본적인 답을 찾은 기업이라면 '현재 우리는 어떤 비즈니스에 몸담고 있는가?'라는 불안하고 새로운 질문과 마주하기가 쉬워진다.

나이키는 기본적인 방식에 대한 끊임없는 질문을 통해 변화에 적응해나가는 기업의 모습을 보여주는 교훈적인 사례다.[08] 나이키는 기업에 관련된 정보를 엄중하게 관리하는 편이지만, 3~4년 전에 나이키와 일한 적이 있는 디자인 연구원과 이야기를 나눌 기회가 있었다. 나이키가 운동선수들(프로 선수와 주말에 취미로 즐기는 사람들 모두)과 함께 야구장과 축구장, 육상 트랙으로 나가서 그들의 움직임을 연구하면서 그들의 니즈를 찾으려고 한 이야기를 자세히 들을 수 있었다.

약 10년 전 나이키의 연구원들은 디지털 기술이 육상선수를 비롯한 운동선수들에게 일으키는 엄청난 변화를 관찰했다. 달리기를 할 때 데이터를 측정하고 개선하고 강화해주는 방법들은 종종 복잡한 문제를 만들어냈다. 육상선수들은 달리기를 하면서 스톱워치나 심박계, 음악 재생장치와 같은 기기를 힘들게 조작해야 했다. 이에 나이키는 고전적인 '왜' 질문(왜 이런 문제가 존재하는가? 왜 아무도 해결하지 않았는가?)으로 뛰어들었다. '만약' 가능성을 고려하던 중 나이키 운동화에 연결할 수 있는 하이브리드 네트워크 도구를 만들자는 아이디어가 나왔다. 거리 측정에서 기록 추이, 음악으로 활기 불어넣기, 다른 선수들과의 연결까지 육상선수들의 새롭고 다양한 니즈를 아우르는 것이었다. 실제로 나이키는 이런 질문을 했다.

만약 운동화가 당신의 삶을 관리할 수 있다면?

이 질문의 '어떻게' 단계로 접어드는 것은 별개의 문제였다. 나이키는 운동화를 만드는 기업이지 디지털 기기를 만드는 기업이 아니기 때문이었다. 나이키는 문제를 해결하는 유일한 방법은 기술 전문 기업과의 파트너십뿐이라고 생각했다. 스티브 잡스의 애플과 파트너십 계약을 추진하기는 쉽지 않았다. (언론 보도에 따르면, 처음에 스티브 잡스는 디지털 분야로 사업을 확장하려는 나이키의 CEO 마크 파커Mark Parker를 질책했다. '계속 운동화 사업에 주력하

우리가 회사의 정체성을 정확히 알고 있을까?[09]

《패스트 컴퍼니》에 따르면 유료 케이블 채널 HBO가 타성에 젖어 있던 1990년대 중반, CEO 크리스 알브레히트Chris Albrecht는 간부들과 둘러앉아 바로 이 질문을 던졌다. 알브레히트는 동료들이 한 발 뒤로 물러나 HBO의 창의성에 대해 생각해보기를 바랐다. HBO가 고품질 프로그램을 선보인다는 기업 사명을 제대로 실행하고 있는지. 이 질문에 대한 모두의 대답은 '그렇지 못하다'였다. 그들은 HBO에서 방영되는 모든 프로그램에 '특별한가? 재미있는가?'라는 질문을 추가적으로 던지기 시작했다. 모든 프로그램이 '독창적이고 가치 있는 아이디어였는가? 이 프로그램이 그 아이디어를 제대로 실현했는가?'라는 핵심적인 개념에 초점을 맞추었다. 질문을 통한 그들의 활발한 탐구는 「섹스 앤 더 시티」나 「소프라노스」 같은 새로운 드라마로 현실화되었다.

라'는 뜻이었다.[10] 물론 그 메시지에는 욕 한두 마디도 들어갔다.) 하지만 나이키는 잡스를 설득하는 데 성공했고 나이키의 운동화와 애플의 아이팟을 하나로 합쳐서 웹사이트에도 접속할 수 있는 하이브리드 제품 '나이키 플러스'를 만들었다. 이 '현명한 재조합'은 음악을 설정하고 달리기와 건강 자료를 측정하고 다른 이들과 소통하고 달리기 파트너를 찾고 팁을 공유하는 등 다양한 일을 가능하게 해주었다.

그것은 나이키에 더욱 중요한 가능성을 안겼다. 고정관념을 깨고 새로운 사고를 시작할 수 있도록 해준 것이다. 이제 나이키는 큰 성공을 거둔 팔찌형 트래커 '퓨얼밴드FuelBand'가 포함된 디지털 제품 라인을 운영하고 있다. 점차 운동화 기업뿐만 아니라 디지털 기업으로의 명성을 쌓아가고 있다. '나이키는 어떤 비즈니스에 몸담고 있는가?'라고 묻는다면 그 답은 계속 변하고 있지만 운동선수의 다양한 라이프스타일 니즈를 충족시켜주려는 목적이 핵심이라고 할 수 있다.

이렇게 중요한 변화를 겪고 있는 기업은 나이키뿐만이 아니다. 최근에《패스트 컴퍼니》는 나이키와 애플, 넷플릭스처럼 선도적인 기업들이 전문적인 영역을 벗어나 성공을 거두는 사례가 늘어나고 있다고 보도했다.[11] 「핵심 역량은 죽었다Death to Core Competency」라는 도발적인 기사는 기업을 지금의 위치로 올려놓은 전문 제품 및 서비스가 무엇이든, 기업을 다음 단계로 끌어올려주는 것은 그것이 아닐 수도 있다고 제안했다. 중대한 변화를 추구해야 하는 것은 역사가 짧은 기업들도 마찬가지다.[12] 1억 명 가까이 되는 사용자를 유치해 초기에 이미 놀라운 성장을 기록한 페이스북은 2008년에 세릴 샌드버그Sheryl Sandberg를 CEO로 영입했다. 그녀는 리더와 직원들에게 '페이스북은 어떤 비즈니스에 몸담고 있는가?'라는 근본적인 질문을 던졌다. 당시 페이스북은 가입자가 급속히 늘어나고 있는데도 아직 경제 모델을 정하지 못한 상태였다. 샌드버그의 질문으로 내부 토론이 이루어졌고 광고 중심의 새로운 전략이 탄생했다.

이것은 많은 기업에 정신이 번쩍 들게 하는 깨달음이다. 이미 한 일이나 알고 있는 것에 의지할 수 없다는 뜻이다. 일시적으로라도 기업이 '초심'으로 돌아가려면 역사나 과거에 했던 일을 전부 제쳐두고 새로운 관점에서 질문을 해야 한다.

만약 우리 회사가 존재하지 않는다면?

마이크로프로세서 기업 인텔은 초기에 힘든 결정에 직면했다.[13] 인텔은 컴퓨터 메모리칩을 만드는 기업으로 출발해 그 제품으로 성공을 거둠으로써 자리 잡을 수 있었다. 그러나 메모리칩 사업이 주춤해지면서 인텔의 공동 창업자 앤디 그로브와 고든 무어Gordon Moore는 좀 더 유망한 분야로 주력 사업을 바꿀지 결정해야 했다. 그들은 갈등할 수밖에 없었다. 메모리칩은 인텔이라는 기업의 정체성의 핵심이었고, 그것이 없었다면 당시의 위치에 오르지 못했을 터였다.

그때 그로브가 파트너에게 흥미로운 질문을 던졌다.

우리가 회사에서 쫓겨난다면 누가 새로운 CEO가 될 것 같은가?

그로브와 무어는 새로운 리더라면 하향세에 접어든 메모리칩 사업에 애착을 느끼지 않을 테니 포기할 수 있을 거라고 생각했다. 그래서 그들은 인텔의 주력 사업을 마이크로프로세서로 바꾸었다. 그 변화는 이후에 이어진 놀라운 성장의 토대를 마련해주었다.

이처럼 기업이 파괴적인 변화를 마주할 때(요즘 그렇지 않은 기업이 어디 있을까?) 옛 습관과 전통이 성장을 방해할 수도 있다. '만약'이라는 가정적인 질문은 잠깐 동안이라도 제약을 없애고 좀 더 새로운 사고가 가능하도록 해준다.

그로브와 무어처럼 '만약 새로운 리더라면 어떨까?'라고 질문할 수도 있지만 클레이튼 크리스텐슨은 '만약 우리 회사가 존재하지 않는다면?'이라는 좀 더 대담한 질문을 제안한다. 이 질문은 기업이 몸담은 산업과 위치에 대해 백지상태로 바라보게 해준다. 크리스텐슨에 따르면, 기업 역사가 없는 것처럼 생각하면 리더들은 지금까지 투자해온 믿음과 구조에 연연하지 않고 새로운 가능성을 고려할 수 있다. 특히 "미래의 어느 시점에 기업의 핵심 사업이 주춤해질 것이라면" 이 방법이 더욱 유용하다고 크리스텐슨은 말했다. (당신의 기업이 존재하지 않는 세상을 떠올릴 때 '누가 우리를 그리워할까?'라는 질문도 생각해볼 가치가 있다.) 이 질문의 답은 기업의 가장 중요한 고객과 진정한 목표를 분명히 알게 해준다.

물론 기업이 과거에 했던 일을 포기하기란 쉽지 않다. 브랜드 벨

로시티Brand Velocity의 컨설턴트 잭 버그스트랜드Jack Bergstrand는 '우리가 그만해야 할 것은 무엇인가?'라는 중요한 질문을 정기적으로 떠올려야 한다고 말했다.[14] 리더들은 그들이 시작해야만 하는 일에 초점을 맞추는 경향이 있다. 버그스트랜드는 무언가를 없애야 한다는 사실을 받아들이기란 항상 어렵다고 말했다. 하지만 그 질문에 답하지 못하면 "다음에 하고 싶은 일을 성공할 수 있는 기회가 줄어든다. 더 이상 필요하지 않은 일에 자원을 다 써버려서 정작 가장 우선선위가 되어야 할 일에는 사용할 자원이 없어지기 때문이다". 게다가 그만해야 하는 일을 모른다는 것은 전략을 모른다는 초기 신호일 수도 있다.

버그스트랜드는 무언가를 그만두기란 대부분의 기업에 어려운 일이고, 특히 성공을 거둔 프로그램이나 제품을 끝내기란 더욱 어렵다고 말했다. "마치 자식을 버리는 기분이기 때문이다." 기업의 정책이 방해꾼이 될 수도 있다. 기업 내부의 개인이나 집단은 자신들의 프로젝트를 지키려는 경향이 있다. "'그만둬야 할 것'에 대한 질문은 기업 내부 사람들을 불편하게 만들기도 한다"라고 버그스트랜드는 말했다. 기존의 프로그램과 제품, 관행과 쉽게 관계를 끊을 수 있도록 '만약 우리 회사가 존재하지 않는다면?'이라고 생각해볼 필요가 있다.

기업이 앞으로 나아가지 못하도록 하는 방해꾼은 역사와 습관 말고도 또 있다. 현실적인 제약들이 기업의 적응과 헌신 능력을 억제할 수 있다. 예를 들어 비용과 예산 같은 현실적인 사안을 지나치게 신경 쓰다 보면 창의적 사고의 범위가 제한된다. 애플 CEO 시절의 스티브 잡스를 비롯한 리더들은 '만약에'라는 가정적 질문을 활용하여 현실적인 제약을 없앴다. 프로젝트를 수행하는 팀원들이 '만약 돈이 목적이 아니라면?', '어떻게 다른 방법으로 프로젝트에 접근할 수 있을까?'와 같은 질문을 떠올리도록 장려하는 것도 하나의 방법이다.

일시적으로 이런 제약을 없애버리면 사람들이 비용에 구애받지 않고 자유롭게 상상력을 발휘하여 최고의 아이디어를 떠올린다. 혁신적인 가능성이 떠올랐다면 좀 더 실행하기 쉽도록 규모를 줄일 수도 있다.

반대로 '만약에' 질문으로 제약을 더하는 것도 똑같이 효과적이다. 극도의 한계 속에서 무언가를 만들거나 달성하라는 과제(예를

 만약 우리가 우리와 경쟁을 한다면?[15]

2007년, 150년 역사의 《애틀랜틱 먼슬리》는 다수의 잡지들과 마찬가지로 광고 부족으로 경영난에 시달렸다. 대표 데이비드 G. 브래들리David G. Bradley는 편집팀과 사업팀을 새롭게 꾸렸다. 《뉴욕 타임스》 보도에 따르면 《애틀랜틱 먼슬리》는 '만약 우리의 목표가 우리 회사 죽이기라면 어떻게 할 것인가?'라는 질문과 함께 자사를 공격하는 목표를 가진 실리콘밸리 기업을 창업한다는 가정으로 아이디어를 모았다. 그 답은 디지털 분야에 도전하자는 것이었다. 뉴스 제공 웹사이트들이 잡지사를 죽이고 있다는 사실을 잘 아는 그들은 스스로 그런 '킬러'를 만들기로 결심하고 'TheAtlanticWire.com'과 'TheAtlanticCities.com', 'Quartz(쿼츠)'를 설립했다. 점차 따로 분리되어 있는 디지털과 인쇄 부문 직원들을 합치고 'Atlantic. com'의 유료화를 종료하고 이름에서 과감하게 '먼슬리'를 뺐다. 2012년 말에 이르러 웹사이트의 트래픽은 2,500퍼센트까지 증가했고 수익도 두 배로 증가했다. 《애틀랜틱》은 너무나 오랜만에 흑자를 달성했다. 스스로 자신의 먹이를 노리고 빼앗아서 이제는 만찬을 즐기고 있다.

들어, 만약에 100달러짜리 서비스를 10달러만 받는다면?)에 맞닥뜨리면 현실적인 가능성과 가정을 전부 재고해야 한다. 때로는 환상이 현실화될 수도 있다. 경영 컨설턴트이자 다트머스 대학교 교수인 비제이 고빈다라잔은 인도의 병원들이 놀라울 정도로 저렴하면서도 안전하고 믿을 수 있는 외과수술법을 개발해 다른 국가에 비해 매우 저렴한 가격으로 제공하고 있다는 이야기를 한다.[16] 시장의 압력 때문에 외과수술에 대한 일반적인 가정에 질문을 던지지 않을 수 없었기 때문에 가능한 일이었다.

만약 우리가 단순한 기업이 아니라 대의명분이 될 수 있다면?

제약을 벗어던지고 담대한 가능성을 떠올릴 때, 어떤 기업들은 지극히 야심찬 가능성을 내놓기도 한다. 기업이 대의명분이 될 수 있을까? 왜 그것을 원할까?

두 번째 질문의 답은 부분적으로 소비자와 기업 관계의 새로운 변화 때문이다. 인터넷과 소셜 미디어 덕분에 사람들은 기업과 브랜드에 대해 너무나 잘 알게 되었다. 기업이 어떤 행동을 하는지, 기업의 가치가 무엇인지, 무엇을 상징하는지에도 많은 관심을 기울인다.

직원들에게는 더욱 강렬하게 느껴지는 부분이다. 특히 젊은 직원들은 자신과 비슷한 원칙과 가치를 지지하는 기업, 사회에 공헌

하는 기업에서 일하고 싶어 한다. 컨설팅 기업 피어 인사이트Peer Insight의 팀 오길비Tim Ogilvie는 이렇게 말했다. "현대의 직장인들은 과거의 급여 근로자와 다릅니다. '내가 정말로 믿는 일을 하고 싶다'고 생각하는 사람이 늘어나고 있어요."[17] 따라서 기업은 팔거나 만드는 제품 및 서비스 이상의 것을 상징해야만 소비자는 물론 직원들과도 의미 있는 관계를 맺을 수 있다.

키스 야마시타는 '세상이 무엇을 갈망하는가?'라는 질문으로 기업이 대의명분을 찾을 수 있다고 말했다. 여기에는 약간의 맥락적 탐구가 필요할 수도 있다. 기업 내부에서 벗어나 소비자들과 시간을 보내면서 그들이 무엇에 관심 있고 어디에 열정을 느끼는지 찾아야 한다. 그다음 단계는 무엇이 그들의 관심과 열정을 가로막는지 찾는 일이다. 방해물 혹은 문제를 찾아야 한다. 그 문제를 덜어줄 수 있다면 경제적 이익 이상을 추구하는 기업으로 비춰질 수 있다.

성장세를 기록하고 있는 미국의 베이커리 및 레스토랑 체인 파네라 브레드Panera Bread가 좋은 사례다. 파네라의 CEO 론 샤이치Ron Shaich는 지역사회에서 좀 더 의미 있는 역할을 수행하기 위해 기업의 능력 및 자원에 적합한 문제를 찾으려고 노력했다.[18] 그러다 대화 도중에 다음과 같은 질문을 하게 되었다.

세상에서 가장 필요한 것들 중에서 우리 회사가 고유하게 제공할 수 있는 것은 무엇인가?

한동안 그 질문과 씨름하던 그는 '파네라 케어스Panera Cares에서의 점심식사'라는 답에 이르렀다. 파네라의 다른 지점들과 똑같지만 권장 기부 금액을 토대로 소비자가 원하는 대로, 혹은 형편껏 돈

어떻게 하면 더 많은 사람이 더 자주 먹게 할 수 있을까?[19]

이 아름답지 못한 질문은 제프리 던Jeffrey Dunn이 코카콜라의 CEO로 일할 때 설탕 가득한 탄산음료 코카콜라의 핵심 마케팅 전략이었다. 물론 코카콜라만 그런 것이 아니었다. 저자 마이클 모스Michael Moss에 따르면 스낵식품산업 기업들은 미국의 비만율이 계속 증가하는 추세인데도 소금과 설탕, 지방이 가득한 제품의 소비를 부추길 수 있는 기발한 질문과 방식을 떠올리는 데 주력해왔다. 오늘날 던은 좀 더 건강에 도움이 되는 분야로 옮겨 당근 회사 볼트하우스 팜스Bolthouse Farms의 대표를 맡고 있다. '베이비 당근' 마케팅의 선구자인 이 회사는 하품下品 당근 처분에 골치를 썩고 있던 당근 재배 농부가 '껍질을 벗기고 잘라서 온전한 미니 당근으로 만들면 어떨까?'라는 생각을 떠올리면서 시작되었다. 볼트하우스로 옮긴 던은 간식처럼 포장된 '베이비 당근'을 홍보했다. 그것은 '만약 베이비 당근을 정크푸드처럼 마케팅한다면?'이라는 새로운 질문에 대한 답이었다.

을 지불하는 일명 '가능한 만큼 내세요pay what you can' 방식으로 운영되는 카페를 여러 지역에 오픈하겠다는 계획이었다.

수많은 지점에서 갓 구운 빵을 판매하는 파네라는 그날 팔고 남은 빵을 어려운 사람들에게 제공할 수 있는 '고유한 능력'이 있었기에 오랫동안 지역사회에 먹을거리를 기부해왔다. 그러나 자선단체에 기부하는 것(많은 기업이 거의 기계적으로 하고 있듯이)과 전적으로 대의명분에 헌신하는 것은 다르다. "우리는 '무엇을 더 할 수 있을까?'라고 묻기 시작했습니다. 직접 몸을 던지고 싶다는 생각을 했어요"라고 샤이치는 말했다. 파네라가 그날 팔고 남은 빵뿐만이 아니라 굶주리는 사람들에게 완전한 저녁식사를 제공할 능력도 있다는 사실이 점차 분명해졌다. 샤이치의 표현대로 '직접 몸을 던지는' 여분의 개입 덕분에 기업의 일반적인 자선사업보다 훨씬 거대하고 독특한 시도가 되었다.

파네라 케어스 카페 1호점은 약 2년 전에 문을 열었다. 현재 미국 전역에 다섯 곳이 운영되며 1년에 100만 명이 넘는 사람들을 맞이하고 있다(적은 금액을 지불하는 사람이 많아도 일부 고객이 높은 가격을 지불하기 때문에 균형이 맞춰져서 비용이 충당된다).

론 샤이치는 파네라 케어스 아이디어를 떠올리고 실행할 때(CEO가 직접 1호점에서 일했다) 프로그램의 진정성을 알리느라 어려운 선택이 많았다고 말했다. 제한적이지 않고 전체 메뉴 제공하기, 금전등록기가 아닌 기부금 상자 사용하기(샤이치는 금전등록기를 사용하면 계산할 때 소비자가 부담스러워할지 모른다고 우려했다) 등이었다. 그는 각 단계마다 '지름길을 택할 것인가, 제대로 하고 싶은가?'라는 질문을 떠올려야 했다.

피어 인사이트의 팀 오길비는 대의명분에 충실하려면 어려운 결정을 내려야 하고 때로는 희생도 따라야 한다고 말했다. 그는 "이익과 대의명분을 둘 다 충족하지 못하는 시점에 이르면 둘 중 하나는 희생해야 합니다"라면서 슈퍼마켓 체인 홀 푸즈Whole Foods가 인도주의적인 방법을 사용하는 공급업체를 찾기 전까지 살아 있는 바닷가재의 판매를 중지한 사례를 언급한다. "쉽지 않은 선택이지만 이익보다 대의명분을 선택한다면, 직원들은 기업과 기업의 대의명분을 더욱 믿게 됩니다."

마케팅 담당자들이 대의명분을 따르기 어려워하는 것은 무언가를 '지지'한다고 말하기는 쉽지만 '우리는 무엇에 반대하는가?'라고 질문하는 경우가 드물기 때문이다. 파타고니아는 과도한 소비주의에 반대하기 위해 다음과 같이 위험천만한 질문을 떠올렸다.

만약 사람들에게 우리 회사의 제품을 사지 말라고 한다면?

파타고니아는 더 큰 대의명분을 위해 매출 감소의 위험을 무릅쓰기로 결심하고 파타고니아의 옷을 사지 말라는 광고를 냈다(적어도 정말로 필요하지 않으면 새 재킷을 사지 말라는 것이었다). 파타고니아의 CEO 케이시 쉬안은 "소비주의에 대해 질문을 던져보라고, 적어도 물건 구입에 좀 더 신중하자는 취지의 광고였습니다"라고 말했다. 큰 위험이 따르는 광고였지만 그 안에 담긴 파타고니아의 메시지를 지지하는 소비자들을 끌어들여 실제로 시장점유율이 올라갔다.

어떻게 좀 더 나은 실험을 할 수 있을까?

질문은 제품 개발을 비롯한 기업의 일상적인 문제에서도 중요한 역할을 한다. '린 스타트업 운동'의 창시자 에릭 리스의 말처럼 질문은 새로운 아이디어의 실험에 중추적이다. 리스는 위의 질문이 오늘날 기업이 떠올려야 할 가장 중요한 질문이라고 생각한다.[20] '실험을 한다'가 아니라 '제품을 만든다'고 생각하는 리더들에게는 직관에 반하는 것처럼 느껴질 것이다. 하지만 리스의 말대로 새로운 무언가를 할 때마다 "인정하든 그렇지 않든, 그것은 실험이다. 성공하리라는 것이 기정사실이 아니기 때문이다".

어떻게 하면 기업이 좀 더 실험을 잘할 수 있을까? 리스는 "현재

당신의 테니스공은 무엇인가?(그 밖의 또 다른 창업 질문)[21]

온라인 스토리지 서비스업체 드롭박스Dropbox의 드류 휴스턴Drew Houston은 창업을 꿈꾸는 사람이라면 누구나 이 질문을 떠올려야 한다고 생각한다. "가장 성공한 사람들은 중요한 문제의 해결에 집착합니다. 자신에게 중요한 문제죠. 마치 개가 테니스공을 쫓는 모습을 떠올리게 합니다." 가능성을 높이려면 "자신을 끌어당기는 자신만의 테니스공을 찾으라"고 그는 말했다. 페이팔의 공동 창업자 피터 시엘Peter Thiel은 기업가라면 '내가 믿는데 남들은 아무도 믿지 않는 것은 무엇인가?'라는 질문을 통해 아이디어를 찾아야 한다고 생각한다. 자신을 둘러보고 답이 나오지 않는다면 주변을 둘러봐라. 의류 기업을 연이어 창업한 브라이언 스팰리 Brian Spaly는 "불만스러운 서비스나 고객 경험을 했을 때 '내가 이 문제를 풀 수 있을까?'라고 물어야 합니다"라고 조언한다. 마지막으로 '고객들이 돈을 주고 사려고 할까?'처럼 이익만 고려하는 질문에만 집중하면 안 된다. 창업 코치 데이브 카센Dave Kashen은 창업가들이 '사람들의 삶을 의미 있게 개선해줄 수 있는 아이디어인가?'라는 질문을 떠올려야 한다고 말했다.

기업이 불확실함에 둘러싸여 운영되고 있으며, 신제품 개발 같은 활동의 목적은 불확실함을 줄이는 실험을 하기 위해서"임을 알고 시작하라고 말했다. 다시 말하자면 '무엇을 할 것인가?'나 '무엇을 만들어야 하는가?'를 묻지 말고 '무엇을 배울 것인가?'를 강조해야 한다. "그다음에는 가장 단순하고 실행 가능한 '최소 요건 제품'을 만들어 가르침을 얻는다."

좀 더 복잡한 린 스타트업에 이르기 전까지 이 한 가지 변화만으로 엄청난 차이가 생긴다고 리스는 주장한다. 무엇보다 잠재적인 창의성을 해제시킬 수 있다. "대부분의 기업은 아이디어로 가득하지만 효과적인 아이디어를 찾아내지 못한다. 다양한 아이디어를 수확하려면 직원들에게 실험을 허락하라. 스스로 질문의 답을 찾을 수 있도록."

피어 인사이트의 팀 오길비는 기업이 아이디어를 확인하고 실험할 수 있는 안전한 공간을 제공하는 것이 중요하다고 말했다. 기업은 이 질문에 답할 수 있어야 한다.

우리의 배양접시는 어디 있는가?

실제로는 '회사의 어느 장소가 급진적인 질문을 하기에 안전한가?'라는 물음이다. 오길비는 "기존의 기업은 현재 고객들에게 지키고 있는 약속들이 있고 거기에 계속 집중해야 한다. 하지만 거기에 미래가 없을 수도 있다"라고 말했다. 따라서 이런 질문을 해야 한다. "우리 회사에 위협이 될 수도 있는 이단적인 질문을 현재의 정체성을 오염시키지 않고 탐구해볼 수 있는 장소는 어디인가?"

오길비는 리더들이 "실험을 허용하고 프로토콜을 제공"해야 한다고 말했다. 사람들이 이미 확립된 방법뿐만 아니라 새로운 질문을 탐구할 수 있도록 시간과 자원을 제공해야 한다는 뜻이다. '우리는 어떻게?'라고 질문해보는 시간, 에스노그래피, 시장 내in-market 실험 등이다. 또한 이 영역에는 저지선을 쳐두어야 한다는 뜻이다. 기업의 핵심 사업과 '배양접시' 사이에는 분명한 경계선이 쳐져 있지만 서로 영향을 주고받을 수 있어야 한다.

오길비에 따르면 이 질문은 '우리가 다시 신생 기업이 될 수 있는 분야는 무엇인가?'로 바꿔 말할 수 있다. 진짜 신생 기업들도 떠올려야 할 질문이라고 말했다. "신생 기업들은 신생 기업이 되지 않으려고 필사적이다." (오길비 역시 신생 기업의 CEO였다.) "매출과 수익 때문에 초조해져서 너무나 빨리 신생 기업의 장점을 포기한다. 계속 실행에만 집중하다가 성공을 거두면 주력 사업에 안주하려고 한다." 처음의 배양접시보다 크게 성장하면 새로운 배양접시가 필요하다는 뜻이다.

질문을 브레인스토밍하면
더 좋은 아이디어가 떠오를까?

요즘 비즈니스 세계에서 브레인스토밍에 대한 평판이 갈리고 있다.[22] 격식에 얽매이지 않는 편안한 분위기에서 굳이 노력하지 않을 때-특히 연계적 탐구를 통해 새로운 통찰과 임의적 연상을 떠올릴 때-가장 창의적인 사고가 나온다는 인식이 커지고 있다.

하지만 브레인스토밍 시간에 일어나는 일은 정반대다. 다들 실내에 틀어박혀 필사적으로 독창적인 아이디어를 떠올리려고 애쓴다. "압박감이 심하고 집단의 다른 사람들의 영향력이 너무 크다." 『붉은 실 생각법』의 저자 데브라 카예Debra Kaye가 말했다. "브레인스토밍 시간에는 자유로운 연상이 동료 집단의 압박으로 구속받아 뻔한 반응이 나온다."[23]

집단으로 함께 문제를 해결해야 하는 중요성을 알기에 많은 기업이 브레인스토밍을 쉽게 버리지 못한다. 협력적 사고는 다양한 관점과 배경을 합쳐주므로 문제 해결에 필수적이기 때문이다. 창의성은 때로 고독도 필요하지만(니콜라 테슬라는 "혼자 있을 때 아이디어가 나온다"고 말했다) 다양한 아이디어와 생각의 교환이 이루어질 때 융성한다는 사실을 우리는 알고 있다.

아이디어가 아닌 질문을 생각해내는 것으로 브레인스토밍의 본질을 바꾼다면 문제가 해결될지도 모른다. 교육과 비즈니스 분야의 여러 집단과 개인 연구자들이 흥미로운 사실을 발견했다.

학생들에게 해결책이 아닌 질문을 떠올려 문제를 해결하는 방법을 가르치는 올바른 질문 연구소는 학생 집단(아이들 및 성인)이 '퀘스천스토밍questionstorming' 방식을 이용할 때 좀 더 자유롭고 창의적으로 사고하게 된다는 사실을 발견했다. RQI의 댄 로스스타인에 따르면 일반적인 브레인스토밍 때보다 집단 압력이 덜해진다. 답은 질문보다 더 가혹하게 평가되게 마련이니까.

할 그레거슨은 대기업들을 대상으로 퀘스천스토밍의 효과를 연구한 결과, 기존의 브레인스토밍보다 훨씬 효과적임을 발견했다.[24] "정기적으로 브레인스토밍을 하다 보면 정체가 찾아올 때가 많다. 우리가 떠올릴 수 있는 아이디어에는 한계가 있기 때문이다. 잘못된 질문을 떠올리기 때문이기도 하다." 집단이 어떤 사안과 씨름할 때 "이도 저도 못하고 갇혀버린 사실을 발견했을 때야말로 뒤로 물러나 퀘스천스토밍을 하기에 안성맞춤인 시점이다"라고 그레거슨은 말했다.

그레거슨은 보통 집단 구성원들에게 '논의'가 이루어지는 사안에 대해 적어도 50가지의 질문을 만들라고 조언한다. 모두 볼 수 있도록 질문을 전부 적고 "다른 팀원들도 주의를 기울이면서 좀 더 나은 질문을 생각한다". 대개 질문은 아이디어보다 떠올리기가 쉽다. 당장 해결책을 알아야 할 필요도, 아이디어를 독창적으로 연결시킬 필요도 없다. 살짝 다른 각도의 질문으로 문제에 접근하기만 하면 된다.

그레거슨은 세계 곳곳에서 100회 이상의 Q-스톰Q-storm 시간을 관찰하고 패턴을 발견했다. "대부분의 그룹은 대략 25번째 질문에 이르면 잠시 동안 정체했다가 '이 정도면 질문이 충분해'라고 한다. 하지만 그 시점을 지나 50번째 혹은 75번째 질문까지 밀고 나가면 최고의 질문이 나온다."

한편 RQI의 퀘스천스토밍은 질문의 양에 초점을 덜 맞춘다. 대신 폐쇄형 질문은 개방형으로, 개방형 질문은 폐쇄형으로 바꿈으로써 질문을 '개선'시키는 쪽으로 빠르게 넘어간다. 그룹 토론을 통해 최고의 질문을 선택하고 그것을 중심으로 아이디어를 수렴하는 것이 열쇠다. 일반적인 브레인스토밍에서는 이 시점에서 큰 문제가 발생한다. 많은 아이디어가 나오지만 그룹이 가장 좋은 아이디어를 걸러내는 방법을 모른다는 것이다. 반면 질문을 걸러내기는 좀 더 쉽다. 최고의 질문은 자석과도 같아서 사람들의 흥미를 잡아끌어 계속 진행시키고 싶게 만든다. RQI는 계속 밀고 나가고자 하는 최고의 질문 세 개를 고르고 퀘스천스토밍 시간을 끝내라고 권고한다.

퀘스천스토밍은 브레인스토밍보다 훨씬 더 현실적이고 실행 가능하다. 회의에서 '정답'이 나올 것이라고 바라는 대신(대개는 그런 경우가 없어서 사람들을 절망에 빠뜨린다) 가장 유망하고 강력한 몇 개의 질문을 건지는 것이 목표다. 이는 나아갈 방향을 잡아주고 가속도를 내줄 것이다.

오늘날 최첨단 기업들이 브레인스토밍을 혁신하려고 노력하는 모습을 살펴보면 흥미로운 트렌드가 나타난다. 바로 '우리는 어떻게How might we?'라는 흥미로운 형태의 질문이다. 이것은 기업이 혁신을 하기 위해 제대로 된 표현으로 제대로 된 질문을 떠올리고 있음을 확인해주는 단순한 방법이다.[25] 지지자들은 이 방법이 놀랍도록 효과적이라고 말했다. 창조적인 사고와 자유로운 협력을 촉발하려면 질문의 단어 선택이 매우 중요하다는 증거이기도 하다.

경영 컨설턴트 민 바사두르는 기업 내부자들이 혁신을 꾀할 때 창의성을 장려하지 않고 오히려 억누르는 단어를 선택하기 때문에 난관에 부딪히는 경우가 많다고 말했다. 그는 지난 40년간 여러 기업에 '우리는 어떻게How Might We, HMW 질문법'을 가르쳤다. "사람들은 '우리는 이것을 어떻게 할 수 있을까?'나 '우리는 어떻게 이것을 해야만 할까?'라고 묻기 쉽습니다. 하지만 '할 수 있다'나 '해야만 한다'와 같은 단어를 사용하면 '우리가 정말 할 수 있을까?', '해야만 할까?'와 같은 판단이 들어가게 됩니다"라고 바사두르가 설명했다. 대신 '어떻게'라는 단어를 사용하면 "판단을 미룰 수 있기 때문에 사람들이 자유롭게 선택권을 만들고 다양한 가능성의 문이 열리게 됩니다".

CEO 팀 브라운Tim Brown에 따르면 IDEO에서는 디자인에 관련된 난관에 부딪힐 경우 반드시 '우리는 어떻게?'라는 질문으로 시작한다. 그는 그 문장을 이루는 단어들이 창조적인 문제 해결을 자극한다고 설명했다. "'어떻게'라는 부분은 어딘가에 해결책이 존재한다고 가정해주기 때문에 창조적인 자신감을 심어줍니다. 성공할 수도 있고, 그렇지 않은 아이디어를 내놓아도 괜찮다는 뜻이죠. 그

닐 패트릭 해리스라면 어떻게 할까?[26]

마케팅 기업 엠 부스M Booth의 앤드류 로시Andrew Rossi는 브레인스토밍 시간에 창의성을 자극하는 가장 좋은 방법은 사람들에게 독특한 관점에서 문제 해결 방법을 찾아보라고 하는 것임을 깨달았다. 한 예로 새로운 치약을 개발 중이라면, '이케아IKEA라면 어떤 식으로 도전할까?'라고 떠올리는 것이다. 독특한 제약을 가하는 방법도 있다. 만약 아이디어에 스피드 데이트를 꼭 넣어야 한다면? 로시는 유명 예술가나 연예인의 관점을 도입하기도 한다. 만약 제이지Jay-Z(미국의 흑인 힙합 뮤지션 겸 프로듀서 – 옮긴이)라면 이 상황에서 어떻게 할까? 닐 패트릭 해리스Neil Patrick Harris(미국의 배우로, 우리나라에서는 「천재소년 두기」의 주인공으로 유명하다 – 옮긴이)라면 어떻게 할까? (특히 닐 패트릭 해리스는 배우이자 가수, 댄서, 제작자, 감독, 작가, 성공한 아역 출신 배우, 천재 악당, 아마추어 인형술사, 마술 애호가이므로 그러면 온갖 기발한 방법을 활용할 것이다.)

리고 '우리는' 부분은 서로의 아이디어를 바탕으로 함께한다는 뜻입니다."

HMW는 IDEO에서 오랫동안 사용되어왔지만 그 기원은 50년 전으로 거슬러 올라간다.[27] 뉴욕 버팔로 창의적 문제 해결 연구소 Creative Problem Solving Institute, CPSI의 수장이었던 창의성 전문가 시드니 판즈Sydney Parnes에게서 나왔다. 민 바사두르는 1970년대 초반에 프록터앤드갬블Procter&Gamble, P&G의 크리에이티브 매니저로 일할 때 CPSI에서 공부했다. 당시 P&G는 매력적인 '신선함'을 약속하는 초록색 줄무늬 모양으로 인기를 누린 콜게이트-팜올리브 Colgate-Palmolive의 신제품 아이리시 스프링Irish Spring 비누와 경쟁할 방법을 찾기 위해 진땀을 흘리고 있었는데, 바사두르는 판즈의 브레인스토밍 아이디어를 응용해 도움을 주었다.

바사두르가 도움 요청을 받았을 때 P&G는 이미 초록색 줄무늬를 모방한 대여섯 가지의 비누를 시험했지만 아이리시 스프링을 능가할 제품을 찾지 못한 상태였다. 바사두르는 P&G가 '우리는 어떻게 더 나은 초록색 줄무늬 비누를 만들 수 있을까?'라는 잘못된 질문을 하고 있음을 깨달았다. P&G는 바사두르의 지도에 따라 좀더 야심찬 HMW 질문을 떠올리기 시작해서 '우리는 어떻게 우리만의 더 상쾌한 비누를 만들 수 있을까?'에 이르렀다. 그 질문이 제시되자 창의적인 아이디어가 봇물처럼 쏟아져 나왔다. 바사두르의 말에 따르면 몇 시간 만에 상쾌한 비누를 만들기 위한 아이디어가 100여 개나 나왔고 해변의 상쾌함을 테마로 의견을 수렴했다. 결국 해변의 푸른색과 흰색 줄무늬로 된 코스트(그야말로 딱 어울리는 이름이었다) 비누가 탄생했고 매우 성공적인 브랜드로 자리 잡았다.

코스트 비누 이야기가 말해주듯 HMW 질문에는 '우리는 어떻게?'라는 단어 이상의 의미가 있다. 바사두르는 좀 더 큰 과정을 도입해 사람들을 올바른 HWM 질문으로 이끌어주었다. 거기에는 '왜' 질문도 다수 포함되었다(왜 우리는 또 다른 초록색 줄무늬 비누를 만들려고 애쓰는가?). 또 바사두르는 P&G가 경쟁업체의 제품에 대한 집착에서 벗어나 소비자의 관점에서 상황을 바라보게 만들었다. 소비자의 입장에서는 초록색 줄무늬가 아니라 비누의 상쾌한 느낌이 중요했다.

바사두르는 기업들이 잘못된 질문을 떠올려 잘못된 문제를 해결하려고 애쓰는 사례가 흔하다고 말했다. "대부분의 기업가들은 '문제 찾기'나 '문제 정의' 기술을 제대로 갖추고 있지 못합니다. MBA 과정에서 가르쳐주지 않으니까요." 그는 그 공백을 메우기 위해 '바사두르 응용 창의성Basadur Applied Creativity'이라는 컨설팅 회사를 열고 기업이 창의적으로 문제를 해결하도록 도와주는 '심플렉스Simplex'라는 과정을 개발했다. 물론 그 핵심은 HMW 질문이었다.

바사두르는 P&G 외에 기술 기업 사이언트Scient 같은 기업들에도 '우리는 어떻게?' 질문법의 사용을 넓혀나갔다. 사이언트 디자이너 찰스 워런Charles Warren은 IDEO로 옮기면서 그 방법도 함께 가져갔다. IDEO의 CEO 팀 브라운은 '우리는 어떻게?'라는 질문을 장려하라는 개념을 처음 소개받았을 때 "처음에는 회의적이었습니다. 약간 캘리포니아식 같았거든요"라고 털어놓았다. 하지만 워런에 따르면 IDEO는 머지않아 회사 차원의 퀘스천스토밍 시간을 마련했고 700명의 직원이 '우리는 어떻게?' 질문을 하게 되었다.

그 후 찰스 워런은 IDEO에서 구글로 옮겨갔고 전염성이 강한 HWM 질문법은 새로운 주인을 만났다. 워런은 구글 플러스 프로젝트에서 사용자 경험 디자인팀을 이끌었다. "매일 다 같이 '우리는 어떻게?' 질문을 했습니다." 구글에서 그 질문은 '우리는 어떻게 질문 연구를 바탕으로 유행 독감이 퍼지리라는 것을 예측할 수 있을까?'에서 '우리는 어떻게 더 많은 사람이 소셜 미디어로 삶을 공유하는 것을 편안하게 느끼도록 도와줄 수 있을까?'까지 모든 영역을 아우른다. 최근에는 구글 플러스 팀원들 중 한 명이 페이스북으로 옮겨가면서 HMW 질문법은 구글에서 페이스북으로 전염되었다.

지지자들은 HMW 질문의 형태가 거의 모든 도전에 적용할 수 있다고 말한다. 이것은 어려우면서도 실행 가능한 문제일 때 가장 효과적이다. 브라운은 너무 광범위하거나(우리는 어떻게 지구촌의 기아 문제를 해결할 수 있을까?) 너무 한정된 문제(우리는 어떻게 다음 분기의 수익을 5퍼센트 올릴 수 있을까?)에는 효과적이지 않다고 말했다. 올바른 HMW 질문을 찾는 것은 하나의 과정이라고 브라운은 말했다. "스위트 스폿sweet spot(많은 힘을 들이지 않고 공을 멀리 날아가게 하는 최고의 타격 지점을 가리키는 스포츠 용어 - 옮긴이)을 찾아야 합니다."

사람들이 불확실성을 포용하는 리더를 따를까?

"오늘날 비즈니스 리더들에게 가장 중요한 임무는 '최고 질문자chief question-asker'가 되는 것"이라고 점프 어소시에이츠의 컨설턴트 데브 팻나이크는 말했다. 그는 경고성의 말 한마디도 덧붙였다. "리더들이 깨달아야 할 첫 번째 사실은 그들이 질문을 잘하지 못한다는 것이다."

이는 놀라운 일이 아니다. 팻나이크에 따르면 대부분의 기업 경영자들은 "답을 내놓는 데 능숙하기 때문에 가장 높은 자리까지 올라갔다. 하지만 질문을 만들어내는 경험은 적다". 그들은 '비용이 얼마나 들까?', '이 문제의 책임자는 누구인가?', '예상 수익은 얼마나 되는가?' 등 현실적이고 심문審問적인 형태로 묻는 데 익숙하다. (팻나이크가 즐겨 인용하는 가장 바보 같은 질문은 '어떻게 우리 회사의 아이패드를 만들 것인가?'다.)

사실을 요구하는 현실적인 질문도 필요하기는 하다. 기업 경영을 도와주기는 하지만 리더십에 꼭 이롭지는 않다. 《뉴욕 타임스》에 「코너 오피스Corner Office」칼럼을 쓰는 애덤 브라이언트Adam Bryant 는 매주 일류 CEO들과 인터뷰를 하는데 최고의 리더는 탐구적인 개방형 질문이 문제 해결책과 새로운 기회를 찾는 데 도움이 되고, 따라서 기업을 새로운 방향으로 이끌어준다는 사실을 안다고 말했다.[28] 파네라의 CEO 론 샤이치는 이렇게 말했다. "팀이나 신생 기업 또는 상장 기업을 이끄는 리더에게는 미래를 발견하는 것이 주요 임무가 되어야 한다. 흥미롭고 파괴적이기까지 한 질문은 미지의 영역으로 나아갈 때 효과적인 도구가 된다."

어떤 리더들은 무언가를 모른다는 사실과 함께 나약함이 드러난다는 것이 질문의 문제점이라고 생각한다. 할 그레거슨과 클레이튼 크리스텐슨의 연구에서 보듯이 오늘날 가장 성공한 CEO들 중에는 질문자가 많다는 사실은 그 생각이 틀렸음을 입증한다. 그러나 리더라면 모든 것을 알아야 하고 결단력 있어야 하며 확실한 '직감'을 갖춰야 한다는 고정관념이 남아 있어 질문하기를 어렵게 만든다.

실리콘밸리의 유명 벤처투자가 랜디 코미사는 최고의 비즈니스 리더와 기업가는 '답'에 대한 태도가 다르다고 말했다. "그들은 답이 상대적이라는 것을 안다. 지금은 답일 수도 있지만 변할 수 있다."[29]

요즘처럼 끝없는 변화의 시대에 리더라면 모호함에 익숙해지고 받아들여야 한다. 컨설턴트 브라이언 프랭클린Bryan Franklin은 오늘날 유능한 리더는 전적으로 결단력이 없어 보일 수도 있다고 말했다.[30] 현재 시장에 작용하는 상충적인 힘과 모순을 조화시켜야 하기 때문이다. 그런 리더들은 "모순된 진실의 교차로에 서는 경우가

왜 누구나 간편하게 신용카드 결제를 할 수 없을까?[31]

트위터 공동 창업자 잭 도시Jack Dorsey는 '모든 것을 질문하라'라는 신조를 실천하는 기업가다. 친구이자 유리 제품 디자이너인 짐 맥켈비Jim McKelvey가 고객의 신용카드를 결제해줄 수 없어서 2,000달러짜리 계약을 놓쳤다는 사실을 알게 된 그는 '왜 업체들만 신용카드 결제를 할 수 있을까?'라는 질문을 떠올렸다. 그는 맥켈비와 함께 덩치 크고 값도 비싼 신용카드 단말기 대신 간편한 대안을 그려보기 시작했다. 만약 스마트폰이나 태블릿에서 신용카드를 긁을 수 있다면? 도시는 디자이너 친구와 '스퀘어'를 창업하고 아이디어 실행을 위한 '어떻게' 단계로 접어들어 카드 단말기 역할을 하는 작은 플라스틱 플러그(스마트폰 잭에 꽂을 수 있다)를 개발했다. 스마트폰 앱을 통해 간편하게 사용할 수 있는 인터페이스도 추가했다. 품격 있는 단순함을 갖춘 스퀘어는 (도시의 이전 창조물, 트위터 또한) 정력적인 탐구의 결과물이다. 도시는 좋은 디자인이란 '정말로 이것이 필요할까?', '무엇을 뺄 수 있을까?'라고 끊임없이 물으면서 불필요한 부분을 제거하는 것이라고 말했다.

많다'. '어떻게 성장과 사회적 책임의 균형을 맞출 것인가?', '어떻게 생산의 능률화를 추구하면서 품질을 높일 수 있는가?' 등이다.

MIT 리더십 센터 소장 데보라 안코나Deborah Ancona는 이렇게 복잡한 환경에서는 리더들에게 비범한 "맥락 파악sensemaking" 능력이 필요하다고 말했다.[32] "변화하는 복잡한 환경에서 무슨 일이 벌어지고 있는지 이해하는 능력"이라고 그녀는 정의한다. 리더는 자신의 가정을 넘어서야 하고 광범위한 양의 새로운 정보를 받아들여 때로는 실험을 통해 기업에 적용하는 방법을 찾아야 한다고 말했다. 동시에 '왜'와 '어떻게' 질문을 많이 해야 한다.

리더는 혼자서 그런 질문을 할 필요가 없고 그래서도 안 된다. "질문하는 리더에 대해 꼭 알아야 할 것은 질문이 자신에게서만 나올 필요가 없다는 것이다"라고 팻나이크가 말했다. 다른 사람들에게도 질문이 허락되고 장려된다면 다양한 관점이 나오기 때문에 최고책임자가 떠올릴 수 없는 유형의 '왜'와 '만약' 질문이 가능해질 수 있다.

질문의 훌륭한 출처는 기업 바깥이 될 수도 있다. 어쩌면 꼭 그래야만 할 수도 있다. 충분한 거리를 두고 있는 사람이 순진한 이방인으로서 기업에 질문을 할 수 있다.

전설적인 경영 구루 피터 드러커Peter Drucker는 외부인의 관점으로 기업에 접근해 내부자들이 놓친 문제와 사안들을 볼 수 있었던 것으로 유명하다.[33] 드러커 연구소Drucker Institute의 릭 워츠먼Rick Wartzman 소장은 사람들이 드러커가 어떻게 '경영을 발명한 남자'라는 명성을 얻고 반세기 동안 GM에서 프록터앤드겜블, 코카콜라에 이르기까지 수많은 기업이 찾는 조언자가 될 수 있었는지 궁금해한다고 말했다. 그 답은 한마디로 요약할 수 있다. 바로 '질문'이다.

워츠먼에 따르면 드러커는 "답을 제시하는 것이 자신의 임무가 아님을 알고 있었다". 드러커는 "무지함으로 질문을 할 수 있다는 것"이 자신의 가장 큰 강점이라고 말한 적이 있다. '당신의 고객은 누구입니까?'나 '당신은 어떤 비즈니스에 몸담고 있습니까?'처럼 믿을 수 없을 만큼 단순한 질문인 경우가 많았다. 고객들은 처음에 위대한 컨설턴트가 모든 문제를 멋지게 해결하는 방법을 제시해줄 거라고 기대했을 것이다. 그러나 드러커는 "답은 여러분의 것이 되어야 합니다"라고 말할 뿐이었다.

오늘날 드러커의 방식을 따르지 않는 컨설턴트가 많다. 그들은 답을 제시하는 게 일인 '전문가'의 역할을 취한다. (저자 댄 애리얼리Dan Ariely가《하버드 비즈니스 리뷰》에서 말한 것처럼 "답은 행동을 취하게 해주는 반면 질문은 계속 생각을 하게 만들기 때문에" 리더들은 질문보다 답을 선호한다.)[34] 드러커가 알고 있었듯이 외부인은 당신만큼 당신의 기업에 대해 잘 알지 못한다. 따라서 당신에게 어떻게 하라고 말해서는 안 된다. 대신 당신이 다른 각도에서 바라보고, 스스로의 가정을 반박하고, 문제의 틀을 다시 만들고, 보다 나은 질문을 하도록 도와줌으로써 스스로 해결책을 찾도록 해줘야 한다.

리더는 외부에 도움을 구해 질문을 찾을 수도 있지만 리더십의 핵심 질문들 중에는 안을 들여다봐야만 답할 수 있는 것도 있다. 짐 해켓Jim Hackett은 스틸케이스Steelcase CEO 자리에 올랐을 때 리더로서 어떤 역할을 수행해야 하는지 고민하면서 이런 질문을 떠올렸다.[35] CEO는 어떻게 보여야 하고 어떻게 느껴져야 하는가? 리더가 수행해야 하는 역할의 특징은 무엇인가?

처음에 그는 잘못된 질문에 초점을 맞추었다. 타인(특히 그가 CEO로 있는 기업의 소유주 가족)의 요구나 기대에 지나치게 신경을 쓴 것이다. 그러다가 점차 "혼란스러운 문제를 바라보면서 해결책의 관점을 제공하는 것"이 리더의 역할이라는 결론에 이르렀다. 오늘날 그는 리더가 할 수 있는 가장 중요한 일은 사람들이 따라올 수 있도록 분명하고도 독특한 관점을 보여주는 것이라고 주장한다. 그런 확실한 비전은 깊은 고찰과 질문을 통해 나오며 끊임없이 고치고 다듬어야 한다.

해킷은 심오한 사고는 오늘날 비즈니스 환경에서 잃어버린 기술 lost art과도 같다고 말했다. "요즘은 일을 완료하는 것을 지나치게 찬양합니다. 오래전부터 나는 '생각과 행동의 균형이 어디에서 깨졌을까?'라는 질문을 떠올렸어요."

그는 스틸케이스 직원들에게 행동을 취하기 전에 생각과 질문을 해야 하는 중요성을 강조했고 강연을 통해 가르치기도 했다. "질문하는 방법을 훈련받아야 합니다. 질문을 하도록 스스로를 단련할 필요가 있어요"라고 그는 말했다.

질문하는 리더에게 가장 중요한 일은-해킷이 스틸케이스에서 하고 있듯이-사람들이 질문을 떠올리도록 장려하는 방법을 찾는 것이다. 앞으로 살펴보겠지만 질문 장려 문화를 만드는 방법은 다양하다. 그중에는 리더의 역량과 직원들의 상호작용에 좌우되는 것도 있다. 탁월한 리더는 사람들에게 답을 안겨주거나 심문을 통해 답을 요구하지 않는다. 소크라테스식 질문법으로 심오하고 창의적인 사고를 장려하는 것이 더 효과적이다.

리더는 질문하기를 멈춰야 할 때를 알아야 한다. 파타고니아의 케이시 쉬안은 이렇게 말했다. "무행동에 대한 질문도 해야 합니다. 아이디어를 어떤 식으로 밀고 나갈지, 아니면 밀고 나가지 않을지 등 신경 써야 할 잠재적인 결과가 너무 많으니까요. 질문은 필수지만 최고의 길을 찾았다고 생각되는 시점이 오면 행동을 취해야 합니다." 그렇다면 질문을 멈추고 행동을 시작해야 할 때인지 어떻게 알 수 있을까? "나는 대개 직감으로 느낍니다. 리더로서 불만이 느껴지면서 '빨리 앞으로 나아가자'라는 생각이 들 때가 오거든요."

기업의 사명선언서는 사명질문서가 되어야 할까?

철학자 버트런드 러셀Bertrand Russell은 이렇게 말한 적이 있다. "평소 당연하게 받아들이는 모든 것에 이따금 물음표를 던져보는 것은 좋은 일이다."[36] 종종 당연시되고 무시당하고 때로는 조소를 받는 기업의 사명선언서에도 이 말을 적용해보자. 만약 일반적인 사명선언서의 맨 끝에 물음표를 달아보면 어떻게 될까?

우선 기업이 왜 사명선언서를 만드는지 생각해보자. 흔히 선언문으로 된 '사명서'가 사명에 대한 기업의 확신과 결단력을 돋보이게 해준다고 생각한다. 그러나 실제로는 사뭇 다른 효과를 낸다. 오만하게 보이는 경우가 많은 것이다. 그다지 신뢰되지 않는다. '기업적'이고 '사무적'으로 보인다. 다시 말하자면 약간 딱딱해 보인다. 진부한 선언(돈을 아껴서 보다 나은 삶을 살 수 있도록 합니다─월마트)이거나 논란의 여지가 있는 주장(야후!는 최고의 디지털 미디어 기업입니다)인 경우가 많아서 실제로 기업이 보다 큰 목표나 목적을 실천하고 있는지 판단하는 데 별 도움이 안 된다.

게다가 이미 사명을 완수했으며 지금은 그저 유지 단계에 있는 것처럼 느껴질 수도 있다.

요즘처럼 역동적인 시대에는 정적인 사명선언서를 확장 가능하고 융통성 있고 유연한 질문으로 바꿔야 한다(예를 들면 '우리는 로봇공학을 통해 보다 나은 세상을 만든다'를 '우리는 어떻게 로봇공학을 통해

보다 나은 세상을 만들 수 있을까?'로 바꿀 수 있다).

기업의 사명서를 질문형으로 표현하면 세상에 이렇게 말하는 것과 같다. "우리는 이 목표를 이루기 위해 노력하고 있습니다. 아직은 도착하지 않았지만 목표 지점을 향해 가고 있습니다." 이렇게 하면 가능성과 적응성을 인정한다. "나는 사명선언서를 '우리는 어떻게?'로 시작하는 것이 좋다고 생각합니다"라고 민 바사두르는 말했다. "사명선언서가 이미 목표를 달성한 것처럼 느껴지면 안 됩니다. '우리는 어떻게 최고의 자동차 부품 제조업체로 인정받을 수 있을까?'라고 하면 '우리는 이 목표를 달성하기 위해 항상 노력하고 개방적으로 새로운 방식을 받아들이고 있다'라는 뜻이 됩니다."

가장 중요한 사실은 사명질문서가 참여와 협동을 장려한다는 것이다. IDEO의 CEO 팀 브라운은 질문이 본질적으로 어떤 아이디어나 사안에 개입하도록 도전시키는 경향이 있기 때문에 직원들을 기업의 사명에 참여시킬 수 있다고 말했다.[37] 정말로 기업의 사명을 공동의 노력-협력적인 탐색을 통해 크고 대담한 질문에 답하려는 지속적인 노력-이라고 생각하면 윗선에서 내려온 지시라도 따라야 하는 것이 매우 바람직한 일처럼 느껴지기 때문이다.

또한 사명선언서는 기업에 대해 돌아보게 해준다. 그렇다면 야심찬 질문에 답하려고 노력하는 기업과, 공식 '선언서'에서 모든 답을 찾았다는 듯한 뉘앙스가 풍기는 기업 중에서 어느 쪽이 더 인상적인가?

질문형이든 아니든, 기업의 사명선언서는 끊임없는 질문의 대상

만약 서점이 여름 캠프 같을 수 있다면?[38]

최근 들어 오프라인 서점들이 경영난을 겪고 있다는 것은 더 이상 비밀이 아니다. 텍사스 오스틴에 있는 독립 서점 북피플Bookpeople의 CEO 스티브 버쿠Steve Bercu는 '우리가 아마존이 제공하지 못하는 무엇을 제공할 수 있을까?'처럼 기본적인 질문을 계속 떠올린다. 버쿠가 찾은 답들 중 하나는 아이들을 위한 여름 캠프였다. 이것은 인기 청소년 소설 '퍼시 잭슨' 시리즈에 나오는 데미갓 캠프를 실제로 만들어보자는 직원들의 아이디어에서 출발했다. 버쿠는 캠프의 신설이나 운영에 대해 아는 바가 전혀 없었으므로 먼저 실험을 해보았다. 공원에 책 이야기가 큰 비중을 차지하는 야외 이벤트를 마련한 것이다. 현재 북피플의 캠프 프로그램은 부모들이 등록하기 위해 몇 시간씩 대기해야 할 정도로 큰 인기를 끌고 있다. 이렇게 좋은 의도와 입소문 덕분에 북피플은 다시 사상 최고의 매출을 달성할 수 있었다.

이 되어야 한다.

- 오늘날에도 적절한가?
- 사명서의 내용을 실천하고 있는가(그런 적이 있는가)?
- 사명이 우리 회사의 성장과 전진을 이끌어주고 있는가?
- 마지막으로, 우리 모두가 사명에 함께하는가?

첫 세 가지 질문은 따로 설명할 필요가 없지만, 마지막 질문에 대해서는 좀 더 생각해봐야 한다. 기업의 사명선언서는 대부분 고위 경영진이 만든다(임원위원회에서 대충 꿰맞춘 것처럼 보이는 경우도 많다). 그런데 모든 구성원이 연관성을 느끼지 못하는 사명이라면 과연 의미 있게 느껴질까? 직원들이 기업의 사명에 좀 더 연관성을 느끼게 만드는 방법이 있다. 사명을 만들거나 기존의 사명을 새롭게 하는 일에 참여시키는 것이다.

키스 야마시타는 어떤 기업은 사명을 정하는 데 너무 많은 사람을 개입시키는 반면 어떤 기업들은 리더들에게 맡긴다고 말했다. "옳고 그른 방법은 정해져 있지 않다고 생각합니다." 그에 덧붙여 기업의 사명을 정하는 데 관여하면 "자기성찰이 이뤄져서 자신이 하는 일을 더욱 깊이 확고하게 믿게 됩니다"라고 말했다.

야마시타는 몇 년 전에 스타벅스가 기업의 사명을 어떻게 현대화시켰는지 언급했다. CEO 하워드 슐츠Howard Schultz는 최고 리더들과 사명선언서를 한 글자도 빠뜨리지 않고 전부 새로 썼다. 그다음에는 고위 리더 300명을 소집해 사명선언서를 쓰도록 했고 1만 2,000명이 넘는 매장 매니저를 소집해 뉴올리언스에서 나흘 동안 사명선언서를 쓰게 했다. "이렇게 소수의 핵심 리더로 시작해 결국 전 직원을 결집시키는 것은 사명 설정의 훌륭한 사례입니다"라고 야마시타는 말했다.

새뮤얼 팔미사노Samuel Palmisano가 CEO로 재직할 때 IBM은 좀 더 직접적으로 직원들을 참여시켰다.[39] "팔미사노는 기술을 이용해 전 세계적인 온라인 즉흥 토론 시간을 마련해 IBM인들이 가장 중요시하는 아이디어와 생각, 이야기를 끌어냈다"고 야마시타는 회상했다. 8만 명이 넘는 직원이 함께 적은 기업의 가치는 현재 CEO 버지니아 로메티Virginia Rometty 휘하에도 그대로 전해지고 있다.

론 샤이치에 따르면 파네라의 사명 실천에 대한 아이디어는 언제 어디서나 나올 수 있다. 예를 들어 파네라 케어스 아이디어는 샤이치가 체인점주들과 함께한 저녁식사 자리에서 나왔다. 그중 한 명이 파네라가 지역사회 봉사를 확대할 수 있는 방법을 질문한 것이었다.

그 질문을 계기로 샤이치는 그동안 파네라가 진행해온 빵 기부 프로그램을 한 차원 높이 끌어올리는 방법을 생각해보게 되었다.

사명 질문이 전 직원에게서 나오든 리더가 제시하든, 핵심은 계속 질문하는 것이다. 우리는 무엇을 하고 있는가? 왜 하고 있는가? 어떻게 하면 더 잘할 수 있을까? 샤이치는 이렇게 말했다. "목표를 찾는 것은 지속적인 탐구이고 질문은 그 탐구의 수단입니다."

어떻게 질문하는 문화를 만들 수 있을까?

이것은 기업의 리더들이 풀어야 할 매우 중요한 질문이다. 하지만 그보다 먼저 '우리 회사가 정말로 질문하는 문화를 원하는가?'라는 질문을 떠올려야 한다.

"많은 기업이 그런 문화를 원치 않을 거라고 생각합니다. 질문을 차단하는 문화를 가진 기업이 많습니다." 오랫동안 IBM, 코카콜라 등 일류 기업의 컨설턴트로 활동한 키스 야마시타가 말했다. 그 이유는 무엇일까? 데브 팻나이크는 이렇게 지적했다. 기업 내부에 너무 많은 질문이 제기되면 "정신이 분산됩니다. 자연은 진공을 싫어하고 기업은 모호함을 싫어하죠. 따라서 기업은 답을 다루고 싶어합니다. 질문하는 문화가 필요하다고 깨닫더라도 그런 문화를 창조하는 데 필요한 일을 선뜻 하려고 하지 않습니다".

질문을 장려하는 성향은 기업 문화에 복잡함을 야기할 수도 있다. 만약 직원들에게 좀 더 자유롭게 질문할 수 있는 여건이 주어진다면 기업 정책에도 이의가 제기될 수 있다. 기존의 방식과 관행이 갑자기 새로운 관점으로 보일 수 있기 때문이다. 왜 이런 식으로 해야 하지? 기존의 검증된 방식을 계속 방어해야 한다는 것이 싫을 수도 있다. 리더들은 물론 중간관리자들도 일일이 설명하고 이유를 대야 하는 것이 불만스러울 수 있다.

기업에서 질문은 권위자들에게 위협감을 주기도 한다. 전문 지식을 가진 사람들은 비전문가가 자신들이 정통한 관점에 질문을 제기하면 분노할 수 있다. 항상 움직임을 유지해야 하는 관리자들은 부하직원의 질문에 답하면 안 된다고 느끼기도 한다. 질문은 과정을 지체하는 것으로 비춰지기도 한다. 특히 기업에 가장 필요한 것이 "더 많은 질문이 아니라 답"이라고 생각하는 사람들에게는 그렇다.

이러한 우려에도 불구하고 빠르게 변화하는 시장 상황이나 새로운 경쟁자, 여러 방해물에 적응해야 하거나 혁신이 필요한 기업이라면 질문하는 문화가 필수적이다. 창의성과 참신한 적응적 사고를 전체적으로 퍼뜨려주기 때문이다. '질문 최고 담당자' 같은 리더를 마련해두어도 되지만 그것만으로 충분치 않다. 오늘날 기업들은 협동적이고 여러 분야에 걸친 종합적인 문제 해결을 요구하는 복잡한 도전에 직면한다. 창의적 사고는 기업의 모든 부분에서(물론 회사 밖에서도) 나와야 한다. 탐구적인 기업 문화가 형성되어 있으면 질문과 학습, 정보 공유가 전염되어 경계와 사일로를 넘어 새로운 아이디어를 탐색할 수 있도록 허락해준다.

질문하는 문화가 기업에 적절하고 바람직하며, 심지어 필수적이라면, 그런 문화를 만들고 키워나가는 일은 윗선에서부터 시작되어야 한다. 리더들이 기업의 사명에서 전략, 정책에 이르기까지 무엇이든 질문하고 타인의 질문을 용인하는 모습을 보여줘야 한다. 인시아드의 할 그레거슨은 "질문하는 기업 문화를 만들려면 먼저 리더가 도발적이고 파괴적인 질문을 해야 합니다. 직접 실행하는 모습을 보여줘야죠"라고 말했다.

리더들은 까다로운 질문을 던질 뿐만 아니라 그런 질문에도 답해야 한다. 이상적으로 그런 질문은 모든 계층과 부서에서 나와야 한다. 구글은 매주 광범위하고 때로는 혼란스러운 질문 시간 'TGIF'를 실시한다.[40] 누구나 최고 간부인 래리 페이지와 세르게이 브린에게 질문을 제출할 수 있다. 그 질문들은 곧바로 직원들에 의해 투표로 통과 또는 부결된다. 가장 높은 점수를 받은 질문-대개 가장 까다롭고 논란의 여지가 많은 질문-이 보스들에게 넘겨진다.

구글의 최고 엔지니어를 지낸 찰스 워런은 나에게 이렇게 말했다. "누구든 아무런 제약 없이 어떤 질문이든 할 수 있다고 생각하면 정말 뿌듯할 수밖에 없습니다." 워런에 따르면 구글에서는 프로젝트나 팀을 이끄는 사람들(워런은 구글 플러스의 리더들 중 한 명이었다)도 질문을 받는다. 구글의 질문하는 문화가 항상 예의바르지는 않다. "질문이 개인적이거나 무차별 공격으로 이어질 수도 있어요." 개발 중인 신제품을 마음에 들어 하지 않는 사람들이 "왜 회사를 망치려고 합니까?"라고 질문할 수도 있다.

그러나 구글에는 전반적으로 회사가 추진하는 일에 누구든 질문할 수 있고 질문에 귀 기울여준다는 메시지가 퍼져 있다. 어떤 질문이든 할 수 있다면서 아무도 질문에 귀 기울이지 않는다면 오히려 역효과가 일어난다. 오늘날 질문 또는 제안을 넣는 건의함은 기업 내부의 소셜 네트워크로 업그레이드되었다. 스틸케이스의 CEO 짐 해킷에 따르면 그곳은 항상 "질문으로 활활 불타오른다". 스틸케이스는 누구에게든, 어떤 질문이든 할 수 있도록 장려하고 있다. 해킷을 비롯한 임원들은 질문이 들어올 때마다 알람을 받는다.

기업은 질문을 용인하고 질문에 반응하는 모습을 보여줘야 하지만 그보다 더 큰 문제는 '인센티브'와 관계있다. 어떻게 질문에 보상을 해주는가?

린 스타트업의 에릭 리스는 이렇게 말했다. 기업이 질문하는 문화를 만들려고 노력한다는 것은 "슬로건을 내걸거나 벽에 포스터를 붙이는 게 아닙니다. 그런 행동을 촉진시키는 시스템과 보상을 만드는 거죠. 직원들의 질문 현황이 마음에 들지 않는 선임 경영자라면 거울에 비친 자신의 모습을 한번 보십시오". 또 그는 이런 부분도 지적했다. "대부분의 기업에서는 가장 확실하고 효과적인 계획을 가진 사람에게 자원이 흘러갑니다. 혹은 실패 기록이 없는 사람에게 말이죠." 리스는 아직 답이 내려지지 않은 질문을 탐구하고 가능성 있는 실험을 하고 똑똑한 위험을 무릅쓰는 사람들에게도 충분한 예산을 지원해주는 것이 해결책이라고 말했다. 대부분의 기업에는 급진적인 전략이겠지만 (혁신의 길을 갈고 닦아주는) '실패한 실험'도 검증된 성공과 마찬가지로 보상이 따라야 한다. 특히 값진 가르침이 입증된 실험이나 질문이라면 더욱 그렇다.

리더들은 혹시 질문에 벌이 가해지고 있는가도 생각해봐야 한다 (벌이 명백하거나 고의적이지 아닐 수도 있다). '우리 회사에서 질문을 한 다는 것은 문제를 자초하는 길인가?'라는 질문을 떠올려보면 된다.

비즈니스 분야의 글을 쓰는 데일 도튼Dale Dauten은 문제에 대한 질문을 하는 사람들이 공통적으로 겪는 일을 묘사했다.[41] 회사가 잘하지 못하는 부분에 질문을 던지면 "당신이 문제를 발견했으니 까 해결하는 것도 당신 몫이야. 물론 평소에 하던 업무는 그대로 다 하면서" 같은 말을 듣게 된다. 그런 식이라면 사람들이 문제를 찾고 질문하기를 당장 그만둘 수밖에 없다. 대부분은 업무가 더해지기 를 원치 않기 때문이다.

문제를 발견한 사람에게 해결 과정에 얼마나, 어떻게 관여하고 싶 은지 묻는 것이 더 좋은 방법이다. 혼자 짊어질 필요가 없음을 이해 시켜줘야 한다. 가능한 최대한의 시간과 지원을 받을 수 있다고. 답 을 찾지 못하더라도 질문을 했다는 사실만으로 인정받아야 한다.

일반적으로 어려운 문제를 제기하고 답을 찾으려면 시간이 필 요하다. 항상 급하게 일을 끝마치느라 바빠서 '뒤로 물러날' 시간 이 없다. 이에 구글은 모든 직원이 근무시간 중 5분의 1을 독자적 인 프로젝트(즉 자신의 질문)에 쓸 수 있도록 규정하는 '20퍼센트 타 임20 percent time'을 실시하고 있다. 이 방법은 꽤 효과적이다. 지메일 과 구글 뉴스 등 구글의 중대한 혁신은 직원들이 20퍼센트의 시간 을 할애하여 평소 업무가 아닌 '만약' 질문을 파고들었기에 가능했 다. (최근 보고에 따르면 구글이 막대한 성장을 이루면서 업무량이 늘어나 직원들이 20퍼센트의 시간을 사용하거나 사용 사실을 정당화하기가 점점 어려워지고 있다.)[42] 다른 기업들도 비슷한 프로 그램을 실시했다. CEO 제프 와이너Jeff Weiner에 따르면 링크드인 LinkedIn은 "진정한 열정을 개발할 수 있는 하루"의 시간을 주는 '핵 데이즈Hack Days'를 실시한다.[43] 3M과 W. L. 고어도 비슷하다.

고어는 직원들에게 독자적인 프로젝트를 실시할 수 있는 10퍼센트의 시간을 주는 방법으로 중요한 혁신을 이끌어냈다.[44] 방수물질 고어텍스 제조업체로 유명한 고어는 그 밖에도 기타줄 브랜드 '일 릭서Elixir'를 비롯해 다양한 제품을 생산하고 있다. 기타줄은 평소 의료 제품을 연구하는 고어의 엔지니어 데이브 마이어스Dave Myers가 개발했다. 그는 독자적인 프로젝트로 '산악자전거를 좀 더 부드 럽게 움직이게 해주는 장비가 없을까?'라는 질문의 답을 찾고자 했 다. 그가 개발한 플라스틱으로 코팅된 자전거 케이블은 고어의 인 기 상품이 되었다.

그 후 마이어스는 '만약 기타줄에도 플라스틱 코팅을 한다면?'이 라는 연계적 질문까지 떠올렸다. (몇 년 동안 '어떻게' 단계에서 기 술적 도전을 계속했다.) 그 결과는 대단한 혁신으로 이어졌다. 기존 의 기타줄보다 내구성과 탄성이 훨씬 뛰어난 베스트셀러 제품이 탄 생했다. 만약 마이어스가 평소 업무에서 한 걸음 뒤로 물러나 개인 적으로 흥미로운 질문을 파고들 시간과 기회가 주어지지 않았다면 불가능했을 것이다.

고어는 기업 문화에 질문이 깊숙이 스며들게 했다. 고어의 부사 장 데브라 프랜스Debra France는 "우리는 질문이 성장과 확장에 필수적이라고 생각하고 있습니다. 질문하는 문화 덕분에 항상 더 많은 가능성이 나옵니다"라고 말했다.

세계적인 혁신 기업으로 평가받는 고어는 독특한 기업 구조로도 유명하다. 고어는 가장 수평적이고 가장 덜 수직적인 대기업이다. 설립자 빌 고어는 관료제와 계층제가 기업 내부에 질문이나 개방적인 소통 분위기를 조성해주지 않는다는 사실을 알고 있었다. 그는 대부분의 기업에서 직원들이 자유롭게 말할 수 있는 유일한 장소는 카풀 자동차 안이라는 사실을 깨달았다. 그래서 회사를 창업하면서 '어떻게 하면 카풀 자동차 같은 회사를 만들 수 있을까?'라는 질문에 답하려고 했다.

고어에는 직함이 없다. 직원 1만 명에 매니저는 한 명도 없다. 고어에 처음 입사한 직원들은 '내 상사가 누구지?'라고 의아해하지만 결국 상사가 없다는 사실을 깨닫는다. 고어는 '격자Lattice'라고 부르는 구조로 이루어진다. 모든 직원을 서로 연결해주는 정교한 네트워크 시스템이다. 후원자(또는 멘토)가 "신입사원이 스스로 격자를 쌓을 때까지 신뢰와 격자를 제공합니다"라고 프랜스가 설명했다.

이렇게 비계층적인 네트워크 구조의 가장 큰 효과는 직원들이 입사 첫날부터 자기주도적이 된다는 것이다. 지시하는 사람이 없으므로 질문의 힘을 이용해 (그리고 후원자의 도움도) 스스로 알아내야 한다.

고어의 네트워크에서는 자유로운 소통이 이루어진다. 어떤 질문과 아이디어든, 누구와도 공유할 수 있다. "매우 개인적입니다. 누군가에게 피드백을 줄 일이 있으면 직접 줄 수 있습니다"라고 프랜스가 설명했다.

고어는 질문의 가치에 대한 강력한 믿음으로 전 직원에게 좋은 질문을 하는 방법을 가르친다. 새로운 아이디어를 실험하거나 잠재적 기회나 혁신의 가치를 평가하기 위한 질문(이 기회가 현실적인가? 이것을 필요로 하는 소비자가 있는가?)을 떠올리거나 질문을 이용해 다른 직원과의 협동을 개선하는 구체적인 설명을 제공한다. 특히 신입사원에게 보다 좋은 코치 또는 멘토가 되어주기 위해 필요한 질문을 중요시한다.

고어의 기업 구조는 매우 독특하고 매니저와 계층을 없앨 수 있는 기업은 소수일 것이다. 하지만 데브 팻나이크의 말대로 일반적인 기업 구조에서도 "호기심을 기본 가치로 수용하는" 문화와 질문을 장려하는 분위기를 조성할 수 있다.

호기심과 학습은 서로 연결되어 있으므로 지금 많은 기업이 맞닥뜨리는 중요한 질문은 '어떻게 직장을 배움의 장소로 바꿀 수 있는가?'다.

이 부분에서도 구글이 선구적인 모습을 보여주고 있다.[45] 구글은 구글 유니버시티Google University를 통해 외부 강사들을 초빙하고, 한 발 더 나아가 직원들끼리 가르침을 주는 내부 강연 프로그램 '구글러 투 구글러Googler to Googler'를 마련했다. 당연히 기술 및 비즈니스 관련 강연이 있지만 화술이나 자녀 양육을 주제로 한 강연도 볼 수 있다. 차드 멍 탄Chade-Meng Tan은 구글의 엔지니어로 일할 때 동료들에게 (한 발 뒤로 물러나 질문하는 데 도움이 되는) '마음 챙김'을 가르쳤다.

구글은 학습 문화를 조성하기 위해 '대학 기업'이라는 비유를 활용한다. MIT 미디어랩은 '실험실'과 '유치원'이라는 비유를 둘 다 사용한다. '응접실salon' 혹은 '스튜디오'를 만들겠다는 기업도 있고 '아이디어 마을'이나 '아이디어 도시'를 표방하는 기업도 있다.

학습하는 기업은 '아이디어 회의'를 표방할 수도 있다. '만약 회사 안에서 매일 TED 강연이 이루어진다면?' 같은 질문을 떠올리는 것이다. TED 설립자 리처드 솔 워먼은 나에게 어떤 집단이든 사람들의 호기심을 자극하는 가장 효과적인 방법은 무척 간단하면서 독창적인 아이디어와 독특한 관점에 많이 노출시키는 것이라고 말했다. 따라서 기업은 외부 강사 초빙 외에도 직원들 스스로 TED 강연 같은 프레젠테이션을 열어 남이 알지 못하는 흥미로운 주제에 대해 이야기할 수 있다.

어떤 비유를 사용하든 최고의 학습 기업에는 몇 가지 공통 요소가 있다. 외부인을 데려와 가르치고 영감을 주는 것, 내부 직원들끼리 서로 가르치는 것, 특히 진행 중인 업무를 벽에 걸어 아이디어를 공유하는 것이다. 모두 타인의 질문과 피드백을 장려하고 보다 큰 협력으로 이어지게 해준다.

기업은 가르치는 일에 시간을 할애하는 한편 질문 기술을 가르치는 데도 시간을 쏟아야 한다. 질문을 장려하려면 직원들에게 질문을 잘하는 법을 가르쳐야 한다. 그러지 않으면 비생산적인 질문이 잔뜩 쏟아져 나올 수 있다.

스틸케이스의 해킷은 기업 내부에서 좀 더 많은 질문을 해야 할 필요성에 관심이 커지면서 정보가 없거나 주제에서 벗어난 것을 포함한 모든 질문을 장려하는 경향이 있다고 지적한다. 그는 그것을 '조숙한 질문precocious questioning'이라고 부른다.

해킷은 '좋은 질문', 즉 기업이 맞닥뜨린 도전과 사안에 대한 심오한 비판적 사고에서 비롯된 질문을 장려해야 한다고 말했다. 스틸케이스에서는 '생각 2.0Thinking 2.0' 강의로 비판적 사고 기술을 가르치려고 노력한다. "논쟁 속에서 긴장을 찾고 비계飛階, scaffolding(건축 공사 때 높은 곳에서 일할 수 있도록 임시로 세워놓은 구조물. 교육학에서는 문제의 핵심에 접근하기 위해 힌트를 제시하는 것을 '비계 설정'이라 부르기도 한다 - 옮긴이) 질문을 찾는 법을 배워야 한다는 취지입니다." 이 강의는 '당신이 미국 우체국을 운영한다면 무엇을 하겠습니까?'와 같은 도전적인 질문을 내놓고 직원들이 커다란 질문을 둘러싼 질문과 전략을 스스로 개발하도록 이끌어준다.

해킷은 진정으로 효과적인 질문하는 문화를 만들려면 경영진과 직원이 중간에서 만나야 한다고 말했다. 직원들은 "비판적인 사고가 따르지 않은 질문을 하면 결국 질문 자유를 놓쳐버릴 수 있다는 것"을 알아야 한다. 경영진이 원하고 반응하는 질문은 현실적인 문제를 고려한 연관성 있는 질문이다. "조숙한 질문을 해도 되지만 시간낭비가 될 수 있다." 한편 해킷은 경영진이 "문제의 비계는 정말로 많은 질문으로 이루어지므로 질문의 숫자에 동요되지 말고 제한하려 하지도 말아야 한다"는 사실을 이해해야 한다고 말했다.

혁신적인 질문이 기업 전체로 퍼져나가려면 아이디어를 개발하고 전반적으로 긍정적인 분위기의 질문을 하고(긍정적 탐구) 개방적이고 포함적인 언어(어떻게 우리는?)를 사용하려는 의지가 있어야 한다. 탐구적 질문에 현실적인 질문(비용이 얼마나 들까? 새로운 업무를 누가 맡을 것인가? 아이디어가 실패하면 어떻게 되는가?)으로 대응하는 것은 토론에서 중요한 위치를 차지하지만 초기 단계에서는 그렇지 않을 수도 있다. 질문하는 문화 만들기에는 판단을 뒤로 미루고 새로운 아이디어와 중요하고 거대한 질문을 살펴보는 방법을 가르치는 일도 포함된다. 이것은 꼭 필요하다. 질문에 너무 빨리 대답하려 하거나 '악마의 대변자'처럼 무조건 반박하도록 길들여진 사람이 많기 때문이다.[46] 현실주의자들에게는 혁신적인 질문이 비현실적인 것에서 시작해 현실적인 것으로 나아간다는 사실을 보여줘야 한다. 몽상가들에게는 거대하고 야심차고 비현실적인 질문을 떠올릴 순간이 주어져야 한다. 아이디어를 현실로 만들려고 노력하는 '어떻게' 단계에서는 실용주의적인 '시행자'(민 바사두르가 사용하는 단어다)가 장악할 것이다.[47]

　IDEO의 팀 브라운은 질문 기술의 학습은 기업의 강의실이나 회의실에서 이루어지지 않는다고 강조한다. "세상으로 나가 관찰과 경청에 능숙해져야 합니다." 맥락적 탐구는 직원들에게 가장 중요한 질문 기술이지만 대개는 현장 경험을 통해 발달한다. 기업의 리더와 매니저들이 어떤 질문을 찾아야 하는지 직원들에게 기본적인 요령을 제공할 수 있지만 안전지대를 벗어나 스스로 탐구할 수 있는 자유를 주는 것이 더욱 중요하다.

　질문하는 문화를 성장시키고 유지하는 가장 좋은 방법은 선천적으로 탐구심이 뛰어난 인재를 계속 더하는 것이다. 보통 기업의 리더나 관리자들에게 훌륭한 질문자를 고용할 생각이 있느냐 물어보면 망설임 없이 그렇다고 할 것이다. 하지만 정작 면접에서는 순전히 답만 보고 판단을 내리는 경우가 많다. 시험 중심의 '답만 중요시하는' 현행 교육제도와 다르지 않다. 이런 방식은 개인의 질문과 창의성, 혁신 능력을 제대로 평가하지 못한다. 따라서 다음과 같은 질문을 떠올리게 된다.

만약 취업 면접에서 질문에 답하는 능력뿐만 아니라 질문하는 능력도 시험하면 어떨까?

그렇다면 응시자에게 질문을 해보라고 하는 것이 논리적인 방법이 될 것이다. 취업 면접이 끝나기 전에 흔히 응시자에게 "질문 있습니까?"라고 묻는데, 형식적인 대사로 받아들여지는 경우가 많다. 진지하고 창의적인 질문이 아니라 폐쇄적이고 현실적인 질문(언제부터 업무가 시작됩니까? 출장은 얼마나 자주 가나요?)만 나오기 일쑤다.

그 대안으로 면접 응시자들에게 몇 가지 질문을 준비해오라고 할 수 있다. 야심차고 개방적인 질문이어야 한다. '왜, 만약에, 어떻게' 질문을 추천한다. 기업이나 산업 부문과 관련 있는 질문이어야 한다. 기업 또는 제품 및 서비스가 어떻게 확장·개선될 수 있는지, 기업이 나설 수 있는 소비자 및 사회문제, 새롭게 탐구할 수 있는 기회 등에 관한 질문이 될 수도 있다. 응시자가 내놓는 질문은 그 사람의 많은 것을 대변해준다. 질문이 대담하고 상상력이 넘치는가, 평범하고 현실적인가? 지원자가 미리 연구를 거쳐서 떠올린 질문이라는 표시가 나는가? (그렇다면 좋은 신호다. 맥락적 탐구를 할 줄 안다는 것이니까.)

즉흥적으로 질문을 떠올릴 수 있는지 시험하고 싶다면 면접 도
중에 응시자가 준비한 질문들을 바탕으로 추가적인 질문을 할 수
있는지 물어볼 수 있다(추가적인 질문으로 기존 질문을 개선하고 진행시
키는 올바른 질문 연구소의 방법을 활용할 수도 있다). 예를 들어 응시자
가 '만약'의 상황을 제안했다면 '왜' 질문으로 그 가정에 반박하게
하거나 '어떻게' 질문으로 아이디어를 좀 더 현실적인 단계로 가져
가도록 할 수 있다. 이렇게 하면 그가 '질문으로 생각하는 법'을 아
는지 드러난다. 최소한 흥미로운 질문 한 가지를 제시하고 그 질문
을 개선시켰다면 그는 재능 있는 질문자가 분명하며 기업의 질문하
는 문화에 환영받는 인재가 될 것이다.

제5장

삶과 질문

왜 '질문하는 삶'을 살아야 할까?

1980년대 초, 대학 졸업을 앞둔 재클린 노보그라츠는 교내 취업정보실로부터 체이스 맨해튼 은행Chase Manhattan Bank에서 면접을 보러 오라는 말을 전해 들었다.[01] 그녀는 특별히 은행에 취직하고 싶은 생각이 없었다. 졸업 후 잠깐 동안 바에서 일하며 "세상을 바꿀 수 있는 방법"을 궁리해볼 생각이었다. 하지만 의무감에 면접을 보러 갔고 놀랍게도 일자리를 제안 받았다. 그녀는 제안을 받아들였는데 해외시장의 대출을 검토하는 업무를 하면서 세계 곳곳을 돌아다닐 수 있다는 이유 때문이기도 했다.

노보그라츠는 자신의 업무가 어느 정도 만족스러웠지만 무척 신경 쓰이는 것이 있었다. 그녀는 체이스 은행이 거래하는 개발도상국에서 훌륭한 아이디어와 창업의 꿈을 가지고도 신용을 증명할 수 없어서 대출 자격이 되지 않는 사람들을 보게 되었다. 기회만 주어진다면 그 나라의 지역 경제가 절실히 필요로 하는 지속가능한 사업체를 구축할 능력이 있어 보이는 사람들이었다. 그녀는 이런 질문을 떠올렸다. 왜 이런 나라들의 가장 긴급한 니즈와 심각한 문제를 해결해줄 수 있는 기업가들이 대출을 받지 못하는 것일까?

체이스 은행이 그렇게 큰 위험부담이 따르는 대출을 해줄 리 없었지만, 그녀는 주류 은행권 밖에서는 어떻게 하고 있는지 살펴보기 시작했다. 경제학자 무하마드 유누스Muhammad Yunus가 설립한 방글라데시의 그라민 은행Grameen Bank이 가난한 여성들에게 소액 대출을 제공하며 상당한 성공을 거두었다는 사실도 알게 되었다. (그들은 빌린 돈을 갚음으로써 신용을 입증했다.) 노보그라츠는 뉴욕에서 몇 명의 여성이 모여 전 세계 여성 창업자들에게 대출을 해주려고 설립한 소액 금융 그룹에 대해서도 알게 되었다. 그녀는 그곳에 연락을 해보았다. 대부분은 호기심 때문이었지만 일자리가 있는지 알아보고 싶기도 했다. 때마침 자리가 있어서 제안을 받았다.

이제 노보그라츠는 어려운 질문을 떠올려야 했다. 정말로 고액 연봉을 받는 안정적인 직장을 떠나 위험천만한 비영리 부문으로 옮겨가고 싶은가? 지금 이 시점에서 내 인생에 가장 중요한 것은 무엇인가? 무엇보다 미래가 보장된 직장을 그만둔다면 가족들이 뭐라고 할까?

특히 성실하게 일하는 평범한 가정에서 자란 그녀이기에 마지막 질문이 무겁게 다가왔다. 그녀가 체이스 맨해튼 은행에 취직했을 때 무척이나 자랑스러워하고 기뻐해준 가족이었다. 훗날 그녀는 자서전에 이렇게 썼다. "삼촌들에게 돈 잘 버는 월스트리트의 직장을 그만두고 비영리 여성 단체에 들어가 해외로 가게 될 거라고 말하는 내 모습을 상상해보려고 했다. 분명 정신 나갔다고 할 것이었다. 왜 성공 기회를 포기하느냐고 말이다."

한편으로 그녀는 "나의 내면 깊숙이 귀를 기울이면 거기에 모험을 하고 싶어 하는 사람이 있다는 느낌을 받았다. 그때 점프하지 않으면 절대로 할 수 없다는 것도 알고 있었다"라고 말했다. 결국 그녀는 비영리단체에 들어가기로 결정하고 곧 아프리카로 떠났다. 어떤 삶을 살고 싶은지에 관한 질문에 답한 그녀는 10년간 또 다른 질문에 착수했다. 창업자들에게 대출해주는 방법을 찾는 것이었다.

그 과정은 결코 순탄치 않았다. 특히 아프리카에서 보낸 초기가 그러했다. 지금 돌아보면 다른 나라 사람들을 도우려고 떠나는 젊은 사회운동가들이 으레 그렇듯, 그녀도 자신이 마주할 복잡한 문제에 대해 순진무구했고 때로는 미묘한 문화적 차이를 의식하지 못했다. 그러나 그것을 이겨낼 수 있게 해준 가장 큰 자산은 바로 탐구적인 본성이었다고 나에게 말했다. 무언가를 이해하지 못하거나 자신이 틀렸을 때마다 다수의 '왜' 질문을 떠올렸다. 그다음에는 '만약'의 순간으로 넘어갔다.

노보그라츠는 개발도상국 투자에 대한 관심이 커지고 혁신적인 방법으로 세계 문제에 접근하려는 사회적 기업가 정신이 일어나고 있음을 알고 있었다. 그녀는 전통적인 박애주의와 새로운 두 가지 현상을 최대한 활용하려면 벤처 자금 투자와 자선 행위를 합치는 방법으로 접근해야 한다고 생각했다. 개발도상국 기업가들이 사업을 시작하고 일자리를 창출하고 일상적인 문제를 해결할 수 있도록 지원하는 벤처 펀드를 만들자는 아이디어였다. 초기에 그녀는 이런 식으로 아이디어를 떠올렸다. 만약 목적이 아닌 수단으로서 투자할 수 있다면?

투자자들은 당연히 수익을 기대할 권리가 있지만 수익이 신생 기업의 성장을 돕기 위해 재투자된다는 사실도 받아들여야 했다. 노보그라츠의 표현을 빌리자면 '인내 자본patient capital'이었다. 장기적인 성공 가능성을 알 수 없었지만 그녀는 인내 자본에 대한 관심을 끌어모아 2001년에 비영리 벤처캐피털 어큐먼 펀드를 설립했다.

그 뒤 어큐먼 펀드는 자금을 지원할 수 있는 기회를 찾아나서기 시작했고 자신만의 아름다운 질문을 추구하는 사람들을 찾았다. 만약 우리가 가뭄이 심한 전 세계 소규모 농장의 생산량을 두 배로 늘어나게 도와줄 수 있다면? 왜 태양열로 가난한 사람들을 위한 저가의 조명을 만들 수 없을까? 왜 인도에는 911 같은 구급차 시스템이 없을까? 만약 아프리카의 말라리아 확산을 막으면서 일자리도 창출할 수 있다면?

창업가들은 어큐먼에서 자금을 지원받아 다양한 질문과 도전의 답을 찾는 '어떻게' 단계에 착수할 수 있었다. 그들이 찾은 답은 이러했다.[02] 태양열로 저렴한 조명을 만들겠다는 기업가는 개발도상국의 2,000만 명(800만 명의 학생들이 다니는 학교를 포함해)에게 빛을 제공했고 어느 상업디자이너는 아프리카 가뭄 지역의 소규모 농장에 27만 5,000개의 점적 관개 시스템을 팔았다. 인도에 구급차 서비스를 만들겠다는 계획을 세운 남자는 현재 아시아에서 가장 큰 구급차 회사를 운영하고 있으며 아프리카의 침대 모기장 제작자는 (모기와 말라리아를 막아주는) 1,600만 개의 모기장을 만드는 동시에 7,000개의 일자리를 창출했다. 상당한 투자수익을 올려준 프로젝트들도 있었다. 어큐먼이 태양열 조명에 투자한 200만 달러는 현재 두 배가 되었고 향후 2년간 1억 명에게 빛을 가져다주기를 바라는 희망으로 수익금은 해당 기업에 재투자되고 있다.

위험부담이 크고 수익 산출이 느린 벤처사업에 투자하라고 투자자들을 설득하는 일은 어큐먼 펀드에 부분적인 도전일 뿐이었다. 창업 자금을 지원받는 기업가들은 포부가 크지만 실전 경험이 아예 없는 경우가 많다. 때문에 '왜'와 '만약' 질문을 거쳐 혁신적인 아이디어를 시장에 내놓기 위한 '어떻게' 과정으로 가는 동안 전문적인 조언과 지도, 정신적 지원이 필요하다. 2차적 자금 지원이 필요한 경우도 있다.

노보그라츠는 예전에 행해지지 않은 새로운 일을 시작할 때는, 특히 자원 및 사회 기반 시설이 부족한 개발도상국 시장에서는 학습과 적응이 열쇠라고 말했다. 무엇이 실행 가능하고 불가능한지, 사람들이 정말로 원하고 필요로 하는 것이 무엇인지(그들이 원하거나 필요로 해야 한다고 생각하는 게 아니라) 수많은 질문을 떠올려야 한다.

외부의 지원 단체들은 비록 선의를 가지고 있더라도 그렇게 가까이에서 질문하지 않는다. 외부인의 관점에서 해결책을 찾는 경향이 있다. 그러면 사람들이 확실히 원치 않는 것을 내놓게 된다고 노보그라츠는 말했다. 말라리아를 막아주는 모기장의 경우, 사람들이 건강을 이유로 그것을 원할 테지만 "많은 사람의 실제 관심사는 벌레 없이 좀 더 편하게 자는 것이고, 또한 모기장이 좋아 보여야 한다는 것이었습니다. 사실 건강문제는 우선순위에서 하위를 차지했죠". 그 사실을 알게 된 어큐먼과 모기장 제작자는 더욱 효과적인 마케팅을 할 수 있었다.

"바닥에 함께 앉아 사람들의 이야기를 들어보기 전까지는 사람들과 그들의 욕구에 대해 알 수 없습니다"라고 노보그라츠는 말했다.

최근 펜실베이니아의 대학 졸업식에서 축사를 하게 된 노보그라츠는 졸업생들에게 불확실함을 받아들이고 탐구 정신을 따라가라고 강조했다.[03] 시인 릴케Rilke가 남긴 유명한 말을 인용하면서 학생들에게 "질문하는 삶을 살라"고 했다.

나는 그녀에게 그 연설과 질문의 주제에 대해 물어보았다. 그녀는 "지금까지 살면서 벽에 부딪히고 세상에 쉽거나 분명한 답은 없다는 사실을 깨달은 적이 많았어요. 좀 더 똑똑한 질문을 하는 것이 내가 할 수 있는 최선이라는 사실을 깨닫기까지 시간이 걸렸죠. 그래서 졸업생들은 좀 더 빨리 배우기를 바랐어요"라고 말했다.

노보그라츠는 그녀 자신이 그랬던 것처럼 요즘 학생들도 "해야만 한다고 생각하는 일들을 하고 있어요. 원하는 학교에 들어가고 투자은행에서 2년 정도 일하고……. 가끔 대학생들이 '그럼 이젠 뭘 해야 하죠?'라고 물어요. '마음이 시키는 걸 하라'고 대답해주면 멍하니 쳐다보죠"라고 말한다.

그녀는 자신의 메시지가 학생들의 생각을 바꿔줄 수 있기를 바랐다. 그들이 다음 단계가 미리 정해진 길을 가지 말고 좀 더 개방적이고 예측 불가능하고 불확실한 길로 나아가기를. "요즘처럼 급변하는 세상에서는 젊은이들을 위한 단계적인 지도가 없습니다. 길을 안내해줄 나침반을 바라는 게 최선이죠. 불확실함을 알고 수용할 수 있는 젊은이들은 가장 위대한 모험을 하게 될 거예요."

왜 산을 오르는가?

노보그라츠의 조언은 대학 졸업생들뿐만 아니라 나이를 막론하고 묵묵히 '주어진 길'을 가는 사람들 모두에게 해당된다. 이유도 모른 채 길을 따라가거나 사다리를 올라가는 사람들, 혹은 원해서가 아니라 그래야만 하는 것 같아서, 단지 남들보다 뒤처지지 않기 위해 학회에 참여하고 모든 전화를 받고 메시지에 답하고 트위터를 읽고 모든 기회를 붙잡으려는 우리에게도 해당된다.

현대인이 '집어삼켜진' 것처럼 느낀 지는 오래되었지만 지난 1~2년간 티핑 포인트에 도달한 듯하다. 2013년 중반에 열린 《허핑턴 포스트》 컨퍼런스에서는 극도의 피로로 번아웃burn-out되기 전에 속도를 늦추고 야망을 확인해보라고 촉구했다(주최자들은 지속되지 못하는 방법이 점점 더 늘어나고 있다고 했다).[04] 잡지들은 소셜 미디어와 네트워크 기기에서 '언플러깅unplugging'하라는 표지 기사를 실었고 스트레스와 과로, 정보 홍수로 정신없이 바쁘게 돌아가는 세상에 대처하는 수단으로 명상과 '마음 챙김'에 대한 관심이 폭발했다.[05]

옥스퍼드 대학교의 심리학 교수 마크 윌리엄스Mark Williams는 이런 상황을 흥미롭게 묘사했다.[06] "사람들은 뭘 하는지도 모른 채 이 일에서 저 일로 급하게 뛰어다닌다. 뇌는 마치…… 포식자로부터 도망칠 때처럼 삼엄한 경계 상태에 놓여 있다."

당신의 한 문장은 무엇입니까?[07]

이것은 저자 다니엘 핑크가 가장 좋아하는 질문이다. 그의 책 『드라이브』에 따르면 이 질문은 저널리스트이자 미국 하원 최초의 여성 의원이었던 클레어 부스 루스Clare Booth Luce가 한 말이다. 존 F. 케네디John F. Kennedy가 대통령이 된 지 얼마 되지 않았을 때였다. 어느 날 케네디 대통령을 만난 그녀는 그가 동시에 여러 가지 업무에 우선권을 두고 있기 때문에 초점을 잃을까봐 걱정스럽다고 조언했다. 그녀는 '위대한 인물은 한 문장'으로 묘사된다고 말했다. 분명하고 강력한 목적을 가진 리더의 삶은 단 한 문장으로 요약할 수 있다는 뜻이었다(예를 들면, 에이브러햄 링컨은 연방군을 보존하고 노예를 해방시켰다). 핑크는 이것이 대통령뿐만 아니라 누구에게나 유용한 개념이라고 생각한다. 당신의 문장은 '그는 네 자녀를 양육했으며, 네 자녀 모두 행복하고 건강한 어른이 되었다'가 될 수도 있고 '그녀는 새로운 장치를 발명하여 사람들의 삶을 편리하게 만들었다' 또는 '네 명의 자식을 행복하고 건강하게 키웠다'가 될 수도 있다. 당신의 문장이 아직 달성하지 못한 목표라면 반드시 이런 질문을 던져야 한다. 어떻게 내 문장에 부합하는 삶을 살 수 있을까?

이 포식자는 과연 누구 혹은 무엇이고 왜 우리를 쫓을까? 사람들은 더 큰 계획이나 목적을 '실행'하느라 미친 듯이 급하게 움직인다고 추측해볼 수 있다. 그런데 그 계획 또는 목적이 명확할까? 링크드인의 CEO 제프 와이너는 신입사원을 채용할 때 합리적이고도 분명한 질문을 한다. 앞으로 20년, 30년 후에 돌아보았을 때 무엇을 성취했다고 말하고 싶습니까?[08]

"그 질문에 답을 가지고 있지 않은 사람이 놀라울 정도로 많았습니다"라고 와이너는 말했다.

이 질문에는 단순한 커리어 계획뿐만 아니라 정체성 혹은 인생 목표에 관한 기본적인 질문까지 포함된다. 영화제작자 로코 벨릭Roko Belic은 여행을 하면서 많은 사람을 만나는데, 누군가에 대해 알려고 할 때 '당신의 전부는 무엇인가요? 무엇이 당신을 움직입니까?'라는 질문을 꼭 한다.[09] "놀랍게도 이 질문에 답할 수 있는 사람은 소수입니다. 인간이 원래 복잡한 존재이기는 하지만, 이 질문에 답할 수 없다면 살아 있다는 것의 의미가 무엇인지 정말로 기본적인 것에도 주의를 기울이지 않는 사람처럼 보입니다. 기본적인 질문에 답해본 적이 없다고 말이에요."

현대인이 어떤 일을 왜 하는지 생각해볼 틈도 없이 바쁜 것이 사실이라면 그런 습관은 일찍부터 생기는 듯하다. 퓰리처상을 수상한 역사학자의 아들이자 고등학교 교사인 데이비드 맥컬로프David McCullough는 졸업식 연설에서 학생들의 과다성취 문화에 대해 이렇게 조언했다. "깃발을 꽂기 위해서가 아니라 도전을 받아들이고 공기를 마시고 경치를 감상하기 위해서 산에 오르세요. 세상에 여러분을 보여주기 위해서가 아니라 여러분이 세상을 보기 위해서 산에 오르세요."[10]

산에 어떻게 오르고, 오르는 동안 뭘 해야 하는지에 대한 맥컬로프의 조언은 합리적이지만 누구나 똑같은 방법으로 산에 오르고 싶어 하지 않는다. 깃발을 꽂고 싶어서 산에 오를 수도 있다. 보는 것보다 정상에서 남들에게 보이는 것이 더 중요한 사람도 있을 것이다. '하지만 왜 이 산에 오르고 있는가?'라는 기본적인 질문을 하지 않고는 그런 판단을 내릴 수가 없다.

시간을 내어 그 질문을 떠올리고 답을 고려해본다면 재클린 노보그라츠가 그랬던 것처럼 잘못된 산을 오르고 있다는 결론에 이를지도 모른다. 혹은 다음과 같은 질문을 떠올릴 수도 있다.

- 무엇이 정상에서 나를 기다리는가?
- 정상에 오르면 무엇을 할 것인가?
- 산에 오르는 것을 즐기고 있는가? 속도를 낮춰야 하는가, 높여야 하는가?
- 산 아래에 무엇을 남겨두고 왔는가?

산에 오르는 것과의 비유는 커리어 선택에도 잘 들어맞는다. 커리어의 발전은 더 높은 곳을 향해 올라가는 것이기 때문이다. 커리어를 위해 열심히 산을 올라갈 때는 뒤로 물러나 질문을 떠올리는 경우가 드물다. 어느 정도 커리어에 관련된 질문을 떠올리기는 한다. 하지만 계속 위로 올라가는 방법을 찾으려는 현실적인 질문인 경우가 많다. 어떻게 회사 내 입지를 개선하고 직업의 안정성을 강화할 수 있을까? 어떻게 하면 승진을 노릴 수 있을까? 승진을 노리는 것은 잘못된 일이 아니다. 곧바로 '어떻게'로 넘어가지 말고 '왜'와 '만약' 질문을 충분히 한다면. 하지만 정말로 좋아하거나 잘하는 일을 커리어로 선택하는 경우는 드물다.

올바른 길인지 충분히 질문해보지 않고 미리 결정된 길을 따르는 경향은 비단 커리어 선택에서만 나타나지 않는다. 왜 많은 사람이 교외에 있는 크고 멋진 집을 원하는가? 어떤 사람들에게는 좋은 선택이지만 모두에게 그렇지는 않다. 그것을 알아보는 유일한 방법은 '걸어서 다닐 수 있는 시내에서 살고 싶은가?'와 같은 질문을 종종 떠올리는 것이다.

우리는 가족관계에 대한 질문도 잘 하지 않는다. 친구관계도 마찬가지다. 사람 사이의 유대관계는 시간이 흐르면서 변하고 소모된다. 그런 것들에 대해 질문하지 않는다는 것은 관심을 쏟지 않는다는 뜻이다. 개선하거나 강화하려고 하지 않으며 당연하게 받아들인다는 것이다.

그렇다면 우리는 왜 삶에 관련된 중요하고도 기본적인 질문을 하지 않을까? 이 일에서 저 일로 바쁘게 뛰어다니느라 초점을 잃어버리기 때문이다. 어쩌면 우리가 피하려고 도망치는 포식자는 '질문'이 아닐까?

왜 질문을 피하는가?

사람들이 여러 가지 일(특히 중요한 일들)에 대해 근본적인 질문을 피하는 주된 이유는 네 가지다.

- 질문이 직관에 반하는 것처럼 보이기 때문에. 답이 문제 해결과 앞으로 나아가고 삶을 개선하는 방법을 알려준다는 믿음 때문에 사람들은 대부분 답을 찾는 데 집중한다.
- 기본적인 질문을 떠올리기에 안성맞춤일 때가 없는 것 같기 때문에. 너무 늦거나 이르다.
- 떠올려야 하는 질문이 뭔지 알기가 힘들기 때문에(그래서 차라리 떠올리지 않는 편이 낫다).

• 이것이 아마도 가장 큰 이유일 것이다. 만약 중요한 질문을 떠올렸는데 답이 자신에게 없다면? 그렇게 두려운 상황이 생길까봐 많은 사람이 삶에 의문을 가지지 않으려고 한다. 불확실함만 더해주니까.

대부분의 학교에서는 질문보다 답을 중요시하도록 가르치고, 문제에는 '정답'이 하나뿐이라고도 가르친다. 따라서 답이 저 어딘가에서 '발견'되기만을 기다리고 있을 것이라고, 어쩌다 발에 차일 수도 있고 찾아보거나 얻거나 구입하거나 주어지기만을 기다리면 된다고 생각하는 버릇이 생길 수밖에 없다.

산업 부문 전체가 자기계발서나 세미나, 라이프 코칭 형태로 사람들에게 규격품으로 만들어진 '정답'을 제공하려고 혈안이 되어 있다. '전문가'가 나타나 뭘 해야 하는지 말해주기를 원하는 것도 자연스럽다. 외부의 관점도 때로는 도움이 된다. 하지만 최고의 코치나 컨설턴트, 테라피스트들은 자기 질문만한 게 없다고 입을 모은다. 조언자의 가장 중요한 역할은 올바른 질문을 떠올리도록 이끌어주는 것일 때가 많다(경영 컨설턴트 피터 드러커가 세계 최고 기업 임원들을 이끌었던 것처럼). 코칭이나 조언 역할을 하는 사람이 일반적인 답만 제공한다면 경계해야 한다. 그 누구도 당신의 삶이나 고유한 문제나 도전에 알맞은 답을 줄 수 없다.

현명하고 신뢰할 수 있는 친구라도 올바른 답을 줄 수 없다. 창업 기업가 캐스퍼 헐신Kasper Hulthin은 '새 비즈니스에 뛰어들어야 하는가?'라는 어려운 질문과 씨름하면서 그 사실을 깨달았다.[11] "사람들에게 조언을 구하면 그들은 자신이 하려는 일을 말해줍니다"라고 헐신은 말했다. 그러나 친구들의 상황이나 동기는 그와 사뭇 달랐다. 결국 헐신은 부엌 식탁에 혼자 앉아서 자신의 질문에 대해 생각해봐야 했다.

이 책의 연구조사 작업을 도와준 조사원들 중 한 명은 '아름다운 질문' 프로젝트에 참여하게 된 이유가 커리어의 다음 단계에 대해 고민하던 중 서로 상충되는 답을 내놓는 '조언 도서'가 엄청나게 많기 때문이라고 했다. 그녀는 연구 작업에 지원하면서 이런 내용의 이메일을 보냈다. "답이 보기보다 좋은 게 아니라는 사실을 깨닫고 있어요. 제 스스로 이 문제를 해결하기 위한 과정에 도움이 필요해요."

'과정'이라는 말이 핵심이다. 복잡한 인생 문제의 답은 (비즈니스 등 그 어떤 유형의 복잡한 문제라도) 한번에 '발견'하는 것이 아니다. 매 단계마다 질문에 의존해 점차 답을 향해 나아가는 것이다.

답이 어딘가에 존재하니 찾기만 하면 된다면 착각은 꿈의 직업을 찾는 것부터 '행복'이나 '목적' 같은 큰 개념까지 퍼져 있다. 『무조건 행복할 것』의 저자 그레첸 루빈은 행복에 대한 일반적인 오해는 행복이 갑자기 찾거나 도달하는 존재 상태라는 착각이라고 말했다. 그녀를 비롯한 이들은 행복 만들기는 현재진행형이라는 데에 의견을 같이한다. 행복은 찾는 것이 아니라 질문과 실험을 통해 자신이 무엇에 행복을 느끼는지, 어떻게 하면 일상에 그것을 더 많이 가져올 수 있는지 스스로 조금씩 알아가는 것이다.

'의미'와 '목적'도 흡사하다. 저자이자 창의성 코치인 에릭 마이젤은 '어떻게 하면 삶의 의미를 찾을 수 있을까?'라는 질문은 완전히 쓸모없는 질문이라고 말했다.[12] 고전적인 그 질문은 '의미'가 어딘가에서 발견할 수 있는 객관적 진실이라는 잘못된 개념을 바탕으로 하기 때문이다. 그는 삶의 의미란 일상의 선택을 바탕으로 만드는 것이라고 조언한다. 그 모든 선택은 하나하나가 질문으로 되어 있다. 왜 X를 해야만 하는가? Y에 시간을 쏟을 가치가 있는가?

저자이자 컨설턴트인 존 헤이글John Hagel은 무엇에 시간을 쓸지, 어떤 가능성을 추구할지 일상적인 선택을 하면서 이런 질문을 떠올리라고 제안한다.[13] 5년 후에 돌아보았을 때 이 중에서 어떤 선택이 좀 더 나은 이야기가 될까? "좀 더 나은 이야기로 이어지는 길을 선택하면 그 누구도 후회하지 않는다"라고 그는 말했다.

라이프 코치 켈리 칼린은 삶의 수많은 선택이 이미 결정되어 있다고 생각하면서 찾아오는 사람들을 볼 때마다 놀라곤 한다.[14] 그들은 주어진 길을 가고 있으며 특정한 삶의 방식을 구축했기 때문에 바꾸기에는 너무 늦었다고 생각한다. "그중 많은 것이 변화 가능하다는 사실을 누군가 지적해주면 새로운 발견이 되는 거죠"라고 칼린은 말했다.

오래전에 '결정'된 것처럼 보이는 많은 일이 사실은 아직 우리가 완전히 결정하지 않았다. 젊은 시절의 재클린 노보그라츠처럼 갑자기 기회가 찾아와 전혀 생각지도 않게 은행에서 일하게 될 수도 있다. 초기의 중요한 결정은 가족이나 친구의 조언, 심지어 책이나 광고에서 읽거나 본 것에 영향을 받기도 한다. 작가 세스 고딘은 타인에 의해 결정된 길을 가는 경우가 흔하다면서 다음 질문을 떠올려보라고 권유한다.

사회가 바라는 것이라서 원하는 것 말고 나만의 욕망이 또 있는가?[15]

이런 질문을 하는 것은 절대로 너무 늦지도, 이르지도 않다. 실리콘밸리의 벤처투자가 랜디 코미사는 '미뤄진 인생 계획deferred life plan'에 대해 이야기한다.[16] 야심찬 젊은 기업가가 훗날 자신이 정말로 하고 싶은 일을 할 수 있도록(그게 무엇인지 알아볼 시간이 있으면) 지금 당장은 돈 버는 데만 열중하는 것을 말한다. 경제적 안정을 이루는 데 집중하고 나중에 편안한 위치가 되었을 때 어떤 삶을 살고 싶은지 생각해보겠다는 사람들의 태도도 비슷하다. 다시 '산을 오르는 것'으로 돌아가는 이야기다. 정상에 도착하면 모든 것이 훨씬 분명해질 것이라는 가정이다.

산을 오르는 것 자체에 대해 꼭 떠올려야 하는 질문은 왜 생각해보지 않을까? 그것은 매우 위험한 일인데도 우리는 무시하면서 살아간다. 코미사의 말처럼 미뤄진 인생 계획은 아무리 잘 짜도 계획대로 되지 않는다. 세상은 계속 변하고 중대한 아이디어도 실패할 수 있고 근본적인 변화가 필요해진다. 원하든 그렇지 않든 언젠가는 도전적인 질문을 맞닥뜨리게 되어 있다. 그렇다면 좀 더 일찍 질문하는 습관을 들여놓는 것이 낫지 않을까?

질문을 떠올렸는데 자신에게 답이 없을까봐 두렵다면 이것을 기억하기 바란다. 답이 뭔지도 모른 채 기꺼이 질문을 제기한다는 것이 혁신적인 문제 해결자들의 특징이다. 복잡하고 어려운 질문을 다루려면 '알지 못한다는 것'이 잘못이 아님을 받아들여야 한다. 질문에 능숙한 사람은 불확실함을 편안하게 받아들인다.

하지만 그러지 못하는 사람이 많다. 불확실성을 주제로 광범위한 집필 활동을 해온 조너선 필즈Jonathan Fields는 미지의 것에 대해 생각할 때 불안감을 느끼는 것은 보편적이라고 말했다.[17] 배우가 무대 울렁증에도 불구하고 앞으로 나아가듯, 질문자도 불안감을 받아들여야 한다. 그렇게 하면 불안감은 흥미로운 미지의 영역으로 들어섰다는, 흥미로운 것을 향해 가고 있다는 반가운 신호가 된다. 질문하기는 '하면 할수록 쉬워지는' 일의 대표적인 사례. 혁신가는 시간이 갈수록 미지의 것을 받아들이고 문제를 해결하는 능력이 발달한다. 경험을 통해 결국 어둠에서 빛으로 길을 찾으리라는 확신이 생기기 때문이다. 이처럼 불확실성을 편하게 받아들이면 유용하다. 필즈의 말대로 삶은 불확실함으로 가득하기 때문이다.

어떤 질문을 해야 할지 모르겠다면 올바른 질문 연구소의 방식(제4장에 나오는 할 그레거슨의 퀘스천스토밍도 참고)대로 문제나 주제에 관련된 질문들을 생각해보면 분명히 많이 떠오를 것이다. 하지만 그냥 질문만 만들어내는 것이 아니라 질문에 대해 생각해보는 것이 도전이다. 즉 그중에서 가장 좋은 질문을 골라 개선하고 실행할 방법을 찾아야 한다.

질문하기는 습관과 과정으로 행해져야 한다. 그러지 않으면 바쁜 일상 속에 질문이 들어갈 틈이 없다. 일상생활에서 활발하게 질문을 하고 싶다면 앞에서 소개한 맥락적 탐구와 연계적 탐구, 실험 같은 도구와 기법이 모두 유용하다. 한 템포 늦추고 뒤로 물러나 새로

노인의 전구를 갈아주기 위해 얼마나 많은 사람이 필요할까?[18]

영국의 사회 디자이너 힐러리 코탐Hilary Cottam은 노인의 삶을 개선시킬 수 있는 방법을 생각하다가 "타인과 이어져 있는 것, 전구 갈아 끼우는 것처럼 일상의 사소한 문제를 걱정할 필요가 없는 것"이 중요한 조건임을 깨달았다. 2007년에 코탐의 디자인 그룹은 직접 고안한 '사우스워크 서클Southwark Circle'이라는 개념을 실험하기 위해 1년간 런던 교외의 빈민촌에 살고 있는 노인들의 삶 속으로 직접 들어가 맥락적 탐구를 실시했다. 이것은 심부름 서비스와 자조 모임, 협력 및 사교 클럽을 모두 합친 지역 네트워크였다(회원들은 적은 금액의 회비를 내야 하고 원한다면 서로 서비스를 교환할 수도 있다). 이렇게 노인들을 위한 '사회적 커뮤니티'가 마련되어 있으면 사회복지사들의 비싼 노인 방문 서비스가 필요 없고 노인들에게 공동체 의식도 심어줄 수 있다. 흥미롭게도 코탐은 노인을 위한 이상적인 커뮤니티에는 가족, 친절한 전문가, 같은 연배들, 젊은이들을 비롯해 '서로 다른 역할을 하는 여섯 명이 포함되어야 한다'는 사실을 깨달았다.

운 관점으로 자신의 삶-그리고 다룰 가치가 있는 문제나 기회나 도전-을 더욱 분명하게 보는 것부터 시작해야 한다.

만약 '달려들기' 전에 뒤로 물러난다면?

성공을 이루거나 일을 끝마치도록 훈련되어 있는 사람이라면 한 템포 늦추기나 뒤로 물러나기가 직관에 어긋나거나 도전과 기회에 '달려들라'고 촉구하는 사회의 메시지를 거스르는 것처럼 보일 것이다. 언뜻 '물러나기'와 '달려들기'는 정반대인 것 같지만 질문을 하는 사람도 대담하게 행동하고 기회를 붙잡을 수 있다. 뒤로 물러나 질문하면 방향과 목적이 더 분명해지므로 실제로 달려들어 기회를 붙잡는 데도 도움이 된다.

질문을 장려하지 않는 문화 공간에서 질문을 위한 시간과 장소를 찾기란 쉽지 않다. 질문하기가 느린 생각이라면 일상, 특히 빠르게 돌아가고 정보로 가득한 환경에 필요한 빠른 생각으로부터 멀어져야 한다.

코미디언 존 클리즈John Cleese는 창의성에 관한 강연에서 자신만의 '거북이 울타리tortoise enclosure'를 찾으라고 했다.[19] 이것은 외부 세계의 방해물을 피해 오랫동안 머물면서 생각할 수 있는 조용한 보호 공간을 말한다. 클리즈는 거북이 울타리가 글을 쓰거나 창의적으로 활동하게 해주는 수단이지만 심오한 질문(창조적 사고 형태)도 가능하게 해준다고 했다.

오늘날 자신만의 거북이 울타리로 들어가려면 인터넷을 꺼놓아야 한다. 인터넷은 현실적인 질문에 빠르게 답을 제공해주지만 표면만 훑어보면서 생각 사이를 훌쩍 뛰어넘게 만든다. 방해 없이 심오한 질문에 집중하는 것과는 정반대다. 또한 인터넷은 타인의 생각과 아이디어, 전문 지식을 무차별적으로 퍼붓기 때문에 자신만의 창조적인 생각을 할 수 있는 여지가 별로 없다. 게다가 이메일이나 트위터 등이 계속 방해하고 생각을 멈추게 만든다.

영화제작자 티파니 슈레인은 '언플러깅'을 지지한다.[20] 항상 인터넷에 '접속'하는 그녀(인터넷 영화 제작 전문가이고 소셜 미디어 활동에도 적극적이다)는 매주 토요일을 '기술 안식일tech Shabbat'로 정하고 가족과 함께 차분하게 성찰하는 시간을 보낸다.

그녀는 매주 하루 인터넷과 단절된 생활에 대해 이렇게 말했다. "삶이 완전히 바뀌었어요. 그날을 위해 생각을 아껴놓게 되거든요. 아주 큰 그림을 말이에요. 인터넷을 하면서 떠오르는 역동적인 사고도 좋아하지만 아직 실행할 수 없는 생각을 떠올리는 일도 매우 소중해요. 생각이 스스로 숙성되고 성장하도록 내버려두는 것도 굉장한 일이거든요."

슈레인은 인터넷에서 답을 쉽게 찾는 대신 스스로 떠올린 질문과 반강제적으로 씨름하게 된다는 것이 큰 이득이라고 말했다. "인터넷에서 답을 찾는 일을 멈추는 토요일마다 자리에 앉아 평소와 다른 방법으로 질문에 대해 생각해봅니다." (요즘 그녀는 기술과 인간의 애증관계에 대한 커다란 질문과 '한자리'에 앉아 있는 일이 잦다. 우리는 기술에 푹 빠진 나머지 '기술이 우리에게서 무엇을 빼앗아가는가?'와 같은 질문을 전혀 떠올리지 않는다.)

요즘 같은 환경에서 조용히 거리를 두고 깊이 생각해볼 기회를 가지려면 규칙적인 일상과 습관이 필요하다. 이것은 다음과 같은 질문으로 시작될 수 있다.

- 나의 거북이 울타리는 어디인가?
- 나의 기술 안식일은 언제인가?

시간과 장소를 마련하는 것은 질문하기의 일부분에 지나지 않는다. 에릭 마이젤의 표현처럼 일상의 '사소한 생각들'을 제쳐두고 '질문과 한자리에 앉기 위한' 마음의 공간을 만들려면 규율이 필요하다. 일상의 사소한 생각들은 우리가 심오한 생각을 하려고 할 때 '뉴런을 훔친다'. '점심에 뭘 먹지?', '몇 시에 아이들을 데리러 가야 하지?'와 같은 현실적인 생각들은 거북이 울타리에 들어갈 자리가 없다. '왜'와 '만약'의 커다란 질문에 초점을 맞춰야 한다. 예일 대학교의 윌리엄 데레시비츠는 이렇게 말한 적이 있다. "생각한다는 것은 무엇에 대한 아이디어를 떠올릴 정도로 한 가지에 오래 집중한다는 뜻이다. …… 오직 질문에 집중하면서 참을성 있게 뇌의 모든 부분을 활동시켜서 독창적인 아이디어에 도달할 수 있다."[21]

만약 이미 가진 것으로 시작한다면?

혁신가들은 주변 세상을 바라보면서 무엇이 빠졌는지 찾는 경우가 많다. 하지만 자신의 삶에 대해 질문할 때는 '긍정적 탐구'를 통해 빠진 것뿐만 아니라 이미 있는 것들을 바라보는 것도 중요하다.

긍정적 탐구는 강점과 자산에 초점을 맞추는 긍정적인 질문이 문제와 부족에 초점을 맞추는 부정적인 질문보다 훨씬 효과적이라는 것을 전제로 한다. 강점을 토대로 하는 질문은 삶의 좋은 부분을 바라보고 발전시키고 최대한 활용하는 것이다. 이는 매우 중요한데 자기 질문은 '왜 나는 좀 더 많은 돈, 좀 더 나은 직장, 좀 더 많은 친구가 없을까?'처럼 불만족과 후회, 무력감으로 흐르기 쉽기 때문이다. 빠지거나 부족한 것은 발전과 개선의 기회가 되지만 그런 것에 대한 질문은 부정적인 감정을 일으킬 수 있다. 긍정적 탐구의 대가 데이비드 쿠퍼라이더의 말처럼 사람들은 희망을 느끼고 이미 가진 것이 자신에게 유리하다고 생각될 때 건설적인 행동을 취할 가능성이 높아진다.

『해피어』와 『하버드대 52주 행복 연습』의 저자이자 하버드 대학교 교수인 탈 벤 샤하르Tal Ben-Shahar 같은 연구자들은 행복해지려면 '감사하는 습관'이 중요하다고 말했다.[22] 매일 잠자리에 들기 전에 '나는 무엇에 감사한가?'를 생각해보고 '감사 일기'에 적는 것만으로도 "더 행복해지고 낙관적이 되고 성공과 목표 달성 가능성이 높아진다"고 벤 샤하르는 말했다.

마찬가지로 영화제작자 로코 벨릭도 "감사는 행복의 지름길"이라고 믿는다. 벨릭은 오랫동안 세계를 돌아다니며 왜 어떤 사람들은 더 행복한지, 누구나 더 행복해질 수 있을지 알아보려고 했다. 그 답은 그가 만든 다큐멘터리 「해피Happy」에서 찾을 수 있다. 기본적인 것-가족, 친구, 공동체 소속감, 취미나 새로운 배움으로 얻는 소박한 즐거움 등-을 소중히 여기는 사람일수록 더 행복하다는 것이 대표적인 깨달음이다.

벨릭은 그 영화를 만들기 전부터 행복에 관한 질문을 했다. 첫 번째 '왜' 순간은 열여덟 살 때 모잠비크 내전으로 발생한 난민들을 돕는 모금 활동을 위해 아프리카에 갔을 때 찾아왔다. "그곳 사람들은 극심한 고통을 겪고 있었습니다. 하지만 그곳에 도착해보니 비참하거나 분노에 찬 사람들은 찾아볼 수 없었어요. 생기 넘치는 사람들만 볼 수 있었죠. 볼펜이나 마술쇼, 우리가 서로를 어깨에 짊어지고 가는 모습 등 지극히 작고 사소한 일에도 크게 기뻐했습니다. 그들에게는 고국의 친구들에게서는 볼 수 없는 진정한 기쁨의 불꽃이 있었어요." 당시 벨릭의 질문은 이것이었다.

가진 것도 적고 크게 고통받고 있는 사람들이 왜 더 운이 좋은 사람들보다 행복한 걸까?

몇 년 뒤 벨릭이 할리우드에서 일하고 있을 때, 그의 친구인 할리우드 감독 톰 새디악Tom Shadyac도 비슷한 질문을 떠올렸다. 새디악은 미국인들이 물질적으로 비교적 풍요로운데도 가난한 나라 사람들보다 덜 행복하다는 기사를 읽었다. "톰이 저에게 말했죠. '재능 많고 출중한 외모에 운도 좋고 건강한 영화배우들이 우리 집 정원사보다 행복하지 않은 모습을 나도 직접 봤어'라고요." 그리하여 벨릭은 두 번째 질문을 떠올리게 되었다.

아름답고 재능 있고 돈 많은 영화배우가 행복하지 않다면 무엇이 행복하게 해줄까?

벨릭과 새디악은 의기투합하여 영화로 답을 찾아보기로 했다. 벨릭은 영화를 만들기 위해 인도와 아프리카, 중국 등의 빈곤 지역을 포함해 전 세계를 돌아다녔다. 그는 가장 행복한 사람들에게는 상황에 상관없이 '공동체와 유대감'이라는 공통점이 있음을 발견했다. "매우 사교적이거나 외향적이거나 친구가 많아야 꼭 행복한 게 아니라는 뜻입니다." 그가 만난 가장 행복한 사람들(지극히 수수하게 살아가는 이들을 포함해)은 주변 사람들과 강력한 유대관계를 형성했다. "그들은 사랑하는 사람들과 함께하면서 웃음을 터뜨렸고 정말로 좋아했습니다."

행복과 강력한 인간관계의 연관성은 놀라운 발견이 아니다. 벨릭은 이렇게 설명했다. "대부분의 사람들은 돈을 벌기 위해 일하면서 많은 시간을 보내고 친구들과 함께하는 시간보다 더 큰 집, 더 좋은 자동차와 옷이 있는 라이프스타일을 추구합니다. '나에게 중요한 것은 무엇인가?'와 같은 단순한 질문은 자신의 가치를 좀 더 반영한 라이프스타일을 추구하는 작은 변화만으로도 좀 더 행복해질 수 있다는 사실을 깨닫게 해줍니다."

자신의 삶을 돌아본 벨릭 또한 친구들과 함께하거나 진정으로 좋아하는 단순한 일들을 하면서 보내는 시간이 부족하다는 사실을 깨달았다. "나이가 들면서 친구들과 자주 만나야겠다는 생각을 항상 했어요. 더 많이 놀고 더 많이 모험을 하고. 그런데 30대가 되니 가장 친한 친구들도 1년에 한두 번 볼까 말까가 되더군요. 책임감 있는 어른이 되고 일에 집중하려 애쓰고 있었습니다. 노는 건 어릴 때나 하는 거고 어른은 일을 해야 한다는 개념을 받아들인 거죠. 친구들과 즐겼던 서핑도 더 이상 하지 않게 됐어요." 영화를 통해 배운 교훈은 그에게 어떻게 하면 인간적인 교감을 강화하고 삶의 소박한 즐거움을 늘리고 다시 친구와 서핑을 할 수 있을까 질문하게 만들었다.

벨릭의 질문은 다른 변화로도 이어졌다. 한 예로 '왜 나는 이웃들을 잘 모르지?' 하는 질문을 떠올리게 되었다. 그는 영화를 준비하면서 행복한 지역사회에서는 '모두가 서로 아는 사이'임을 깨달았다. 그가 사는 미국 서부 지역에서는 사람들이 편안한 집 안에만 머물고 서로 어울리지 않는 경향이 있었다. 벨릭은 '어떻게 하면 아프리카와 인도의 작은 마을에서 느낀 공동체 의식과 유대감을 찾을 수 있을까?' 생각하게 되었다. 로스앤젤레스의 고급 트레일러 파크에 사는 친구를 방문했는데, 앞문이 공동 공간 쪽으로 열려 있어서 이웃들끼리 서로 어울리지 않을 수가 없도록 되어 있었다.[23] 벨릭은 조금도 망설이지 않고 곧장 그곳으로 이사했다.

벨릭은 자신의 삶에 변화를 주기 위해 '지금까지 내 삶에서 효과적인 방법은 무엇이고, 어떻게 하면 지금의 삶에 그것을 더 많이 가져올 수 있을까?'라고 물었다. 긍정적 탐구는 대개 현재의 강점을 토대로 하지만 때로 과거를 들여다봄으로써 현재와 미래의 삶을 개선하는 방법을 찾을 수도 있다.

『무조건 행복할 것』의 저자 그레첸 루빈과 라이프 코치 에릭 마이젤은 모두 '어릴 때 좋아했던 일은 무엇인가?'라는 질문을 떠올려보라고 제안한다.

"우리가 여섯 살 또는 여덟 살 때 좋아했던 일이 지금도 여전히 좋아하는 일일 수도 있습니다"라고 마이젤은 말했다. 그는 어릴 때 가장 좋아했던 일과 관심사를 목록으로 만들어보라고 권한다. "지금도 공감되는 것이 있는지 살펴보세요. 그것은 사랑을 업데이트하는 과정이죠. 어릴 때는 좋아했는데 지금은 아닐 수도 있고 현재의 삶과 어울리지 않을 수도 있지만 그것의 새로운 버전을 찾을 수도 있습니다."

꼭 어린 시절로 제한할 필요는 없다. 벨릭은 청소년기 후반에서 20대 초반을 돌아보고 친구들과의 서핑이 자신의 삶에서 차지하는 중요성을 다시 발견했다. 좀 더 최근의 경험에서도 영감을 얻었다. 영화를 만들기 위해 세계를 여행하면서 깨달은 공동체 의식의 중요성을 떠올린 것이다.

재클린 노보그라츠는 '당신은 가장 아름답다고 느낄 때 무엇을 하고 있는가?'라는 질문을 통해 비슷한 이야기를 했다.[24] 그녀는 어큐먼 펀드 일로 세계를 돌아다니면서 전혀 어울리지 않는 상황에서도 이 질문을 한다. "봄베이의 빈민가에 사는 여성들에게 시도해 보기로 했어요." 처음에는 좋게 받아들여지지 않았다. "한 여성은 '우리 삶에는 아름다운 게 하나도 없어요'라고 했죠. 하지만 정원사로 일하는 여성이 '그럴 때가 하나 있어요. 겨울 내내 힘들게 일하고 또 일만 하는데 어느덧 새싹이 땅을 뚫고 올라와 꽃을 피우면 아름답다고 느껴요'라고 하더군요."

노보그라츠는 "자신이 빛나고 살아 있음을 가장 크게 느끼는 때와 장소, 일에 대해 생각하는 것이 중요해요. 나는 문제를 풀 때, 뭔가를 창조할 때, 누군가와 이어질 때, 여행을 할 때 모두 답이 달라져요"라고 말했다. 그녀는 답이 무엇이든 찾아서 음미하라고, 그리고 가능하다면 그것을 더 많이 할 수 있는 방법을 찾으라고 당부했다.

우리는 자신의 소명이나 자신이 잘하는 일을 알지 못하는 경우도 있다. 뒤로 물러나 거리를 두고 탐구적인 관점으로 자신의 행동을 바라봐야 하는 또 다른 이유다. 그레첸 루빈은 "자신에게 물어보세요. '나는 무엇을 하고 있는가?'라고. 당신이 어디에 시간을 쓰는지가 무엇을 해야 하는지 말해줄 수도 있습니다. 우리가 별다른 생각 없이 하는 일들이 자연스럽게 좋아하거나 잘하는 일일 수도 있으니까요"라고 조언했다.

저자 캐럴 애드리엔Carol Adrienne은 타고난 관심사를 찾아주는 효과적인 질문을 제시한다.[25] 서점에 있을 때 어느 코너에 끌리는 가? 관심 있고 좋아하고 잘하는 것들은 질문하기의 훌륭한 출발점이 되어준다. 예를 들어 다음과 같은 질문을 해볼 수 있다.

- 어떤 일을 할 때 내가 '빛나는' 것처럼 느껴지는 이유는? (이 활동/장소의 어떤 점이 나의 최고 모습을 이끌어내는가?)
- 만약 이 관심사/활동 또는 그것의 부분적인 측면을 내 삶과 좀 더 합칠 수 있다면? 만약 일과도 그럴 수 있다면?
- 어떻게 그렇게 할 수 있을까?

여기서 나온 답으로 뭔가를 실행하기는 훨씬 어렵지만 일련의 완만한 실험을 해보는 것으로 변화에 접근하면 도움이 된다.

작은 변화를 하나 준다면?

어떤 사람들은 '실험' 하면 실험실 가운과 현미경이 합쳐진 이미지를 떠올릴지도 모른다. 개구리를 해부하던 불편한 기억이 떠오를 수도 있다. 그러나 실험은 단순히 질문을 실천하는 것일 수도 있다. 새롭거나 다른 것에 대한 궁금증으로 시도해보고 결과를 평가하는 것, 그것이 실험이다.

심리학자이자 컴퓨터 과학자 로저 생크Roger Schank는 "우리는 학교에서 실험이 지루하고 과학자들이나 하는 것이며 일상생활과 아무런 관계가 없다고 배운다"라고 말한 적이 있다.[26] 그러나 생크의 지적대로 우리는 "새로운 직장에 취직하거나, 새로운 게임 전략을 시도하는 등" 실험이라고 생각하지 않으면서도 자주 실험을 하고 있다. 우리는 실험을 더 많이 해야 한다. 삶의 모든 측면은 실험이며, 그렇게 인식되어야 더 잘 이해할 수 있다. 살면서 임의적으로 무언가를 시도하면 마구잡이 결과가 나올 수 있다. 그러나 새로운 접근법이나 경험에 대해 생각을 한다면, 어째서 시도 가치가 있는지를 고려하고 가장 좋은 실험 방법이 무엇인지, 실험이 성공적인지, 추가적인 시도 가치가 있는지 평가해본다면 삶에 변화를 주는 더욱 실용적인 방법이 된다.

내가 질문을 실행하기 위해 실험이 필요하다는 생각을 한창 하고 있을 때, 한 친구가 작가 A. J. 제이콥스A. J. Jacobs를 소개해주었다.[27] "인생이 실험의 연속인 사람이야"라면서. 제이콥스가 《에스콰이어》에 쓴 유머러스한 1인칭 에세이를 읽어본 적이 있었다. 하지만 그의 '실험적인' 측면에 대해서는 완전히 알지 못했다.

못 말릴 정도로 호기심이 많은 제이콥스는 종종 어떤 사람들의 특정한 생활방식을 궁금해한다.[28] 그러면 '만약 내가 직접 해보면 어떨까?'라고 생각한다. 그런 다음에는 곧바로 '어떻게' 단계로 넘어가 직접 그 방식대로 살아보기 시작한다. 한 예로 제이콥스는 '나는 성경의 모든 말씀을 따릅니다'라고 말하는 사람들에 대해 궁금증이 생겼다. "당연히 그렇게 말하겠죠. 하지만 나는 '만약 정말로 성경 말씀대로 살아보면 어떨까?'라는 질문을 떠올리게 되었습니다." 그는 정말로 1년 동안 그렇게 했다(그 경험은 『미친 척하고 성경 말씀대로 살아본 1년』에 고스란히 담겼다). 그는 덥수룩한 턱수염을 기르고, 치렁치렁한 사제복을 입고, 시도 때도 없이 기도했다. 감사하라는 성경 말씀대로 하루에도 몇백 번씩 감사를 표현했다. 그는 나에게 말했다. "램프를 켤 때는 불이 들어와서 감사하고, 엘리베이터 버튼을 누를 때는 엘리베이터가 온 것에 감사하고, 지하실로 곤두박질쳐서 쇄골이 부러지지 않은 것에 감사했죠. 그런 식으로 하다 보면 하루에 제대로 되는 일이 수백 가지나 있는데, 우리는 잘못된 일 고작 서너 가지에 집중한다는 것을 알 수 있습니다."

제이콥스가 해본 또 다른 실험은 브리태니커 백과사전 32권을 처음부터 끝까지 몽땅 읽은 것이다(백과사전에 담긴 지식을 전부 다 '아는' 기분이 어떨까 궁금했다).[29] 또 산업 분야에 '아웃소싱'이 유행한다는 것을 알고 '만약 내 삶을 아웃소싱하면 어떨까?'라는 질문을 떠올렸다. 그는 인도의 아웃소싱 팀을 고용해 이메일 답장 보내기부터 밤에 어린 아들에게 동화책 읽어주기까지 일상의 모든 일을 대신하게 했다. "심지어 부부싸움까지 대신하게 했죠."

유머리스트인 그는 주로 독특한 놀라움을 선사하는 극단적인 경험에 끌린다. 때로는 변화로 가는 작은 한 걸음에 대한 흥미로운 교훈을 선사하는 소소하고 일상적인 실험도 한다.

그가 실시한 좀 더 현실적인 프로젝트에는《에스콰이어》의 '합리성 프로젝트'에서 시작된 것이 있다.[30] 매일 하는 일을 전부 기록해 아무리 사소하더라도 모든 결정의 이유를 묻는 것이었다. 한 예로 그는 '왜 크레스트 치약을 사용하는가?'라는 질문을 떠올리게 되었다. "열두 살 때 캠프 친구들한테 멋진 치약이라는 말을 듣고 나서부터였죠. 그 때문에 30년간 그 치약을 써온 겁니다." 일상적인 활동과 선택의 다수가 비슷했다. "우리가 얼마나 많은 일을 기계적으로 하고 있는지 알 수 있습니다."

제이콥스는 누구나 이따금 아침에 일어날 때부터 잠자리에 들 때까지 모든 것을 질문하고 다시 살펴봐야 한다고 생각한다. "스키를 타다 보면 스키 자국이 생겨서 그냥 쉽게 자국을 따라가면 되는 거나 마찬가지입니다. 하지만 계속 변화를 주면 스키 자국을 따라갈 수 없고 다른 방법으로 세상을 바라볼 수 있습니다."

그 작은 변화는 매일 아침 출근길이 될 수도 있다. 이부자리 등 집 안에 변화를 준 수도 있다. 요리는 훌륭한 실험 기회를 제공한다. 요리사 크리스 영Chris Young은 사람들에게 항상 그 사실을 상기시켜주려 한다고 말했다. "당신의 집에는 멋진 실험실이 있습니다. 바로 부엌이지요."[31] 옷차림이나 머리모양에 작은 변화를 줄 수도 있다. 왜 항상 똑같이 해야 하지? 새로운 시도를 해보면 어떨까? 제이콥스는 나에게 인터뷰를 통해 만난 정통 유대교 여인의 이야기를 들려주었다. 그녀는 안식일마다 사소한 일을 새로운 방식으로 해보려고 한다. "립스틱을 시계 방향이 아닌 반시계 방향으로 바른다는 겁니다. 무슨 일이든 좀 더 주의를 기울이면서 마음 챙김을 하는 거예요. 거기에는 놀라운 힘이 들어 있죠." 한 가지 작은 변화를 시도해서 효과가 있으면 좀 더 큰 변화를 비롯해 다른 변화를 자신감

있게 추진할 수 있다.[32]

　제이콥스는 작은 변화에 대한 팁을 또 하나 제공해주었다. 필요하다면 성공할 때까지 가장하라는 것이다. 제이콥스는 해비타트 Habitat for Humanity(전 세계의 열악한 주거 환경에서 고통받는 사람들이 제대로 된 집에서 살 수 있도록 하는 것을 목표로 1976년에 설립된 민간단체 - 옮긴이) 설립자 밀러드 풀러Millard Fuller의 말을 인용하여 다시 설명했다. "새로운 행동방식으로 생각하는 것보다 새로운 사고방식으로 행동하는 게 더 쉽다."[33]

　제이콥스는 직접 작은 변화를 실험해보고 그것이 사실임을 깨달았다. "무언가를 다른 방식으로 충분히 시도해보면 생각이 바뀔 수 있습니다. 억지로 미소를 지으면 뇌가 속아서 정말로 더 행복해지기 시작하죠." 제이콥스는 자세를 바꾸는 것부터 자신감 있게 행동하는 것까지 다양한 일에 '가장법'을 활용한다. 어떤 프로젝트에 의구심이 들 때는 '긍정적이고 자신감 넘치는 사람이라면 어떻게 할까?'라고 묻는다. 아마도 그는 의구심을 떨쳐버리고 앞으로 나아가려고 할 것이므로 제이콥스도 그렇게 하려고 한다.

　실험은 작은 변화뿐만 아니라 커다란 변화에도 적용할 수 있으며 또 그래야만 한다. 커리어 변화가 좋은 예다. 프랑스 퐁텐블로에 있는 인시아드 경영대학원의 조직행동학 교수이자 『터닝 포인트 : 전직의 기술』을 쓴 허미니아 아이바라Herminia Ibarra는 새로운 커리어를 찾는 가장 좋은 방법은 '만약에 이것을 시도해보면 어떨까?'라는 질문을 계속 떠올리면서 빠르게 실행하는 것이라고 말했다.[34]

아이바라는 이것이 약간 직관에 반한다고 말했다. 대부분의 사람들은 오랜 시간과 연구, 계획을 거쳐서 완벽한 새로운 커리어를 찾았을 때 행동으로 옮겨야 한다고 가정한다. 일반적인 커리어 변화에는 대개 엄청나게 많은 자기계발서를 읽고 조언을 해줄 사람과 대화하고 '진정한 자아'를 보여주는 깨달음의 순간을 기다리는 일이 포함된다고 그녀는 말했다. 그런 시점이 오면 자신감 있게 새로운 방향으로 나아간다. 하지만 아이바라는 그 모든 것이 틀렸다고 말했다. "행동을 해야 합니다." 그녀는 연구를 통해 실제 커리어 변화는 대개 3년이 걸리는데, 유선형의 길을 따라 이루어지는 경우는 드물다는 사실을 발견했다. 일련의 시행착오를 거쳐 종종 스스로도 놀라게 되는 곳에 도착하게 된다. 그러나 가장 중요한 것은 최대한 빨리 실험과 학습이 시작되도록 하는 것이다.

아이바라에 따르면 성공적인 커리어 변화의 핵심적인 첫 단계는 공들여 실험을 짜는 것이다. 그녀는 임시직, 외부 계약직, 자문직, 아르바이트 등으로 새로운 분야의 경험을 익히고 기술을 구축하라고 조언한다. 방문연구직이나 안식일, 장기 휴직 등이 실험 기회를 제공하는 데 중요하게 쓰일 수 있다. 그녀는 "우리는 이론이 아니라 현실을 실험해봄으로써 실천을 통해 자신이 누군지 알게 된다"라고 결론짓는다.

린 스타트업의 에릭 리스는 아이바라가 개인에게 해주는 조언을 기업에 적용하면서 급성장하고 있는 운동을 이끌어왔다. 즉 기업들에게 다양한 아이디어 중에서 무엇이 효과적인지 판단한 다음 새로운 제품과 서비스를 재빨리 시장에 내놓고 '실험하고 배우라는'

것이다.

리스는 린 스타트업의 방식과 철학이 개인의 삶에도 적용될 수 있다고 생각한다. 기본적인 원칙은 똑같다. 새로운 커리어를 시작하거나, 창의적인 프로젝트나 새로운 유형의 계획에 착수하는 것도 전부 '스타트업' 모드이며 '린' 법칙이 적용된다. '만약' 질문을 많이 떠올려서 새로운 가능성을 찾아 실험하고 재빨리 아이디어에 형태를 부여해 세상에 내놓는다. 무엇이 효과적이고 그렇지 않은지 피드백을 얻는다. 한마디로, 실험을 해야 한다.

만약 실패할 수 없다면?

강력한 질문의 특징은 멀리 퍼져나간다는 것이다. 이 질문도 마찬가지다. 이 질문은 약 20년 전에 미국의 로버트 슐러Robert Schuller 목사에 의해 대중화되었다.[35] 그가 내놓은 원래 질문은 '실패할 수 없다는 것을 안다면 당신은 무엇을 하려고 하겠습니까?'였다.

지난 몇 년간 이 질문은 DARPA 소장을 지낸 레지나 듀건의 TED 강연에 소개됨으로써 또다시 인기를 끌었다.[36] 구글 X 설립자 세바스찬 스런도 이 질문의 지지자로 '레딧Reddit' 등 여러 곳에서 인용했다.

이처럼 먼 길을 달려온 질문이지만―결함 있는 질문이라고 생각하는 사람들도 있지만―이것은 상상력을 넓히고 불붙이는 아름다

만약 TV 드라마가 실생활의 변화를 자극할 수 있다면?³⁷

볼티모어를 배경으로 한 범죄 드라마「더 와이어」가 종영된 후에도 여주인공을 맡은 배우 손자 손Sonja Sohn은 볼티모어를 떠날 준비가 되지 않았다. 어린 시절을 힘들게 보냈기에 드라마에서 다뤄진 문제들을 깊이 공감할 수 있었던 그녀는 어떤 식으로든 그 지역에 보탬이 되고 싶었다. 그녀는 이런 질문을 떠올렸다.「더 와이어」를 학교로 가져가, 캐릭터들이 환경과 타협하는 모습을 분석해서 아이들이 비슷한 경험을 이야기하도록 한다면? 그렇게 하면 아이들이 외부의 관점을 통해 자신이 어떤 결정을 하는지 알고 다른 방법을 시도해볼 수 있지 않을까? 2009년 그녀는 볼티모어에 비영리단체 리와이어드 포 체인지ReWired for Change를 설립했고,「더 와이어」의 에피소드들(그리고 그 밖에 다른 방법들과 인생 수업)이 비행 청소년들로 하여금 마음을 열고 자신의 삶에 대해 이야기하도록 하는 한편 도덕과 인과관계, 결정, 결과 등에 관한 중요한 사고를 가르치고 있다.

운 질문의 전형적인 본보기라고 할 수 있다. '하나의 작은 변화' 다음에 생각해볼 질문으로도 적합하다. 작은 변화가 무난한 행동을 장려한다면, 이 질문은 크게 생각할 수 있도록 한다.

앞에서 기업들이 '만약'이라는 가정적인 질문으로 야심찬 사고를 억제할 수 있는 제약을 일시적으로 제거하는 모습을 살펴보았다(만약에 비용이 문제되지 않는다면 어떻게 다르게 할까?). 사람들이 새로운 아이디어를 추구하거나 삶의 변화를 시도할 때도 똑같은 법칙이 적용된다. 가장 큰 제약은 실패에 대한 두려움인 경우가 많다.

내가 세바스찬 스런에게 '만약 실패할 수 없다면?'이라는 질문에 공감하는 이유를 물었더니 이렇게 대답했다. "사람들의 주요 실패 원인은 실패를 두려워하기 때문입니다." 자동차든 대학 강의든, 급격한 변화를 시도할 때 그의 기본 원리는 "빠르게 실패하고 실패를 축하하는 것"이다. 스런은 "혁신가는 두려움이 없습니다"라고 덧붙였다.

레지나 듀건이 TED 강연에서 '실패할 수 없다면' 질문으로 전달한 메시지도 그것이었다. 그녀는 청중들에게 "정말로 이 질문을 떠올려보면 불편해지는 것은 어쩔 수 없습니다. 실패의 두려움이 위대한 일을 못하게 한다는 사실이 분명해지기 때문이죠. …… 삶도 따분해집니다. 놀라운 일들이 일어나지 않으니까요"라고 말했다. 그리고 그녀는 만약 그 두려움을 이겨낼 수 있다면 "불가능한 일들이 갑자기 가능해집니다"라고 덧붙였다.

실패를 수용해야 한다는 개념은 실리콘밸리의 일반적인 신조로 자리 잡았는데, 최근에는 '실패는 좋은 것'이라는 메시지가 2013년 오프라 윈프리의 하버드 대학교 졸업식 연설 등에 등장함으로써 주류에 편입되었다.[38] 갑자기 이런 발상이 만연하자 웹사이트 빅 싱크의 저자는 작은 반발을 일으키기도 했다. 그는 이런 트렌드를 '실패 페티시failure fetish'로 표현했다.[39] 아무리 미디어에서 좋게 포장해도 현실에서 실패는 고통스럽고 때로는 파괴적이라고 그는 지적했다.

그럼에도 불구하고 많은 이들이 '실패 수용'의 메시지를 독려하고 있다. 저자 피터 심스는 실패의 두려움이 어린 시절부터 우리에게 주입된다고 말했다.[40] 그는《하버드 비즈니스 리뷰》에 "부모는 당신에게 스포츠와 학교, 스카우트, 일에서 성취 또 성취를 원했다. 교사는 '틀린' 답을 내놓았다고 당신을 벌주었다"라고 썼다. 게다가 비즈니스 세계로 옮겨가면서 상황은 더욱 악화되었고 "현대 산업 경영은 여전히 주로 위험을 완화하고 오류를 막는 데 입각해 있다"고 말했다.

한편 기업가 정신과 창의성을 중요시하는 부문에서 실패는 창의성과 혁신으로 가는, 피할 수 없고 때로는 매우 유용한 단계라고 인정받는다. 아이라이터를 발명한 믹 에블링은 이렇게 말했다. "실패했을 때 나는 웃기 시작합니다. 마치 체크 표시를 하나 더 한 것처럼 '좋아, 하나 더 해치웠군'이라고 생각하지요. 목표에 훨씬 더 가까워졌으니까요."[41]

창의성이 뛰어난 사람들은 항상 그 사실을 알고 있었다. 시인 존 키츠John Keats는 "어떤 의미에서 실패는 성공으로 가는 고속도로와 같다. 오류를 발견할 때마다 진실을 열심히 추구하게 되기 때문이다"라고 했다.[42] 웃을 수 있을 정도로 실패를 편안하게 받아들이기 힘들다면 실패의 본성과 실패에 대한 인식에 질문하는 것부터 시작하자. 실패는 나에게 어떤 의미인가? 나는 실패를 최종 상태로 보는가, 발전의 일시적 단계로 보는가? 수용할 수 있는 실패와 수용할 수 없는 실패는 어떻게 구분하는가? (모든 실패가 똑같지 않고, 모든 실패가 앞으로 나아가게 도와주지 않는다. 어떤 실패는 모든 것을 정지시킬 수도 있다.) 생산적인 '작은 실패'를 파괴적인 '큰 실패'를 피하는 수단으로 이용할 수 있는가?

저자이자 블로거, 기업 창업가인 조너선 필즈는 실패도 겪을 만큼 겪었고 성공은 더 많이 겪었다. 그 과정에서 우리가 실패의 가능성에 대해 떠올려야 할 질문이라는 흥미로운 아이디어를 개발했다. 필즈는 '만약 실패할 수 없다면?'이라는 질문을 별로 좋아하지 않는다. "환상의 시나리오를 제안하기 때문입니다. 나는 실패할 수도 있는 현실에 직면해 행동을 취하도록 힘을 주는 일련의 질문으로 사람들을 이끌어주는 데 더 관심이 있습니다."

필즈는 우리가 새로운 시도를 할 때 이런 질문을 통해 실패의 가능성과 직면하기 시작해야 한다고 생각한다.

만약에 실패하면 어떻게 회복할 것인가?

필즈에 따르면 우리는 실패에 대해 모호하고 과장되게 생각하는 경우가 많다. 분명하게 생각하지도 못할 만큼 두려워하는 것이다. 그는 위험 요소가 따르는 시도를 하는 사람이라면 실패할 경우 어떻게 되고 실패에서 회복하기 위해 무엇이 필요한지를 시각화하는 것부터 시작하라고 제안한다.

이렇게 하면 어떤 일이든 실패했다고 끝장이 아니라는 사실을 분명히 알 수 있다. 어떤 상황이든 돌아갈 방법이 있다는 것을 알면 더 큰 자신감을 가지고 해나갈 수 있다. 심리학자이자 저자인 주디스 벡Judith Beck은 부모들에게 '최악의 상황이 닥쳤을 때 어떻게 대처할 수 있는가?'라는 비슷한 질문을 활용한다고 말했다.[43] "최악의 공포를 지나갈 수 있고 버틸 수 있는 안과 밖의 자원이 있다는 것을 알면 사람들의 불안감이 누그러진다."

필즈는 우리가 떠올려야 할 중요한 질문이 또 있다고 말했다.

만약에 아무것도 하지 않으면?

이 질문은 우리가 중요한 변화를 시도하는 것은 대개 변화가 필요해서이고 앞으로 나아가지 못하는 불만족스런 상태로 남게 된다는 것을 강조해준다. 이미 존재하는 문제나 불안이 더욱 악화될 것이다. "샛길은 없습니다"라고 필즈는 말했다. 일반적으로 삶에서는 앞으로 가지 않으면 뒤로 가는 것이다.

마지막으로 필즈는 이런 질문을 하라고 한다.

만약에 성공하면?

"이 질문은 매우 중요합니다. 우리 뇌는 자동으로 부정적인 시나리오 쪽으로 가도록 프로그래밍되어 있기 때문이죠. 따라서 긍정적인 것, 마비가 아니라 행동을 부채질하는 무언가를 마음이 붙잡도록 하려면 이 일이 가져다줄 성공이 어떤 모습인지 어느 정도 분명하게 그려보면 도움이 됩니다."

다시 말해 실패를 무릅쓰도록 자신에게 강력한 인센티브를 주라는 것이다. 블로거 크리스 길아보Chris Guillebeau는 로버트 슐러의 질문에 또 의견을 더한다." "실패하지 않을 것을 안다면 무엇을 할지 생각하는 것보다 나은 질문은…… '실패하거나 성공하거나 상관없이 진정으로 실행 가치가 있는 일은 무엇인가?'일지도 모른다"라고 썼다.

어떻게 뚜껑을 비집어 열고
페인트를 휘저을 수 있을까?

실패의 위험이 있어도 시도 가치가 있는 일을 찾으라는 길아보의 질문을 생각해볼 때, 그런 투자 가치가 있는 도전은 상상력을 자극하고 마음을 움직이고 사람들을 하나로 모아주는 일일 것이다. 사회운동가 프랜시스 피비는 그녀가 '전략적 질문'이라고 부른 것에 탁월했다.[45] 이것은 열린 마음과 진정한 관심으로 하는 질문이라고 할 수 있다. 피비의 질문은 방콕 빈민가에서 전쟁으로 신음하는 보스니아, 인도 갠지스 강의 물, 그녀의 제2의 고향인 캘리포니아 오클랜드까지 세계 구석구석에 흔적을 남겼다.

피비는 (2010년에 사망한) 좋게 말하자면 괴짜였다. 커다란 체구에 활기가 넘쳤던(그녀를 인터뷰한 저널리스트는 그녀가 웃음을 터뜨릴 때마다 '살이 떨리고…… 가슴이 들썩거리고 양쪽 귀가 위아래로 흔들린다'라고 했다)[46] 그녀는 한때 부조리주의 코미디언이었고 전업 사회운동가였다. 여행을 할 때면 '기꺼이 귀 기울이는 미국인'이라고 적힌 작은 표지판을 가지고 다니면서, 기차역에 앉아서나 사람들이 많이 모이는 곳에서 들고 있었다.

그것은 특이하면서 효과적이었다. 사람들은 피비에게 다가와ー때로는 조심스럽게ー뭘 하는지 물어보았다. 이런 식으로 그녀는 20년 넘게 수천 명을 인터뷰했다. 《멜버른 에이지》에서 그녀는 이렇게 말했다. "인터뷰 기법을 다듬었습니다. 의견과 이야기의 도약판 역할을 하는 개방형 질문을 하는 거예요. '당신의 삶에 변화가 생긴다면 어떻겠어요?'와 같은 질문을 하는 거죠."[47]

피비는 올바른 유형의 질문, 개방적이고 탐구적이고 때로는 조금 도발적이지만 절대로 비판적이지 않은 질문들을 이용하면 문화나 정치, 기질적으로 판이하게 다른 사람들과 의미 있는 대화를 할 수 있다고 믿었다. 그런 질문은 사람들 사이에 슬그머니 미끄러져 들어가 공통점과 공통 관심사를 찾아줄 수 있었다. 그리고 결국 질문과 토론이 깊어져서 갈등과 문제를 해결해주기 시작한다.

피비는 다양한 문제에 직면한 사람들에게 '전략적 질문'을 활용했다. 어느 뉴스에서 보도했듯이 그녀는 동네에서 쫓겨날 위기에 처한 태국의 매춘부들을 도왔고 오사카의 노숙자들에게 먹을 것을 제공하는 프로그램에 착수했으며 크로아티아의 도시 두브로브니크Dubrovnik에 식물원을 이주시켰고 가장 좋아하는 장소에서 스케이트보드를 타지 못하게 된 캘리포니아의 스케이트보더들까지 도왔다. 그녀가 실시한 더욱 흥미로운 프로젝트는 갠지스 강 청소에 대한 대중의 인식을 높이려는 캠페인이었다.[48] 그녀는 문제에 대해 더 잘 이해할 수 있도록 일련의 질문을 이용했는데, 주민들에게 이런 질문을 했다.

- 강의 상태에 대해 어떻게 느낍니까?
- 강의 상태를 자녀들에게 어떻게 설명합니까?

피비는 신중하게 언어를 선택했다고 말했다. 오염이라는 단어를 사용하지 않으려 했고(강을 신성시하는 사람들에게 불쾌감을 줄 수 있으므로) 대신 '강을 보살피자'는 내용을 중심으로 질문과 토론을 구성했다. 그녀는 사람들이 강 청소라는 엄청난 과제에 위축감을 느낀다는 것을 알 수 있었으므로 장기적이지만 계속 현재 진행 중인 목표에 관한 질문에 초점을 맞추었다.

강 청소를 위해 아이들을 어떻게 준비시키고 있습니까?

사람들은 아무것도 하고 있지 않음을 인정할 수밖에 없었다. "강에 대한 사랑, 아이들에 대한 사랑, 그리고 그 질문에 대한 질문의 부재는 머릿속에 오래 머물 수 없었다. 엄청난 불협화음이었다"라고 그녀는 썼다.

부모들은 강의 건강을 주제로 아이들을 위한 포스터 그리기 대회를 주최함으로써 반응했다. 공공장소에 포스터를 붙여놓아 "아이들 눈에 무엇이 보이는지 어른들이 보고 당황스럽게 하려는 것"이 계획이었다. 그 후 포스터 그리기 대회는 대규모 연중행사가 되었다. 그런데 피비가 글로 썼듯이 그 아이디어는 그녀에게서 나오지 않았다. 피비의 질문에서 촉발되어 주민들에게서 직접 나온 것이었다.

피비는 질문이 꽉 닫힌 페인트통 뚜껑을 비집어 여는 지렛대 역할을 할 수 있다고 생각했다. 그녀는 "좀 더 긴 지렛대 혹은 좀 더 역동적인 질문이 있다면 마구 휘저을 수 있다"라고 썼다. 사람들의 머릿속에 이미 들어 있는 아이디어와 잠재적인 질문을 휘젓는다는 뜻이다. 조금만 섞어주면 생각들이 하나로 합쳐질 수 있다. 피비의 질문 접근법은 역시 당시의 양극화 시대에 큰 연관성이 있는 서로 다른 문화나 관점의 사람들 사이의 '분리'를 부수려는 목적도 있었다.

사람들의 관점이 서로 다를 때, 한쪽이 다른 쪽에 답을 강요하려고 하면 문제가 될 수 있다. 대화가 논쟁으로 변질되거나 아예 멈춰버릴 수도 있다. 가장 분열적인 질문들의 교착 상태를 깨려면 선언적인 말은 보류하고 다음과 같은 시도를 해봐야 한다.

자신에게 다가가기 위해 어떻게 할 것인가?⁴⁹

마약과 폭력이 판치는 필라델피아 북부의 베드랜즈Badlands에 위치한 성서 교회bible church의 목사 조엘 밴 다이크Joel Van Dyke는 그 지역의 청소년들에게 다가가려고 노력했지만 오랜 세월이 지나도록 방법을 찾지 못했다. 그러던 중 E. E. 커밍스가 남긴 '아름다운 질문'에 대한 문구를 접한 뒤 밴 다이크는 질문을 도구로 활용하기로 했다. 그는 청소년들에게 무엇이 필요한지 안다고 말하는 대신, "네 자신에게 다가가려면 어떻게 하겠니?"라고 묻기로 했다. 지역사회에 직접 뛰어들어 질문을 하려는 밴 다이크의 의지는 놀라운 대화로 이어졌다. 그 지역의 청소년들(갱 우두머리들을 포함해)이 핸드볼을 할 수 있는 공간이 필요한데 지역의 기관들은 관심조차 없다고 말했다. 그들은 "핸드볼 대회를 열어주세요. 친구들을 전부 데리고 갈게요"라고 밴 다이크에게 말했다. 밴 다이크의 교회는 1년에 네 차례의 핸드볼 경기를 후원하기 시작했고 사역의 메시지를 전할 수 있는 장소도 되었다.

우리가 아직 답에 동의하지 않는다면 적어도 질문은 받아들일 수 있을까?

광고맨에서 사회운동가로 변신한 존 본드Jon Bond는 아내 레베카와 함께 2012년 코네티컷 뉴타운 초등학교에서 발생한 총기사건 이후 총기 폭력에 반대하는 이볼브Evolve라는 운동을 시작했다.⁵⁰ 이들은 총기 규제에 관한 대화가 '어떻게 하면 생명을 구할 수 있을까?'라는 보다 큰 질문에 초점이 맞춰지도록 재구성했다.

"우리는 질문을 이용해 총기 소유자들과 비소유자들의 공통점을 발견했습니다." 본드가 나에게 말했다. 양쪽 모두 동의한 질문은 다음과 같았다.

• 당신은 총기 폭력에 관심을 기울입니까?
• 당신은 총기 책임에 동의합니까?

"이런 질문에는 전적으로 '긍정적인' 대답이 나온 반면 '총기 소유자는 더 책임이 강해야 한다'처럼 단정적인 문장에는 개인적이고 방어적인 반응이 나왔습니다"라고 본드가 말했다. 그는 질문이 "말을 통한 비폭력적인 갈등해소에 해당한다"고 말했다. 양극화된 사안에 견인력을 얻는 유일한 방법은 양쪽에 사람들을 끌어들이는 것이지 '항복하라고 괴롭히는 것이 아니다'. 그의 말처럼 질문은 단어를 세심하게 선택한다면 양쪽에 존중심을 보여주고 참여를 유도하고 대화를 열어준다. 광고계에 몸담았던 본드는 그것을 '당기기' 대 '밀기'의 기술이라고 표현했다. "질문 없이는 불가능합니다."

피비와 본드가 밝혔듯이 그런 질문들은 문화를 인식하고 통찰과 존중심이 들어 있고 마음을 끌어야만 한다. 질문자에게 맥락적 탐구를 필요로 할 수도 있다. 피비는 물론이고 경계를 허무는 또 다른 전문가 노보그라츠가 활용한 방법은 다른 관점을 가진 사람들의 세계로 들어가 "그들과 함께 자리에 앉아" 그들의 관점으로 문제를 바라보려고 하는 것만큼 좋은 방법이 없음을 보여준다.

페이스북의 공동 설립자 크리스 휴즈Chris Hughes의 조언도 귀담아들어야 한다. 그는 최근 어느 졸업식 연설에서 졸업생들에게 "안전지대에서 벗어나기 쉽게 만들어주는 습관을 들이세요. 트위터에서 여러분이 반대하는 생각을 가진 사람을 팔로우하세요"라고 힘주어 말했다.[51]

휴즈는 자신과 반대 입장이지만 개방적이고 호기심 많은 사람의 관점에도 질문을 해야 한다는 데 틀림없이 동의할 것이다.

왜 저 사람은 저런 관점으로 이 사안을 바라볼까? 왜 나는 다르게 보는가? 우리는 서로 어떤 가정에서 생각하고 있는가?

마이크로소프트의 최고 엔지니어 마이클 코닝Michael Corning이 이런 상황에서 강력 추천하는 질문이 있다.[52] 그가 일과 생활 모두에서 활용해온 질문이다.

내가 틀릴 가능성이 얼마나 있는가?

코닝이 지적하는 것처럼 가끔씩 잠깐 멈추어 이 질문을 떠올려보면 우리가 자신의 관점을 지나치게 확신하는 경향이 있음을 알 수 있다. 또한 이런 질문을 떠올려보면 자동차 열쇠를 제자리에 두지 않은 사람이 누구인지 서로 탓하는 데서 시작된 장황한 언쟁을 비롯해 집 안에서 일어나는 모든 문제를 피할 수 있다고 코닝은 덧붙였다.

'차이 속으로 들어가도록' 도와주는 공감적 질문empathetic questioning은 친구, 이웃, 동료, 형제자매, 인척, 큰아들 등 가장 가까운 사람들과의 유대관계를 더욱 탄탄히 해주기도 한다. 다양한 방법을 적용해 질문을 하면 인간관계의 문제를 이해하고 가능한 해결책을 시험해볼 수 있다. 앞에서 살펴본 '왜 장인어른과 잘 지내기가 힘들까?'라는 가정적 질문을 예로 들어보자.[53] '질문에 질문을 던짐으로써' 잘못된 가정이 있는지 확인해봐야 한다(이것은 사실인가? 장인어른은 누구하고든 가까워지기 힘든 사람인가?). 만약 장인어른이 당신과 비슷한 또래의 다른 사위 등 다른 사람들과는 잘 지낸다면 보다 나은 '왜' 질문은 '왜 나는 장인어른과 잘 지내기가 힘들까?'가 된다.

맥락적 탐구로 또 다른 '왜' 질문을 합쳐 넣을 수도 있다.

- 왜, 정확히, 나는 장인어른과 잘 어울리지 못한다고 느끼는가?
- 왜 나는 그 사실을 바꾸고 싶은가?
- 왜 장인어른과 다른 사위의 관계가 더 나은가? (내가 배울 수 있는 점은 무엇인가?)

이런 질문의 답을 바탕으로 다음번 가정적인 질문(장인어른과 정 신없는 가족 모임에서만 만난다는 사실을 고려할 때, 만약에 좀 더 여유로 운 환경에서의 만남을 계획한다면?)과 '어떻게' 전략으로 넘어갈 수 있 다(새로 산 우리 집 대형 스크린 TV로 스포츠 경기를 함께 보자고 한다면 어떨까?). 이렇게 질문을 통해 인간관계의 본질적 문제를 분석하고 타인의 관점으로 바라보고 전략적인 질문으로 가능한 아이디어와 해결책이 나올 수 있다.

타인과의 공통점을 찾는 것이 연결의 열쇠다. 가족이 함께 질문 을 해야 할 수도 있다. 『가족을 고쳐드립니다』의 저자 브루스 파일 러Bruce Feiler는 매주 가족회의를 열어 세 가지 질문에 대해 생각해 보는 방법으로 가족 간 대화의 질을 크게 개선할 수 있었다.[54]

- 이번 주에 우리 집에서 잘된 일들은 무엇인가?
- 더 잘할 수 있는 일들은 무엇인가?
- 다음 주에 가족이 다 함께 노력할 수 있는 일들은 무엇인가?

파일러는 저자 스티븐 코비Stephen Covey가 제안한 아이디어를 개선시켜 기업 사명서와 비슷한 가족 사명서를 만들라고 제안한다. 가족 간에 공동의 목표의식을 만든다는 것은 좋은 아이디어가 분명하지만 '선언'보다 '질문' 형태의 사명이 더욱 흥미로울 수 있다. 가족 사명 질문은 '우리는 어떻게 가족으로서 지역사회에 기여할 수 있을까?', '우리는 어떻게 집안의 전통을 이어갈 수 있을까?' 등이 될 수 있다.

그룹에 가장 의미 있고 즐겁고 가능성 있는 질문을 함께 찾아나가는 과정도 보람 있는 경험이다. 그룹이든 개인이든, 그런 질문을 찾을 때는 가볍게 선택하고 싶지 않을 것이다.

어떻게 아름다운 질문을 찾을까?

슈퍼마켓 체인 트레이더 조의 회장으로 이어온 성공적인 커리어를 마무리하게 된 2008년, 더그 라우치Doug Rauch는 퇴직하고 그냥 골프나 칠 수도 있었다.[55] 그러나 많은 사람처럼 그는 전통적인 퇴직의 개념이 편하게 다가오지 않았다. "자기 자신보다 커다란 일에 참여할 때 목적을 찾을 수 있다고 생각합니다. 운이 좋다면 하나의 중요한 영역, 즉 자신의 커리어에서 또 다른 영역으로 옮겨갈 수 있겠지요."

그런데 새로운 '중요한 영역'을 어떻게 찾을 수 있을까? 그는 확신이 없었지만 하버드의 펠로우십 프로그램에 대해 알게 되었다. 지식과 경험이 풍부한, 퇴직한 기업 임원들이 의미 있는 대의와 프로젝트에 참여할 수 있도록 격려해주는 프로그램이었다. 퇴직자들이 구체적인 관심 과제를 찾을 수 있도록 코칭과 대학 자원을 제공하지만 라우치를 비롯해 참가자들은 어떤 목표를 추구할 것인지는 직접 찾아야 했다.

"여러 가지 다양한 도전을 찾아보기 시작했지만 항상 '아는 것으로 나가자'라는 결론에 이르게 되더군요. 내가 아는 것은 바로 먹을거리였죠." 그가 아는 것이 또 있었다. "굶주리는 미국인이 5,000만 명입니다."

라우치는 이 문제에 대해 생각하기 시작하면서 왜, 만약에, 어떻게 단계의 주기를 여러 번 거쳤다(그는 질문하기의 초보자가 아니었다. '질문은 혁신의 핵심이다'라는 믿음을 바탕으로 트레이더 조에서 그 기술을 연습하고 연마했다).

그는 '왜 미국이라는 나라에 여섯 명 중 한 명이 굶는 상황이 발생했는가?'라는 질문부터 시작했다.

그는 문제의 본질에 대한 맥락적 탐구를 하면서 그 수수께끼를 다른 질문들과 합쳤다. 비만과 굶주림이 공존한다는 사실에 주목하면서 '어떻게 비만인 사람이 굶주릴 수 있을까?'라고 묻는 자신을 발견했다. 그 질문을 파고들면서 몇 가지 기본적인 가정을 지나야 했는데, 그중 하나는 굶주림이 칼로리 부족이라는 것이었다. 현실에서 가난한 사람들은 훨씬 저렴하다는 이유로 '텅 빈 칼로리 empty calories'를 채우는 경향이 있다. 그는 "3달러밖에 없다면 칩과 탄산음료로 훨씬 많은 칼로리를 섭취할 수 있습니다"라고 말했다. 하지만 영양학적인 측면에서는 여전히 굶주리는 것이다.

가장 화나는 질문은 "미국에서 재배되는 먹을거리의 40퍼센트도 소비되지 못한다"는 사실에서 나왔다. 라우치는 "당연히 '왜 그렇게 많은 먹을거리가 결국 매립지 신세가 되는 것일까?'라는 의문이 생길 겁니다"라고 말했다.

그다음에 라우치는 스스로 약간의 연계적 탐구를 했다. "모든 조각이 하나로 맞춰지면서 '만약 하나의 문제를 이용해 다른 문제를 해결할 수 있다면?'이라는 생각이 듭니다."

슈퍼마켓 체인 출신인 그는 매장 진열대에 먹을 것이 잔뜩 쌓여 있다는 사실을 알고 있었다. 이는 '어떻게 먹을거리를 슈퍼마켓에서 먹을거리의 사막으로 옮길 수 있을까?'로 이어졌다.

마침내 라우치는 가능한 해결책을 내놓았다. 슈퍼마켓과 생산업체로부터 사용되지 않은 먹을거리를 할인가에 구입한 뒤 편리하고 영양가 많은 가정용 식사로 재포장하여 보스턴의 대규모 실내 파머스 마켓에 저렴한 가격으로 판매하는 사업체를 만드는 것이었다.

2013년 중반기에 이르러 라우치는 그 아이디어를 현실화하는 과정을 순조롭게 진행하고 있었다. 사업체 설립에 필요한 자금을 모았고 적당한 장소도 골랐다. 벽에 지역사회 예술가들의 작품을 걸어 이웃처럼 친근한 느낌을 줄 계획이었다. 그는 먹을거리 시장이 품질 좋은 먹을거리를 싸게 공급하는 트레이더 조의 매력을 담아내기를 바랐다. 먹을거리를 나눠주면 어떨까? 라우치는 그 질문에 착수했지만 기업 경영 측면에서 지속가능하지 않고 사람들이 원하는 바도 아니라는 결론에 이르렀다. 많은 사람이 공짜로 나눠주는 먹을거리에 의심스러운 눈초리를 보낸다. 그러나 저렴하게 구입한다는 생각이 들면 누구나 좋아한다. 이러한 깨달음은 라우치에게 가정적인 질문을 촉발시켰다. 만약에 공짜로 나눠주는 대신 저렴한 가격으로 제공한다면?

라우치의 이야기는 아직 결말을 논의할 단계가 아니다. 지금 이 글을 쓰고 있는 시점에서 그는 '어떻게' 단계에 머물러 있다(어떻게 사업을 론칭할 것인가? 어떻게 사람들을 참여시킬 수 있을까? 어떻게 그 숫자를 더할 수 있을까?). 그의 이야기는 아름다운 질문을 찾는 도전을 보여주는 좋은 사례다.

라우치는 대담하고 야심찬 질문을 떠올렸고 가장 크고 골치 아픈 문제에 달려들었다. 그것도 많은 사람이 힘들고 새로운 것에서 뒤로 물러나 좀 더 편안하고 익숙한 생활에 안주해야 한다고 생각하는 삶의 단계에서 그렇게 했다. 그는 자신의 질문을 찾는 과정에서 타인(하버드의 펠로우십 프로그램)에게 도움과 조언을 구했다. 주위를 둘러보며 세상이 가장 필요로 하는 것이 무엇인지도 찾으려고 했다. 그러나 그는 자신의 내면도 살펴보면서 자신이 무엇을 잘하는지, 어떻게 하면 그 기술을 새롭고 의미 있게 사용할 수 있는지 질문했다.

목표로 삼을 만한 크고 아름다운 질문을 찾기란 쉽지 않다. 그것이 '왜'로 시작해야 하는 합리적인 이유를 살펴보도록 하자. 누구에게나 목표와 계획, 열정, 관심사 혹은 우려가 있다. 어차피 할 일도 많고 생각할 것도 많은데, 크고 어렵고 아직 답이 없는 질문 하나를 더하지 못할 까닭이 있을까? 질문에는 추진력이 있다. 누구든 할 일이나 달성해야 할 목표가 있다. 하지만 흥미로운 질문이 있으면 그것을 옆으로 제쳐놓고 무시하기가 더 힘들어진다. 데이비드 쿠퍼라이더의 말처럼 강력한 질문은 절대로 잠들지 않기 때문이다. 그것은 우리의 머릿속 깊은 곳으로 들어가 뇌가 의식적으로 혹은 무의식적으로 답을 찾는 일에 착수한다.

개인적인 도전을 질문 형태로 표현하면 또 이득이 있다. 누구나 어떤 질문이든 떠올릴 수 있으므로 대담하고 모험적이 될 수 있다. 굳이 유명한 전문가가 아니라도 된다. '내 질문과 함께 세상으로 나아가 뭘 찾을 수 있는지 볼 거야'라는 생각만 있으면 충분하다. 그렇게 하면 아이디어를 떠올리고 지원을 얻기에 유리해진다. 답을 가지고 접근하면 사람들이 무시하거나 반박하기 일쑤지만, 좋은 질

 우리는 '퇴직'이라는 개념에서 퇴직해야 할까?[56]

베이비붐 세대의 노령화 현상은 '60대 퇴직자가 그렇게 많은데 과연 감당할 수 있을까?'라는 질문을 내놓는다. '퇴직이 정말로 가장 만족스럽고 생산적으로 말년을 보내는 방법일까?'하는 질문도 마찬가지다. 'Encore.org'를 설립한 마크 프리드먼Marc Freedman은 60대 이상 노년층 증가 현상을 바라보면서 이런 질문을 한다. 왜 그들을 의존적인 존재가 아니라 풍부한 인력으로 생각하지 않을까? 프리드먼은 나이 많은 근로자들이 가진 풍부한 지식과 경험을 고급 기술의 필요성이 점점 커지는 비영리 부문이나 자선단체, 학교에서 활용해 '앙코르 커리어'를 추구할 수 있다고 생각한다. 프리드먼의 'Encore.org 운동'은 수명이 점점 길어지는 이 시대에 베이비붐 세대가 변화의 필수 인력이 될 수 있도록 지원과 일자리 소개, 펠로우십, 안내 책자, 수업 등을 제공한다. 그는 연령에 상관없이 모든 사람이 변화와 재정비에 필요한 필수 비용을 부담할 수 있도록 (IRA 패턴을 본떠) 목적 계좌Propose Accounts를 만들어 인생의 '앙코르' 단계를 준비하도록 장려해야 한다고 생각한다.

문에는 조언을 해주고 답을 찾을 수 있도록 도와주려고 한다. 이 모든 것은 가속도를 만들어준다. 질문(어쨌든 제대로 된 질문)은 가속도를 만들어내는 데 효과적이다. 그래서 변화를 만드는 사람들이 질문을 출발점으로 삼는 경우가 많은 것이다.

어쩌면 당신은 '왜 꼭 질문을 하나로 제한해야 하는가? 그렇다면 나에게 맞는 올바른 질문을 어떻게 찾는가?'라고 의아해할지도 모른다. 특별히 중요한 질문 하나(또는 최대한 두 개)를 겨냥하여 어느 정도 발전할 때까지 초점을 맞추는 것도 효과적이다. 내가 연구한 혁신가들은 훌륭한 아이디어로 가득하다. 저마다 이루고 싶은 것이 수백 개나 된다. 하지만 그들은 대개 한 번에 하나의 질문에 헌신한다.

구글의 세바스찬 스런은 자신의 모든 프로젝트를 산에 오르는 것에 비유한다.[57] 우선 어떤 산을 오를지 선택하고 "단지 그 꼭대기에 오르고 싶어서"가 아니라 자신이 좋아하는 산인지 확신해야 한다. 적어도 "앞으로 2년간 계속 그 산에 올라야 할 것이기 때문이다"라고 스런은 말했다.

어떤 질문을 선택해야 하는지에 대해서는, 질문이 어느 정도 당신을 선택한다고 할 수 있다. 당신만이 이해하는 이유에서 당신이 공감할 수 있는 질문이다. 당신에게 아름다운 질문이자 함께 머물 가치가 있는 질문으로 만드는 것은 당신이 그 질문에 대해 느끼는 열정이다. '힘들지만 실행 가능한' 질문을 찾아야 한다. 또는 물리학자 에드워드 위튼의 표현대로, 어렵지만 흥미를 불러일으키고 사실적이지만 답을 찾을 수 있다는 희망을 주는 질문이라야 한다.

(하지만 아름다운 질문에는 전부 답을 찾아야만 하는 것은 아니다. 예를 들어 끈 이론가인 에드워드 위튼은 우주의 본질이라는 자신의 가장 큰 질문에 아직 완전히 답하지 못했지만 그 질문을 추구하는 과정에서 흥미로운 발견을 많이 했다고 나에게 말했다.)

이 책에서 소개한 일부 이야기들이 보여주듯, 사람들은 여러 가지 방법과 여러 장소에서 의미 있는 질문을 찾게 된다. 밴 필립스처럼 불의의 사고로 인해 위대한 질문과 맞닥뜨릴 수도 있다. 에드윈 랜드의 경우처럼 그 질문은 호기심 많은 아이가 준 예기치 못한 선물일 수도 있다. 또는 월세를 내거나 매일 아침 제시간에 일어나는 등 일상의 문제를 해결하려는 과정에서 질문이 튀어나오기도 한다. 아름다운 질문의 흥미로운 점은 멀리서 찾지 않아도 된다는 것이다. 당신이나 지역사회, 기업의 바로 앞, 또는 당신의 손바닥 안에 있는 경우가 많다. 그것을 볼 수 있어야 한다는 것이 비결이다. 뒤로 물러나 관점을 바꾸고 뷔자데의 힘을 발휘해야 한다.

익숙한 환경 바깥에서 아름다운 질문을 찾을 수도 있다. 게리 화이트는 비영리단체 'Water.org'를 통해 물에 관한 커다란 질문에 답하려는 노력을 계속하고 있는데, 그것은 미국 중서부에 있는 대학에 다니면서 과테말라로 여행을 떠났다가 깨끗한 물이 부족해서 고생하는 빈민 지역 사람들을 보게 되면서 시작되었다.[58] "비행기를 타고 조금만 가면 되는 미국에는 부족한 게 하나도 없는데, 이곳 아이들은 죽음을 무릅쓰고 오염된 물을 길러 하수처리장을 지나야 한다는 사실을 알게 됐어요. '왜 우리가 당연하게 받아들이는 정말로 기본적인 것들마저 누리지 못하는 사람이 많은 것일까?'라는 질문을 하지 않을 수 없었습니다." 그 질문은 머릿속에서 그려지자마자 화이트를 매료시켰다.

요즘 세상에는 아름다운 문제들을 꽁꽁 둘러싼 나쁜 문제들이 결코 부족하지 않다. 다시 말하자면 골치 아픈 문제의 깊은 핵심에는 아직 발견되지 않은 귀중한 질문이 들어 있을 수 있다. 그 질문을 밖으로 가져온다면 문제의 본질을 좀 더 분명하게 볼 수 있다.

복잡한 사회문제들을 생각해보라. 지금 질문자들은 그것을 재구성하려고 열심히 노력하고 있을 것이다. 건강관리, 굶주림, 환경보호, 노화 관리 등 수많은 사안이 새롭고 보다 나은 접근법을 애타게 기다리고 있으며, 그것은 오직 보다 나은 질문을 통해서만 밝혀질 수 있다. 그리고 질문 대화의 핵심에는 교육 분야가 놓여 있다. 교사와 학생, 그리고 올바른 질문 연구소 같은 교육 혁신가들뿐만 아니라 부모들이 꼭 떠올려야 하는 기본적인 질문들에 대해 생각해보자. '시간이 걸리고 힘들겠지만 어떻게 하면 아이에게 질문하는 습관을 들여줄 수 있을까?'라고 생각하는 부모일수록 자녀의 탐구심을 장려해 주도적이고 문제 해결 능력이 뛰어난 어른으로 키울 가능성이 높다. 그렇기 때문에 아름다운 질문은 추구할 가치가 있다.

한편 아름다운 질문은 좀 더 성취적이고 호기심 넘치고 흥미로운 당신을 만드는 데 초점을 맞춘다. IDEO의 폴 베넷에게 개인적인 아름다운 질문을 말해달라고 했더니 대답은 이러했다. "끊임없이 나 자신에게 '어떻게 영감을 유지할까?'라고 질문합니다."

베넷은 그것이 자신의 임무라고 여긴다. "600명이나 되는 사람들을 이끄는 크리에이티브 디렉터는 그들에게 계속 영감을 줘야 합니다. 따라서 내가 그 일을 하려면 스스로 계속 영감을 유지하는 방법뿐이지요." 그는 언제나 주변에서 영감을 발견하도록 자신을 훈련해왔다. "항상 그럴 수는 없지만 하루 중 '잠깐 멈추고 머릿속에 이 순간을 스냅사진으로 찍어두고 기억하자'라고 말하게 되는 때가 있습니다. 군중의 광기를 스스로 검열하고 잠시 멈추어 그 한가운데에 있는 무언가를 볼 수 있어야 합니다. 뭔가 흥미로운 것, 중요한 것, 타인과 함께할 수 있는 것을요." 베넷은 그중에서 가장 좋은 것을 골라 IDEO 직원들 혹은 블로그 '호기심 연대기'를 통해 더 많은 관객과 공유한다.[59]

사람들에게 손짓하는 아름다운 질문은 대개 베넷이 말하는 의미가 조금 변형된 것이다. 우리는 어떻게 지속적으로 영감을 찾아 타인을 고무시킬 수 있는가?

이 질문은 항상 새롭게, 그리고 계속 되풀이해서 질문하고 답해져야 한다. 확답은 없다. 적어도 성장과 개선, 혁신을 계속하고자 하는 창의적인 개인에게는 그렇다. "찾았어. 이게 내가 하고 싶은 일이고 방법이야"라고 말하는 것은 안전하게 가기 위해서이고, 따라서 모든 위험을 무릅쓰기 위해서다.

답을 멀리할 것, 그러나 질문의 한가운데에서 살 것. 이것은 아일랜드 출신의 저명한 소설가 콜럼 매칸Colum McCann의 작업실 벽에 휘갈겨져 있는 글귀다.[60] 내가 매칸에게 어떤 의미인지 물었더니 답장이 왔다. "우리는 답이 사실은 꽤 지루하다는 개념을 받아들여야 합니다. 아일랜드 사람들이 특히 뛰어난 부분이죠. 하지만 화를 유발할 수도 있습니다. 우리는 질문에 질문으로 답하니까요. 오히려 나는 그게 좋다고 생각합니다. 삶의 당혹스러움에 당혹해하는 것 말이죠."

일에 대한 아름다운 질문-왜 이런 방식으로 해야 하는가? 만약 새로운 장소와 단계로 가져간다면? 어떻게 그렇게 할 수 있는가?-이 '성공'한 사람들에게도 계속된다는 사실은 흥미롭다. 나는 2012년《뉴욕 타임스》에 실린 영화배우 제이크 질렌할Jake Gyllenhaal의 인터뷰를 읽고 흥미를 느꼈다. 영화배우에서 연극 제작자라는 좀 더 어려운 역할을 맡게 된 것에 대한 이야기였다.[61] 질렌할은 지금까지 대작 영화의 주인공을 맡아 큰 성공을 거두었지만, 그것이 그의 심오한 질문에는 답을 해주지 못한 듯했다. "내가 하고 싶은 작품이 무엇인지 진정으로 나 자신에게 귀를 기울이지 않았어요. 어떤 배우가 되고 싶은지 알아야 했고 그것을 이루기 위해 나아가면서 자신감이 생겼습니다." (그는 "모두 자기가 무엇을 하는지 잘 아는 것처럼 보이는 할리우드에서 질문을 한다는 것은 환영받는 일이 못 되기 때문에" 젊은 영화배우로서 자기성찰을 하기가 쉽지 않았다고도 말했다.) 영화배우에서 감독으로 변신한 벤 애플렉Ben Affleck도 아카데미상을 수상한 영화 「아르고」를 시작하면서 비슷한 질문의 순간을 맞이한 듯하다.[62] 당시 그는 두 편의 영화를 연출해 어느 정도 능력을 입증한 상태였다. 한 인터뷰에 따르면 그 후 애플렉은 '좋아, 할 수 있어. 이제 진정 무슨 이야기를 하고 싶어?'라는 질문을 하게 되었다.

그것이 바로 변하지 않는 아름다운 질문이다. 정말로 하고 싶은 이야기가 뭐야? 왜 그 말을 해야 하지? 만약 지금까지 시도되지 않은 방식으로 그 이야기를 할 수 있다면? 어떻게 그렇게 할 수 있을까?

당신의 아름다운 질문을 찾으면 그것과 함께 머물러라. 추구할 가치가 있는 질문이라면 당혹감과 좌절감을 주고 지치게 만들 것이다. 이도 저도 못하겠다면 "다음 질문으로 넘어가려고 해보세요"라는 어큐먼의 노보그라츠의 조언을 따라라. 커다란 질문을 여러 개의 작은 질문으로 나누어 풀어라. '왜, 만약, 어떻게' 단계를 계속 거치면서 모든 것에-심지어 이도 저도 못하는 이유까지도-새로운 질문들을 던져라.

질문을 바꾸거나 수준을 조금 낮추는 것을 두려워하지 마라. 또는 확대하거나 넓히고 조각을 더하거나 복합적인 질문(이것은 투박해지지만 아름답다)으로 만들고 싶을 수도 있다. 산책을 하거나 박물관을 돌아다보면서 질문을 떠올리는 것도 잊지 마라. 영감을 위한 시간과 공간을 만들어야 한다. 밴 필립스의 말대로 영감은 예기치 못한 파도처럼 다가온다. 혁신가는 "서퍼처럼 참을성 있게 파도가 들어오기를 기다려야 합니다"라고 필립스는 말했다(그렇다, 그는 직접 개발한 의족으로 달리기도 하고 서핑도 한다). 파도가 언제 올지 모르지만-머릿속에서 예측 불가능한 연결이 일어날 때-항상 준비가 되어 있어야 한다. 질문에 대해 충분히 생각하지 않았다면-아직 그 질문을 하지 않았다면-그 연결은 일어나지 않고 파도 역시 다가

오지 않을 것이다.

많은 질문가가 문제에 파묻혀 있을 때 그러하듯, 처음에 생각하지도 못했지만 알아야 할 것이 많다는 사실을 깨달을 수도 있다. 하지만 모른다는 사실을 깨닫고 좌절하지 마라. 그 무지의 어둠은 항상 당신을 둘러싸고 있었다. 당신이 질문의 손전등을 들고 탐색에 나서기 전까지는 그 어둠이 얼마나 넓은지 몰랐을 뿐이다. 질문자들은 그 광활한 미지의 영역을 사랑하게 된다. 창조성과 혁신의 측면에서 그것은 기회의 땅이다. 저자 스튜어트 파이어슈타인은 누구나 그 사실을 알아야 한다면서 아름다운 질문을 내놓는다. 만약에 우리가 무지를 두려워하는 대신 무지를 갈고 닦는다면?[63]

그렇다면 무지를 갈고 닦을 도구가 필요하다. 파헤치고 뚜껑을 열고 심고 보살피고 성장시킬 도구가 필요하다.

만약 그 도구가 어린 시절부터 줄곧 우리의 뒷주머니에 들어 있었다면?

■ **감사의 말**

우선 이 책의 편집자인 블룸스버리의 조지 깁슨George Gibson에게 감사합니다. 요즘은 안타깝게도 책 편집자들이 일반적인 제안을 하거나 오탈자를 표시하는 것 이외에 정말로 편집에 개입하는 경우가 드문 것 같습니다. 그런데 조지는 처음부터 자신이 '운동권 성향의 편집자'라고 경고했는데 정말이었습니다. 원고를 한 문장도 빠뜨리지 않고 살펴보면서 다듬고 명확하게 하고 질문을 했습니다. 덕분에 훨씬 더 훌륭한 책이 되었습니다. 그리고 내 에이전트 짐 레빈 Jim Levine에게도 감사를 전합니다. 짐은 아이디어에 '질문'을 던져야 한다는 믿음으로 이 책의 기획서를 작성할 때 소중한 조언을 해주었습니다. 조지와 연결시켜준 것도 짐입니다. 그 점도 정말 고맙게 생각합니다.

이 책은 웹사이트 'AMoreBeautifulQuestion.com'에서 출발했습니다. 그 사이트에서 이 책의 작업에 필요한 도움을 구했습니다. 기쁘게도 많은 사람이 연락해왔고 조사원 역할로 도움을 주었습니다. 하비 리처즈Harvey Richards, 필립 하웰Philip Howell, 저스틴 해밀턴Justin Hamilton, 래리 루빈Larry Rubin, 캐이티 오스와인 Katie Orthwein, 라나 림보임Lana Rimboym, 척 애플비Chuck Appleby, 디네시 바라수브라마니암Dinesh Balasubramaniam, 시드 램나라체Sid Ramnarace 등입니다. 주어진 일 이상으로 여러 이야기와 아이디어를 찾아 공유해준 멤버들, 니킬 고얄, 데이브 볼드윈Dave Baldwin, 데이지 아저Daisy Azer, 테레사 가르시아Teresa Garcia, 빌 웰터Bill Welter, 데이먼 테일러Demon Taylor, 댄 맥두걸Dan McDougall에게 특별한 감사를 전합니다.

'질문 경험담'을 추적하는 작업에서는 훌륭한 연구원 수잔 오브라이언Susan O'Brien에게 특별한 도움을 받았습니다.

인터뷰를 허락해준 모든 분에게도 감사를 전합니다. 나는 신문과 잡지의 저널리스트로 일했고 책을 쓰는 저자이기도 한데 리서치 과정에서 중요한 차이점을 발견하곤 합니다. 《뉴욕 타임스》나 《와이어드》에서 연락이 오면 사람들은 매스컴을 타고 유명해지고 싶어서 기꺼이 응답해줍니다. 그런데 전화를 걸어서 "책을 쓰려고 하는데요"라고 인터뷰를 부탁할 때는 그저 상대방이 친절을 베풀어주기만을 바라야 하지요. 상대방이 득 될 게 없다고 생각하는 것도 무리는 아닙니다. 책이 정말 나올지도 모르고, 나와도 잘 팔릴지 장담할 수 없으니까요. 그래서 책을 쓴다는 사람의 인터뷰 제의에 응해주는 사람은 그 주제에 정말 관심이 있고 도와주고 싶어서라고 생각합니다.

그 점을 생각할 때 켄 하일먼 박사, 그레첸 루빈, 아이린 아우, 존 비엘렌버그, 세바스찬 스런, 잭 안드라카, 조너선 필즈, 첸보 종, 더그 라우치, 티파니 슈레인, 데이비드 쿠퍼라이더, 존 실리 브라운, 로코 벨릭, 크리스 영, A. J. 제이콥스, 스티븐 토보로스키, 'Water.org'의 게리 화이트, 어큐먼 펀드의 재클린 노보그라츠 등 시간을 내어 질문에 대한 이야기를 나눠준 분들에게 진심으로 감사하고 싶습니다.

로버트 버튼, 스리칸스 스리니바스, 도미니크 랜돌프, 조슈아 아론슨, 스튜어트 모스토프스키, 에릭 마이젤, 믹 에블링, 마이클 코닝, 존 본드, 스티브 버쿠, 에드워드 위튼, 콜럼 매칸, 켈리 칼린에게도 감사합니다.

MIT 미디어랩의 토드 마초버와 이토 조이치, 그리고 프랭크 모스Frank Moss 전 소장에게도 감사를 전합니다. 하버드 대학교의 토니 와그너, 폴 해리스, 폴 보티노, 클레이튼 크리스텐슨에게 감사합니다. 예일 대학교의 훌륭한 저자 윌리엄 데레시비츠도 커다란 도움을 주었습니다. 스탠퍼드 대학교에서는 밥 서튼이 뷔자데에 관한 아이디어로 영감을 나눠주었지요.

또 수많은 기업이 큰 도움을 주었습니다. 우선 IDEO의 팀 브라운, 폴 베넷, 프레드 더스트Fred Dust에게 감사합니다. 프로그 디자인의 데이비드 셔윈David Sherwin과 프로그의 전임 크리에이티브 디렉터 루크 윌리엄스에게도 큰 빚을 졌습니다. W. L. 고어의 데브라 프랜스, 에어비앤비의 조 게비아, 스틸케이스의 짐 해킷, 파타고니아의 케이시 쉬안, 파네라의 론 샤이치, IBM의 에릭 브라운에게도 감사를 전합니다.

그리고 훌륭한 컨설턴트들과 '질문의 대가들', 키스 야마시타, 에릭 리스, 데브 팻나이크, 팀 오길비, 잭 버그스트랜드, 그리고 피터 드러커 연구소에 특별한 감사의 말을 전합니다.

이 책을 위해 상당한 시간을 내어 대화에 응해주고 영감을 준 훌륭하신 분들, 민 바사두르, 밴 필립스, 찰스 워런, 데이비드 코드 머레이, 랜디 코미사, 가우리 난다, 데보라 마이어, 할 그레거슨에게 정말 감사합니다.

이 책에 인용되지는 않았지만 시간을 내준 몇 분의 이름도 꼭 언급하고 싶습니다. 인텔렉추얼 벤처스Intellectual Ventures의 조프 딘 Geoff Deane, 샌프란시스코 과학관 익스플로러토리엄의 나오미 심슨 Naomi Simson과 데니스 바텔스Dennis Bartels, 그리고 올리버 버크먼 Oliver Burkeman입니다.

올바른 질문 연구소와 그 연구소를 설립한 두 사람, 댄 로스스타인과 루즈 산타나의 이름을 특별히 언급하고 싶습니다. 나는 질문 기술을 가르치는 그들의 일이 질문할 여지도 없이 값지다고 생각합니다.

이 책을 구상하는 단계에서 영감을 주신 분들에게도 감사하고 싶습니다. 디자이너 브루스 마우Bruce Mau의 '바보 같은 질문을 하라'라는 원칙이 출발점이 되어주었습니다. 그리고 '바보 같은 질문'이 (어떤 면에서) '아름다운 질문'으로 생각될 수 있다는 사실을 처음 제안한 디자이너 브라이언 콜린스Brian Collins, '질문 대가'와의 인터뷰에서 첫 주인공인 TED 설립자 리처드 솔 워먼(인터뷰에서도

310

그는 내 질문의 대부분에 질문을 던졌지요)입니다.

그리고 내가 초기에 질문에 관해 쓴 기사들을 실어준《패스트 컴퍼니》와《하버드 비즈니스 리뷰》에 감사합니다. 이 책에 자료를 제공해주는 대단히 값진 역할을 해준 몇몇 출판물과 웹사이트도 언급하고 싶군요. 혁신을 다루는 위대하고도 힘든 일을 수행하는《패스트 컴퍼니》, 브라이언 피킹스Brain Pickings와 마리아 포포바Maria Popova가 운영하는 창의성에 관심 있는 사람들을 위한 멋진 사이트, 그리고 이 책에 실린 다수의 '질문 경험담'을 처음 보도한《뉴욕타임스》도 빠뜨릴 수 없습니다. (특히 질문하는 CEO들의 훌륭한 사례를 전해주는 애덤 브라이언트의 「코너 오피스」 칼럼이 큰 도움이 되었습니다.)

그리고 내가 창립 회원으로 속해 있는 뉴욕 거주 작가들의 모임 '마마듀크 라이팅 팩토리Marmaduke Writing Factory'에도 감사를 전합니다. 지지를 아끼지 않은 그곳 동료 작가들, 밥 설리번Bob Sullivan과 데보라 슈팩Deborah Schupack, 케이트 버포드Kate Buford, 마릴린 존슨Marilyn Johnson, 메리 머피Mary Murphy, 아이린 레빈Irene Levine에게 감사를 전합니다(저자 사진을 멋지게 찍어준 아이린의 부군에게도 감사를). 회원들이 모여 글을 쓰는 멋진 재건축 맨션의 소유주인 존 크리스코John Krysko와 낸시 로사노프Nancy Rosanoff도 고맙습니다. 특히 많은 조언을 해주고 이야기를 들어준 두 회원, 조셉 월리스Joseph Wallace와 벤저민 치버Benjamin Cheever에게 고마움을 전합니다.

마지막으로, 격려와 지지를 아끼지 않은 양가 가족들에게 감사합니다. 무엇보다 내 일과 인생의 창의성 뛰어난 파트너인 로라 E.

켈리에게 고마움을 전합니다. 아내는 아이디어를 구상하고 집필하는 작업까지 이 책의 모든 단계에 깊숙이 관여하며 뛰어난 편집 기술을 발휘했고 AMBQ 웹사이트를 멋지게 만들어주었습니다. 집필이 끝났을 때는 미디어와 마케팅 지식까지 새롭게 발휘하여 이 책을 세상에 내보일 수 있도록 도와주었습니다. 부탁할 필요도 없이 이 모든 것을 해준 아내에게 고맙습니다.

들어가며 • 왜 질문을 해야 할까?

01 《와이어드》와《하버드 비즈니스 리뷰》,《패스트 컴퍼니》에 쓴 기사였고 책은 『디자인이 반짝하는 순간 글리머』(뉴욕 : 펭귄 출판사, 2009)였다.

02 《아이디어커넥션IdeaConnection》(2009년 7월 25일자) 뉴스레터에 실린 번 버 크하트Vern Burkhardt의 컨설턴트 겸 저자 폴 슬로안의 인터뷰를 비롯해 여러 기사에서 인용된 에릭 슈미트Eric Schmidt의 말이다.

03 마리아 포포바,「척 클로스의 창의성, 노동윤리, 문제 해결 대 문제 창조에 관하여」, 브레인피킹스, 2012년 12월 27일, http://www.brainpickings. org/index.php/2012/12/27/chuck-close-oncreativity/. 척 클로스의 인 용문은 조 피그Joe Fig의 『화가의 스튜디오Inside the Painter's Studio』(프린스턴, 뉴저지 : 프린스턴 아키텍추럴 출판사, 2009)에 처음 나왔다.

04 본문에 언급했듯 아인슈타인이 이 말을 직접 했을 수도 있고 그렇지 않을 수 도 있다. 여러 기사와 인터넷 게시물에서는 아인슈타인이 한 말이라고 널리 알려져 있다. 그러나 나의 연구원 수잔 오브라이언은 아인슈타인이 한 말이 라는 사실을 추적할 수 없었다. 그녀는 아인슈타인이 '올바른 문제를 해결하

는 데' 55분을 쓰겠다는 또 다른 버전이 떠돌아다닌다고도 언급했다. 그러나 아인슈타인이 했던 많은 말들로 미뤄볼 때 그가 질문의 중요성을 확고히 믿었음을 잘 알 수 있다. 그는 "중요한 것은 질문하기를 멈추지 않는 것이다"라고 말했다. 좀 더 자세한 내용은 내가 'AMoreBeautifulQuestion.com'에 올린 글 「아인슈타인과 질문하기 : 가장 위대한 사상가의 탐구심에 대한 탐구」를 참고하기 바란다. http://amorebeautifulquestion.com/einstein-questioning/.

05《텔레그래프Telegraph》직원, 「엄마들이 하루에 약 300가지 질문을 받는다는 연구 결과」,《텔레그래프》, 2013년 3월 28일, www.telegraph.co.uk/news/uknews/9959026/Mothers-asked-nearly-300-questions-a-day-study-& nds.html. (기사 제목에서는 '약 300가지 질문'이라고 했지만 4세 여자아이에 집중한 연구에서는 하루 약 390개로 올라갔다.)

06 클레이튼 크리스텐슨과의 인터뷰, 2013년 1월 8일.

07 할 그레거슨과의 인터뷰, 2013년 1월과 4월. 다이어와 그레거슨, 크리스텐슨의 연구는 6년 넘게 3,000명의 경영인을 대상으로 했다. '질문하기'가 성공하는 창조적인 혁신가들의 다섯 가지 스킬 중 하나(어떤 면에서는 가장 중요하다)임을 보여준다. 이 연구 결과는 2009년 12월《하버드 비즈니스 리뷰》에 처음 발표되었고 그 후 다이어, 그레거슨, 크리스텐슨이 함께 쓴 『이노베이터 DNA』(캠브리지, 매사추세츠 : 하버드 비즈니스 리뷰 출판사, 2011)에 실렸다.

08 존 코니어스와의 인터뷰, 2012년 11월.

09 2013년 3월 4일 존 실리 브라운과의 인터뷰에서 끊임없는 변화의 일반적인 원칙이 논의되었다. 그런데 이 인용문은 헤더 채플린Heather Chaplin의 인터뷰 「존 실리 브라운과 흥미 주도적인 학습, 멘토, 그리고 놀이의 중요성」에 처음 나왔다. spotlight.macfound.org, 2012년 3월 1일.

10 2013년 2월에 위튼과 교환한 몇 차례의 이메일에서. 그는 「아인슈타인 이후로 가장 명석한 물리학자」라는 기사에서도 비슷한 이야기를 했다. CNN, 2005년 7월 5일.

11 쿠엔틴 하디Quentin Hardy · 맷 리치텔Matt Richtel, 「물어보지 말라고? 인터넷은 여전히 말한다」,《뉴욕 타임스》, 2012년 11월 21일.

제1장 질문의 힘

01 2009년에 시작되어 가장 최근에는 2012년 겨울에 이루어진 밴 필립스와의 인터뷰에서. 필립스가 2011년 시카고에서 열린 커스프 컨퍼런스에서 했던 연설에서도 몇 줄을 인용했다. 《스미소니언》(2005년 3월 9일자)에 실린 마사 데이비슨Martha Davidson의 「인위적인 부분들 : 밴 필립스」, 《뉴욕 타임스》(2008년 7월 2일자)의 「의수족 보조기 발명과 개인적인 소명」도 참고.

02 《애틀랜틱》(2012년 6월 8일자)에 실린 마리아 포포바의 「프랭크 로이드 라이트의 배움에 대한 생각」에서 발견한 인용구. 브루스 브룩스 파이퍼Bruce Brooks Pfeiffer의 『프랭크 로이드 라이트와 건축, 자연, 인간 정신 : 명언 모음Frank Lloyd Wright on Architecture, Nature, and the Human Spirit: A Collection of Quotations』(포틀랜드, 오리건 : 파미그레니트, 2011)에서 발췌.

03 내 책 『디자인이 반짝하는 순간 글리머』를 집필하기 위해 2009년에 실시한 마크 누난과의 인터뷰에서.

04 2012년 3월 레지나 듀건의 TED 강연 '마하 20 글라이더에서 벌새 무인 정찰기까지', http://www.ted.com/talks/regina_dugan_from_mach_20_glider_to_humming_bird_drone.html.

05 데이비드 해켓 피셔, 『역사학자들의 오류 : 역사적 생각의 논리를 향하여Historians' Fallacies: Toward a Logic of Historical Thought』(뉴욕 : 하퍼앤드로, 1970). 이 책에 관심을 갖게 해준 빌 웰터Bill Welter에게 감사를 전한다.

06 올바른 질문 연구소의 공동 설립자 댄 로스스타인과 루즈 산타나에게 정말로 많은 도움을 받았다. 이 책에 인용된 두 사람의 말은 대부분 2013년 2월과 3월에 실시한 인터뷰에서 나온 것이다. 두 사람이 함께 엮은 책 『단 하나의 변화를 시도하라 : 학생들에게 스스로 질문하는 법을 가르치다』(캠브리지, 매사추세츠 : 하버드 에듀케이션 출판사, 2012)도 참고했다.

07 이 인용문은 프랜시스 피비의 『삶의 품격으로 : 사회 변화의 본질에 대한 사색By Life's Grace: Musings on the Essence of Social Change』(뉴소사이어티 퍼블리셔스, 1994)에 나온다. 콘텍스트 인스티튜트Context Institute에서 1995년 봄에 발행한 『함께 살아갈 미래 만들기Creating a Future We Can Live With』(IC#40)에 재인쇄된 피비의 책 발췌문에서 발견했다.

08 폴 해리스와의 인터뷰, 2012년 11월. 그의 책『듣는 것을 믿는다 : 아이들은 남에게서 어떻게 배우는가Trusting What You're Told: How Children Learn From Others』(캠브리지, 매사추세츠 : 벨크냅 출판사, 2012)도 참고했다.

09 리처드 솔 워먼과의 인터뷰, 2008년 4월과 2012년 가을. 워먼은 저서『정보 불안 2Information Anxiety 2』(인디애나폴리스 : QUE, 2001)에서 챕터 하나를 질문하기에 할애했다.

10 스튜어트 파이어슈타인, 『무지 : 과학을 이끄는 힘』(옥스퍼드 : 옥스퍼드 대학교 출판사, 2012). 파이어슈타인의 '질문에 마음을 사로잡히다'라는 글귀가 강조된 브레인피킹스의 게시물(2012년 4월 2일자)을 읽고 이 책에 관심을 갖게 되었다. http://www.brainpickings.org/index.php/2012/04/02/stuart-firestein-ignorance-science/.

11 적십자 홈페이지에서 참고한 정보. http://www.ifrc.org/en/who-we-are/history.

12 폴리 라바르, 「당신의 조직을 바꿔줄 질문」,《하버드 비즈니스 리뷰》, 2011년 11월 10일.

13 켄 하일먼과의 인터뷰, 2012년 11월. 그의 책『창의성과 뇌Creativity and the Brain』(사이컬러지 프레스, 2005)에 더 자세히 나와 있다.

14 폴리 라바르, 「당신의 조직을 바꿔줄 질문」.

15 제프 다이어·할 그레거슨·클레이튼 크리스텐슨, 『이노베이터 DNA』(캠브리지, 매사추세츠 : 하버드 비즈니스 리뷰 출판사, 2011).

16 2012년 4월 17일 브레인피킹스에 올라온 마리아 포포바의 「켄 로빈슨 경과 엘리먼트」에 나온 로빈슨의 '인생 학교' 강연에서 인용. http://www.brainpickings.org/index.php/2012/04/17/sir-ken-robinson-school-of-life/.

17 데이비드 쿠퍼라이더와의 인터뷰, 2012년 12월. 쿠퍼라이더는 다이애나 휘트니Diana Whitney와 함께 쓴『긍정 혁명』(샌프란시스코 : 브렛-콜러, 2005)을 비롯해 긍정적 탐구를 주제로 다양한 기사와 책을 썼다.

18 이 인용문은《보스턴 글로브》(2012년 5월 20일자)에 실린 리언 네이파크Leon Nayfakh의 기사 「우리는 올바른 질문을 하고 있는가?」에 처음 나왔다. 그러나 원래는 RQI의 댄 로스스타인 덕분에 그 기사에 실릴 수 있었다. 댄은 나에게 이 문구가 RQI의 동료 스티브 쿠아트라노에게서 나왔음을 알려주었고

내가 직접 쿠아트라노에게 확인했다.

19 세바스찬 스런과 주고받은 이메일에서, 2013년 2월.

20 넷플릭스의 이야기는 매슈 호낸Matthew Honan이 《와이어드》(2008년 3월 24일자)에 쓴 기사 「선구자들이 유레카 순간을 맞이한 의외의 장소들」을 비롯해 리드 해스팅스와 관련된 여러 인터뷰에 나왔다.

21 앤서니 레인Anthony Lane, 「펀 팩토리」,《뉴요커》, 2011년 5월 16일.

22 셰일라 듀완Shaila Dewan, 「커리어와의 연관성을 유지하기 위해 쉬지 않고 교육받는 직장인들」,《뉴욕 타임스》, 2012년 9월 21일.

23 토머스 프리드먼, 「401(K) 세상」,《뉴욕 타임스》(2013년 4월 30일자) 참고.

24 이토 조이치와의 인터뷰, 2013년 4월.

25 토니 와그너와의 인터뷰, 2013년 1월.

26 토니 와그너, 『이노베이터의 탄생』(뉴욕 : 스크라이브너, 2012). 2013년 4월 1일에 실시한 폴 보티노와의 인터뷰에서 직접 이야기를 나누기도 했다.

27 스튜어트 파이어슈타인, 『무지 : 과학을 이끄는 힘』.

28 허 스토리 네트워크Her Story Network의 홈페이지 'http://www.herstory network.com/?s=Bette+Nesmith'와 제시카 그로스Jessica Gross, 「리퀴드 페이퍼」,《뉴욕 타임스 매거진》, 2013년 6월 7일.

29 2012년에 자가 출판한 세스 고딘의 무료 전자책『꿈 훔치기는 그만Stop Stealing Dreams』에서. http://www.sethgodin.com/sg/docs/stopstealing dreamsscreen.pdf.

30 리언 밧스타인의 인용문은 줄리 플래허티Julie Flaherty가 《뉴욕 타임스》(2002년 8월 4일자)에 쓴 「대학에서 무엇을 얻어야 하는가?」에 나왔다.

31 웹사이트 '코트 인베스티게이터Quote Investigator'에 따르면 이 인용문은 윌리엄 파이필드William Fifield가《패리스 리뷰》(1964년 여름 · 가을호)에 쓴 「파블로 피카소 : 합성 인터뷰」에 나왔다.

32 오리지널 왓슨 시스템이 보관되어 있는 뉴욕 요크타운 하이츠에 있는 IBM 연구 기관을 방문하고 나서 엔지니어 에릭 브라운Eric Brown 등 몇몇 사람과 인터뷰를 했다.

33 이 이야기는 여기저기에서 떠돌다가 근래에는《로스앤젤레스 타임스》(2011년 11월 26일자)에 실린 팻 모리슨Patt Morrison의 티파니 슈레인 인터뷰

에서 등장했다.

34 수가타 미트라의 TED 강연은 '클라우드에서 학교 만들기'(2013년 2월 27일
자)였다. http://www.ted.com/talks/sugata_mitra_build_a_school_in_
the_cloud.html. 시빅 미디어 MIT 센터MIT Center for Civic Media 블로그에 올
라온 기사 「교육이 쓸모없다고? MIT 미디어랩에서의 수가타 미트라」도 참
고. 이 기사에서 볼 수 있듯 '앎'이 쓸모없어지고 있다는 개념은 MIT 니콜라
스 네그로폰테Nicholas Negroponte 교수가 제시했고 그 후 미트라의 MIT 강
연에서 다루어졌다.

35 웹사이트 'Massmoments.org'에서 《리더스 다이제스트》(1958년 8월)의 돈
머레이Don Murray의 「퍼시 스펜서와 앎의 욕구」, 「레이시언 : 글로벌 테크놀
로지 리더십의 역사」(초기 링크), 'Gallawa.com'에서 「누가 전자레인지를 발
명했나?」 참고.

36 데이비드 포그, 「휴대전화에서 간단하게 긁어 지불한다」, 《뉴욕 타임스》,
2010년 9월 29일.

37 그레첸 루빈과의 인터뷰, 2013년 2월 20일.

38 2012년에 전화로, 그리고 온타리오 주 벌링턴의 바사두르 어플라이드 크리
에이티비티 본사에서 여러 차례 인터뷰에 응해준 민 바사두르에게 감사를
전한다. 그곳을 방문했을 때 바사두르와 팀원들에게 질문 중심의 창의성 훈
련 방식에 관한 특강을 받았다.

39 더글러스 마틴Douglas Martin, 「게토레이 개발자 J. 로버트 케이드, 80세로 타
계」, 《뉴욕 타임스》 2007년 11월 28일. 웹사이트 'http://www.cademuse
um.org/museum/history'도 참고.

40 디자인적 사고에 대한 자세한 내용은 내 책 『디자인이 반짝하는 순간 글리
머』와 팀 브라운의 『디자인에 집중하라』(뉴욕 : 하퍼비즈니스, 2009) 참고.

41 2008년과 2009년 『디자인이 반짝하는 순간 글리머』의 인터뷰 때 디자이너
이자 디자인적 사고를 가르치는 브루스 마우가 해준 말이다.

42 밥 컨즈Bob Kearns의 인물 정보는 존 시브룩John Seabrook이 《뉴요커》(1993년
1월 11일자)에 쓴 「천재의 플래시」에, 메리 앤더슨의 이야기는 캐서린 티메시
Catherine Thimmesh의 『여자들은 모든 것을 생각해낸다』(뉴욕 : 휴턴 미플린,
2000)에 나온다.

제2장 왜 질문을 하지 않게 될까

01 루이스 C. K.의 코미디 '왜?'는 유튜브에 많이 올라와 있는데, 'http://www.youtube.com/watch?v=BJlV49RDlLE'에서 볼 수 있다.

02 이 연구는 폴 해리스의 책 『듣는 것을 믿는다』와 《보스턴 글로브》에 게재된 리언 네이파크의 기사 「우리는 올바른 질문을 하고 있는가?」에 나온다.

03 10분짜리 영화로, 'http://letitripple.org/brain-power/'에서 볼 수 있다.

04 존 브록만John Brockman의 책 『이것은 모든 것을 설명한다 : 세상의 원리에 대한 심오하고 아름답고 우아한 이론들This Explains Everything: Deep, Beautiful, and Elegant Theories of How the World Works』(뉴욕 : 하퍼퍼레니얼, 2013)에 나오는 니콜라스 크리스타키스의 사설 참고.

05 스튜어트 모스토프스키와의 인터뷰, 2013년 1월 17일.

06 유튜브 영상 '아이들은 타고난 과학자다', http://www.youtube.com/watch?v=2ACkc4POpaU.

07 「취학 전 아동은 질문을 할 때, 설명을 원한다」, 《사이언스 데일리》 보도자료, 2009년 11월 13일.

08 로리 휴Lory Hough, 「아이들이 신은 믿지만 해리 포터는 믿지 않는 이유」, 《하버드교육대학원 매거진》, 2012년 5월.

09 앨리슨 고프닉, 「조기 교육이 역효과를 일으킬 수 있다는 새로운 연구 결과」, 《슬레이트》, 2011년 3월 16일. 2010년 4월 2일 ABC 방송 「나이트라인」에서 그녀는 어린아이들은 인류의 R&D 부서와 같다고 말했다. 아이들의 학습과 과학적인 학습의 유사성에 대한 견해는 캘리포니아 대학교 버클리 캠퍼스에서 발행된 그녀의 논문 「어린아이들의 과학적 사고」와 2012년 9월 28일에 '사이언스' 웹사이트에 등장했다. http://www.sciencemag.org/content/337/6102/1623.abstract.

10 《뉴스위크》(2010년 7월 10일자)에 실린 포 브론슨Po Bronson과 애슐리 메리먼 Ashley Merryman의 「창의성의 위기」, 《패스트 컴퍼니》(2012년 6월 12일자)에 실린 앤드류 그랜트Andrew Grant와 가이아 그랜트Gaia Grant의 「창의성을 죽이는 일곱 가지」.

11 아이들의 연령에 따른 질문 감소를 보여주는 차트는 올바른 질문 연구소가

제공했으며, 2009년 전국교육통계센터의 '전국 성적표'가 수집한 질문하기에 관한 데이터를 토대로 한다. http://nces.ed.gov/nationsreportcard/pdf/main2009/2011455.pdf.

12 갤럽 스튜던트 폴Gallup Student Poll은 2012년에 1,700개 이상 공립학교 5~12학년 학생 약 50만 명을 대상으로 설문조사를 실시했다. 그 결과에 대한 자세한 내용은 갤럽 블로그의 게시물(2013년 1월 7일자)「학교 절벽 : 학년 올라갈수록 학생 참여 감소한다」참고, http://thegallupblog.gallup.com/2013/01/the-schoolcliff-student-engagement.html.

13 2013년 1월 7일 다니엘 핑크의 블로그에 게시된 「학교 절벽이 재정 절벽보다 더 중요한가?」, http://www.danpink.com/2013/01/does-the-schoolcliff-matter-more-than-the-fiscal-cliff/.

14 에이미 하먼Amy Harmon, 「어쩌면 스푸트닉 모멘트일 수도, 하지만 과학박람회는 뒤처지고 있다」,《뉴욕 타임스》, 2011년 2월 5일.

15 도미니크 랜돌프와의 인터뷰, 2012년 12월.

16 수잔 솔니Susan Saulny, 「학생들은 부르면 일어난다」,《뉴욕 타임스》, 2009년 2월 24일.

17 수잔 엥겔, 「아이들은 알 필요가 있다 : 학교에서의 호기심」,《하버드 에듀케이셔널 리뷰》, 2011년 겨울.

18 세스 고딘, 『꿈 훔치기는 그만』.

19 제이미 에인절Jamie Angell, 「그레이닝 설명하기 - 재미의 황제와 일대일로」,《심슨스 일러스트레이티드 1Simpsons Illustrated 1》, no. 9(1993년 여름호).

20 2012년 후반과 2013년 초반에 연달아 인터뷰에 응해준 데보라 마이어에게 큰 신세를 졌다. 그녀의 블로그 '데보라 마이어와 교육'도 참고했다. http://deborahmeier.com/.

21 센트럴 파크 이스트 학교에 관한 설명 부분은《시티 저널》(1994년 겨울호)에 게재된 시모어 플리겔의 기사 「데비 마이어와 센트럴 파크 이스트의 시작」을 많이 참고했다.

22 위와 동일.

23 니킬 고얄과의 인터뷰, 2013년 4월. 더 자세한 내용은 고얄의 책『모두에게 맞는 사이즈는 없다 : 학생이 평가한 학교One Size Does Not Fit All: A Student's

Assessment of School』(브라부라 북스, 2012) 참고.

24 피터 심스, 「몬테소리 마피아」,《월스트리트 저널》, 2011년 4월 5일.

25 스티븐 레비Steven Levy, 「래리 페이지는 구글이 신생 기업의 뿌리로 돌아가기를 원한다」,《와이어드》, 2011년 4월.

26 로버트 H. 프랭크, 「어떻게 요금을 받을 수 있을까?(그리고 그 밖의 질문들)」,《뉴욕 타임스》, 2013년 5월 11일.

27 댄 마이어의 TEDxNYED 강연 '수학 수업 바뀌어야 한다', 2010년 3월.

28 데니 팔머 울프, 「질문의 기술」,《아카데믹 커넥션스》, 1987년 겨울호.

29 케네스 체인지Kenneth Change, 「과학을 아주 분명하게 만드는 도전」,《뉴욕 타임스》, 2012년 3월 5일. 과학 커뮤니케이션 센터Center for Communicating Science, 홈페이지 'http://www.centerforcommunicatingscience.org/the-jame-challenge-2/about-the-challenge/'도 참고.

30 조슈아 아론슨과의 인터뷰, 2012년 11월.

31 제시카 맥크로리 칼라코, 「중산층 아이들 : 삐걱거리는 바퀴 훈련」, 인디애나 대학교 연구('유레카얼러트Eurekalert!'에 결과 발표), 2012년 8월 19일.

32 잭 안드라카와의 인터뷰, 2012년 2월 12일.

33 댄 로스스타인·루즈 산타나, 『단 하나의 변화를 시도하라 : 학생들에게 스스로 질문하는 법을 가르치다』.

34 루즈 산타나와의 인터뷰에서.

35 올바른 질문 연구소의 홈페이지에 게재된 사례 연구들.

36 댄 로스스타인·루즈 산타나, 『단 하나의 변화를 시도하라 : 학생들에게 스스로 질문하는 법을 가르치다』.

37 닐 포스트먼, 『18세기로 이어지는 다리 만들기 : 과거가 보다 나은 미래를 만들어준다Building a Bridge to the 18th Century: How the Past Can Improve Our Future』(뉴욕 : 크노프, 1999).

38 윌리엄 데레시비츠와의 인터뷰, 2013년 1월 30일.

39 할 그레거슨의 인용문은 그와의 인터뷰에서. 이시도어 아이작 라비의 인용문은 널리 알려져 있는데, 최근에는 '37signals.com'의 온라인 간행물《시그널 대 잡음Signals vs. Noise》에 등장했다. http://37signals.com/svn/posts/3424-my-mother-made-me-a-scientist-without-ever. 클레이

튼 크리스텐슨의 인용문은 그와의 인터뷰에서. 데이비드 켈리의 인용문은 2012년 1월 6일 방송된 「60분」에서 찰리 로즈Charlie Rose와 인터뷰한 내용 중 일부다.

40 윌리엄 데레시비츠가 말한 대학 은사님의 일화는 《크로니클 리뷰》 (2011년 5월 1일자)에 실린 그의 사설 「제인 오스틴 교육」에 나온다. http:// chronicle.com/article/A-JaneAusten-Education/127269/.

41 아이린 아우와의 인터뷰, 스런과 주고받은 이메일에서. 또한 스런을 다룬 톰 밴더빌트Tom Vanderbilt의 기사 「인공지능이 고등교육을 바꿀 수 있다」도 참 고했다. 《스미스소니언》, 2012년 12월.

42 토머스 프리드먼, 「대학가를 강타한 혁명」, 《뉴욕 타임스》, 2013년 1월 26일.

제3장 혁신적인 3단계 질문 기법

01 폴라로이드 이야기는 《라이프》(1972년 10월 27일자)의 표지 기사 「천재와 그의 카메라」부터 시작해 다양한 자료를 참고했다. 그 기사에서 에드윈 랜드는 딸이 어째서 사진을 바로 볼 수 없는지 물었다는 이야기를 직접 했다. 해리 맥크라켄Harry McCracken이 《테크놀로자이저Technologizer》(2011년 6월 8일자)에 쓴 「폴라로이드 SX-70 : 거의 불가능한 것의 예술과 과학」에도 폴라로이드 이야기가 잘 나와 있다. http://technologizer.com/2011/06/08/polaroid/. 『제기업역사명부International Directory of Company Histories』(디트로이트 : 세인트 제임스 출판사, 2008) 제93번 「폴라로이드 코퍼레이션」 편도 좋은 자료다. 내가 폴라로이드의 질문에 대해 처음 알게 된 것은 《비즈니스 위크》(2004년 6월 29일자)에 실린 마이크 브루스터Mike Brewster의 「위대한 발명가들 : 즉석 사진, 오래가는 명성」이라는 기사를 통해서였다. 빅터 K. 맥컬러니Victor K. McElheny의 『불가능을 고집하다 : 에드윈 랜드의 생애Insisting on the Impossible: The Life of Edwin Land』(뉴욕 : 베이직북스, 1999)를 비롯해 랜드와 폴라로이드에 관한 책이 많이 나와 있다. 나는 특히 크리스토퍼 보나노스의 책 『인스턴트 : 폴라로이드 이야기Instant: The Story of Polaroid』(프린스턴, 뉴저지 : 프린스턴 아키텍추럴 출판사, 2012)에 큰 도움을 받았다. 《뉴욕 타임스》

(2011년 10월 7일자)에 게재된 보나노스의 「잡스에게 영감을 준 남자」도 참고했다. 보나노스는 '딸의 질문 이야기'가 진짜인지에 대해 조금 회의적인 입장이다. 랜드가 지어낸 이야기일 수도 있지만, 어쨌든 이 책에서는 문자 그대로는 아니더라도 비유적인 의미에서 진실로 받아들이기로 했다.

02 크리스토퍼 보나노스, 『인스턴트』.

03 마크 베니오프의 질문에 관한 이야기는 제프 다이어와 할 그레거슨, 클레이튼 크리스텐슨의 『이노베이터 DNA』에 나온다. '소프트웨어 산업을 뒤엎었다'라는 인용문은 존 스워츠Jon Swartz가 《USA 투데이》(2007년 7월 24일자)에 쓴 「소프트웨어 업계 비난에 앞장서는 세일즈포스」에서 나왔다.

04 『디자인이 반짝하는 순간 글리머』를 집필하기 위한 조지 로이스와의 인터뷰, 2008년과 2009년.

05 로버트 버튼과의 인터뷰, 2012년 12월. 확실성에 관한 버튼의 이론은 《살롱》(2008년 2월 29일자)에 게재된 그의 글 「확실성 유행병」과 저서 『생각의 한계』에 나온다.

06 모라 오닐Maura O'Neill, 「파괴적 혁신은 예상치 못한 곳에서 나온다」, 《허핑턴포스트》, 2013년 1월 25일.

07 초심을 비롯한 선에 대한 잡스의 관심은 월터 아이작슨Walter Isaacson이 쓴 전기 『스티브 잡스』(뉴욕 : 사이먼앤슈스터, 2011)와 다니엘 버크Daniel Burke가 《USA 투데이》(2011년 11월 2일자)에 쓴 「이제 너무도 잘 알려져 있는 스티브 잡스의 영성」, 내가 《패스트 컴퍼니》(2012년 4월 9일자)에 쓴 「선이 스티브 잡스에게 혁신에 대해 가르쳐준 것」을 비롯해 여러 곳에서 찾아볼 수 있다. http://www.fastcodesign.com/1669387/what-zen-taught-silicon-valleyand-steve-jobs-about-innovation.

08 2012년 봄과 가을에 실시한 인터뷰에서 랜디 코미사가 나에게 설명해준 것. 스즈키 순류에 대한 자세한 내용은 그의 책 『선심초심』(보스턴 : 샴발라 출판사, 2011) 참고.

09 「선이 스티브 잡스에게 혁신에 대해 가르쳐준 것」을 쓰기 위해 실시한 레스 카예와의 인터뷰, 《패스트 컴퍼니》, 2012년 4월.

10 2012년에 《패스트 컴퍼니》의 기사와 이 책을 집필하기 위해 실시한 랜디 코미사와의 여러 인터뷰에서. 더 자세한 내용은 코미사가 쓴 『승려와 수수께

끼』(보스턴 : 하버드 비즈니스 스쿨 출판사, 2001) 참고.

11 토드 마초버와의 인터뷰, 2013년 4월 12일.

12 다리야 자벨리나와의 인터뷰, 2012년 12월 5일.

13 밥 서튼은 자신의 책 『역발상의 법칙』(뉴욕 : 프리 프레스, 2002)에서 '뷔자데'
에 대해 이야기했다. 《패스트 컴퍼니》(2005년 10월 17일자)에 실린 「뷔자데
를 추구하는 인류학자들」에서도 그 개념을 다룬다. 내 홈페이지 '더 아름다
운 질문'에 올라온 게시물(2012년 9월 16일자) 「뷔자데의 힘」도 참고. http://
amorebeautifulquestion.com/power-of-vuja-de/.

14 톰 켈리, 『이노베이터의 열 가지 얼굴』(뉴욕 : 더블데이, 2005).

15 조지 칼린의 뷔자데 이야기는 유튜브 'http://www.youtube.com/watc
h?v=B7LBSDQ14eA'에서 볼 수 있다.

16 켈리 칼린과의 인터뷰, 2013년 4월 10일.

17 스티븐 셰릴Stephen Sherrill, 「오, 해피 데이」, 《뉴욕 타임스 매거진》, 2011년
6월 3일.

18 톰 켈리, 『이노베이터의 열 가지 얼굴』.

19 비제이 고빈다라잔·스리칸스 스리니바스, 「네모 숫자 세기와 혁신은 무슨
관계가 있는가?」, 《하버드 비즈니스 리뷰》, 2013년 4월 1일.

20 팀 버너스리에 대한 자세한 내용은 피터 J. 데닝Peter J. Denning의 「미래 혁신,
아이디어에서 적용까지 : 미래주의자와 혁신가는 서로 아이디어의 성공에
대한 가르침을 줄 수 있다」에 나와 있다. 《퓨처리스트》, 2012년 1월. 메리 벨
리스Mary Bellis의 「팀 버너스리」, About.com http://inventors.about.com/
od/bstartinventors/p/TimBernersLee.htm;andAcademyofAchievem
entwebsite, http://www.achievement.org/autodoc/page/ber1bio-1.

21 밥 서튼, 『역발상의 법칙』.

22 조 게비아와의 여러 차례 인터뷰, 2013년 4월.

23 바니 조프슨Barney Jopson, 「에어 매트리스로 회사를 차린 닷컴 신동」, 《파이
낸셜 타임스》, 2011년 7월 29일.

24 제시카 솔터Jessica Salter, 「에어비앤비 : 방을 빌려주는 13억 달러짜리 웹사이
트 이야기」, 《텔레그래프》, 2012년 9월 7일.

25 어큐먼 펀드 재클린 노보그라츠와의 인터뷰에서. 샤피 매더의 2009년 TED

강연 '부정부패와 싸우는 새로운 방법', http://www.ted.com/talks/shaffi_mather_a_new_way_to_fight_corruption.html.

26 폴 보티노와의 인터뷰에서.

27 오노 다이이치, 『도요타 생산방식 : 대규모 생산을 넘어Toyota Production System: Beyond Large-Scale Production』(포틀랜드, 오리건 : 프로덕티비티 출판사, 1988). 에릭 리스의 『린 스타트업』도 참고.

28 2003년 11월 윌리엄 스타우트William Stout가 발행한 IDEO의 '메소드 카드'에서.

29 스티븐 토보로스키와의 인터뷰, 2013년 2월 17일.

30 게리 화이트와의 인터뷰에서. 엘런 맥거트Ellen McGirt의 「이 남자가 이 소녀를 구할 수 있을까?」도 참고, 《패스트 컴퍼니》, 2011년 7·8월.

31 매들린 드렉슬러Madeline Drexler, 「후드 아래 인큐베이터를 보라」, 《뉴욕 타임스》, 2008년 12월 16일.

32 2008년에서 2013년까지 팀 브라운, 데이비드 켈리, 제인 펄튼 서리Jane Fulton Suri, 폴 베넷, 프레드 더스트 등 IDEO 임원들과의 인터뷰에서.

33 IDEO 폴 베넷과의 인터뷰에서. 그는 2005년 7월 TED 강연 '디자인은 디테일에 들어 있다'에서 병원 이야기를 들려주었다. http://www.ted.com/talks/paul_bennett_finds_design_in_the_details.html.

34 어큐먼 펀드의 뉴욕 사무실에서 이루어진 재클린 노보그라츠와의 인터뷰, 2013년 3월 14일.

35 에릭 마이젤과의 인터뷰, 2013년 가을. '생산적인 집착'에 관한 자세한 내용은 번 버크하트가 실시한 마이젤과의 인터뷰 「뇌는 당신에게 고마워할 것이다 제1부」 참고, 'IdeaConnection' 블로그, 2010년 12월 5일.

36 판도라 이야기는 여러 기사는 물론 팀 웨스터그렌의 강연과 온라인 인터뷰도 참고했다. 롭 워커Rob Walker가 《뉴욕 타임스 매거진》(2009년 10월 18일자)에 쓴 기사 「노래를 해독하는 남자」, 빌 모그리지Bill Moggridge가 책과 DVD 「미디어 디자인Designing Media」을 위해 실시한 웨스터그렌과의 인터뷰(이 인터뷰 내용은 2011년 2월 3일 쿠퍼 휴잇 박물관의 홈페이지에 올라왔다(http://www.cooperhewitt.org/conversations/2011/02/02/designing-media-tim-westergren)). 2011년 10월 시카고 아이디어 위크에서 웨스터그렌이 한 연

설(http://www.chicagoideas.com/videos/53), 그리고 로코 펜돌라Rocco Pendola가 《더 스트리트》(2013년 2월 12일자)에 쓴 「판도라 팀 웨스터그렌과의 대화」 참고.

37 더글러스 토머스Douglas Thomas와 존 실리 브라운, 「상상력 개발 : 혁신을 위한 학습 환경 만들기」, 《티처스 칼리지 레코드》, 2011년 2월 17일.

38 게리 사타노브스키Gary Satanovsky, 「크래커잭 상자에 끼워 넣은 상」, 《페이머스 데일리》, 2012년 2월 19일. 매니 페르난데즈Manny Fernadez, 「정크푸드계의 위대한 남자들을 찬양하라」, 《뉴욕 타임스》, 2010년 8월 7일.

39 존 타카라가 자신의 책 『인 더 버블In the Bubble』(캠브리지, 매사추세츠 : MIT 출판사, 2006)에서 '현명한 재조합'에 대해 이야기한 내용이다.

40 제이슨 탄즈Jason Tanz, 「리믹스 문화 : 인문」, 《와이어드》, 2010년 9월 27일.

41 마이클 시플리Michael Cieply, 「뱀파이어를 노리는 위대한 해방자」, 《뉴욕 타임스》, 2011년 5월 20일.

42 2013년 봄에 여러 차례 실시한 데이비드 코드 머레이와의 인터뷰에서. 번 버크하트의 머레이 인터뷰 기사 「아이디어를 찾아 조합하라」도 참고. 《아이디어 커넥션》, 2010년 11월 7일. 머레이는 『바로잉』(뉴욕 : 고담, 2010)에서 아이디어의 '연결'에 관해 상세히 다루었다.

43 켄 하일먼과의 인터뷰에서.

44 존 코니어스와의 인터뷰에서.

45 첸보 종과의 인터뷰, 2012년 11월. 더 자세한 내용은 첸보 종의 「창조 과정에서 무의식 사고가 하는 역할」 참고, 《로트먼》, 2010년 겨울호.

46 마가리트 폭스Margalit Fox, 「바코드의 발명가 N. 조셉 우드랜드, 91세로 타계」, 《뉴욕 타임스》, 2012년 12월 12일.

47 커즈와일이 시어 싱어Thea Singer에게 한 말, 「6인의 아름다운 사람들」, 《O, 오프라 매거진》, 2007년 6월, http://www.oprah.com/omagazine/Modern-Day-Geniuses-The-Worlds-Brightest-Minds.

48 샘 맥너니, 「무의식 창의성 : 앞으로 가려면 뒤로 물러나라」, 빅 싱크, 2012년 5월 24일. 2012년 5월 8일 빅 싱크에 올라온 샘 맥너니의 「휴식과 창의성 : '자면서 생각해본다'는 말에 담긴 과학」도 참고. 애니 머피 폴Annie Murphy Paul, 「공상이 시간낭비가 아닌 이유」, 마인드/시프트 블로그, 노스 캘리포니

아 KQED 퍼블릭 미디어, 2012년 6월 1일.

49 휴 하트Hugh Hart, 「1960년대 광고맨 조지 로이스의 '기막히게 좋은' 창의성에 관한 일곱 가지 조언」,《패스트 컴퍼니》, 2012년 3월 23일. 원래는 로이스의 책 『(재능 있는 사람들을 위한) 기막히게 좋은 조언Damn Good Advice for People with Talent』(뉴욕 : 파이든 출판사, 2012)에서 나온 내용이다.

50 나는 존 비엘렌버그(2013년 2월), 스테판 사그마이스터(『디자인이 반짝하는 순간 글리머』를 집필하기 위해 2008년 여러 차례), 그리고 프로그 디자인 출신인 루크 윌리엄스(2012년 봄)와 '틀리게 생각하기'에 관해 이야기를 나누었다.

51 바버라 스타우치Barbara Strauch, 「뇌를 다시 훈련시키는 방법」,《뉴욕 타임스》, 2010년 1월 3일.

52 존 비엘렌버그와의 인터뷰에서.

53 '180도 사고'를 가르치는 창의성 컨설턴트 톰 모나한이 주최하는 워크숍에 참석했다.

54 2012년 봄에 실시한 루크 윌리엄스와의 인터뷰에서. 그의 책 『디스럽트』(FT 출판사, 2011)도 참고했다.

55 그레이엄 우드Graeme Wood, 「벽 없는 감옥」,《애틀랜틱》, 2010년 9월.

56 2009년부터 (『디자인이 반짝하는 순간 글리머』를 집필하기 위해) 2013년 봄까지 여러 차례에 걸쳐 실시한 가우리 난다와의 인터뷰에서.

57 기즈모도Gizmodo와 엔가젯Engadget 모두 클락키가 아직 개발 단계에 머물러 있던 2005년에 가우리 난다와 클락키에 관한 기사를 실었다. 기즈모도의 기사는 'http://gizmodo.com/036052/clocky-rolling-alarm-clock'에서 볼 수 있다.

58 샘 포츠, 「프로젝트를 위한 나의 여섯 가지 포인트 플랜」, GOOD.is, 2013년 6월 3일.

59 클라이브 톰슨Clive Thompson, 「비주얼로 생각하라 : 왜 복잡한 문제를 해결하는 가장 좋은 방법이 그림을 그리는 것일까」,《와이어드》, 2010년 10월.

60 이 문구는 프로토타입 만들기에 관한 흥미로운 생각들과 함께 디에고 로드리게스의 블로그 '메타쿨Metacool'에서 찾아볼 수 있다. http://metacool.typepad.com/metacool/2009/04/4-prototype-as-if-you-are-right-listen-as-if-you-are-wrong.html.

61 조 샤키Joe Sharkey, 「바퀴를 달아 수트케이스를 재발명하다」,《뉴욕 타임스》, 2010년 10월 4일.

62 J. 폴 그레이슨의 인용문은 애슐리 반스Ashlee Vance가《뉴욕 타임스》(2010년 9월 14일자)에 쓴 기사 「발명가들을 자유롭게 꿈꾸게 해주는 기술」에서 나왔다.

63 피터 심스, 「창의성의 가장 큰 적 : 실패의 두려움」,《하버드 비즈니스 리뷰》, 2012년 10월 5일.《뉴욕 타임스》(2011년 8월 7일자)에 실린 피터 심스의 「발견의 길에서 과감히 휘청거려라」도 참고.

64 2012년 초반 페이스북의 IPO(기업공개) 때 마크 주커버그는 투자자들에게 보내는 서신의 일부로 '해커 웨이'를 발행했다.《와이어드》가 그 전문을 재발행했다. http://www.wired.com/business/2012/02/zuckletter/.

65 이 인용문은 자료에 따라 표현이 조금씩 다르다. 라이프핵Lifehack 사이트에는 '성공은 열정을 잃지 않고 실패를 거듭하는 것이다'라고 되어 있다. http://quotes.lifehack.org/winstonchurchill/success-is-the-ability-to-go-from/.

66 에이미 월리스Amy Wallace, 「아이디어만 가져오세요, 나머지는 내가 다 할 테니」,《뉴욕 타임스》, 2011년 6월 12일.

67 로버트 I. 서튼, 「성공과 실패에서 배우는 것」, HBR.org, 2007년 6월 4일.

68 위와 동일.

69 스티븐 파인버그Steven Feinberg, 「보는 것 : '전략적 변화'로 어드밴티지 만들기」,《컨퍼런스 보드 리뷰》, 2011년 겨울호. 브루스 앤더슨Bruce Anderson, 「멀리 가지 않는 골프공 때문에 미니코스를 만든 잭」,《스포츠 일러스트레이티드》, 1984년 7월 23일.

70 니콜 라포테, 「방법을 모른다고? 아는 사람을 찾아라」,《뉴욕 타임스》, 2011년 11월 27일.

71 클라우디아 드레퓌스Claudia Dreifus, 「스콧 E. 페이지와의 대화 : 다양성=생산성 모델」,《뉴욕 타임스》, 2008년 1월 8일. 스콧 페이지, 『디퍼런스 : 다양성의 힘이 보다 나은 집단과 회사, 학교, 사회를 만든다』(프린스턴, 뉴저지 : 프린스턴 대학교 출판사, 2008).

72 믹 에블링과의 인터뷰, 2013년 4월. 에블링의 2011년 3월 TED 강연 '갇혀

버린 예술가를 풀어준 발명품'도 참고했다. 그 강연은 2013년 4월 《허핑턴 포스트》에 게재되었다. http://www.ted.com/talks/mick_ebeling_the_invention_that_unlocked_ a_locked_in_artist.html.

73 토드 마초버와의 인터뷰에서.

74 랜 폴리아킨의 질문에 관한 자세한 내용은 에리카 스왈로Erica Swallow의 「무선 전기의 선구자 파워매트」도 참고, Mashable.com, 2011년 10월 20일. http://mashable.com/2011/10/20/powermat-wireless-charging tech/. 메리디스 페리에 관한 자세한 내용은 'Businessinsider.com'(2012년 7월 12일자)에 실린 앨리슨 숀텔Alyson Shontell의 「메레디스 페리와 유빔에 보내는 공개편지」 참고, http://www.businessinsider.com/open-letter-to-meredith-perryand-ubeam-2012-7#ixzz2dUyhhiEI.

75 클레이 서키의 책 『끌리고 쏠리고 들끓다』(뉴욕 : 펭귄북스, 2009)에는 조직 없이 조직된 대중의 활동에 대해 자세히 다룬다.

제4장 기업과 질문

01 클레이튼 크리스텐슨과 직접 실시한 인터뷰와 다음 출처의 정보를 참고했다. 'www.claytonchristensen.com'에 올라온 HBR 채널 '더 아이디어'와 크리스텐슨의 온라인 인터뷰. 브래드 비너스Brad Wieners의 「클레이 크리스텐슨의 인생 교훈」, 《블룸버그 비즈니스 위크》, 2012년 5월 3일. 라리사 맥파쿠하Lahrissa MacFarquhar의 「거장이 실패할 때」, 《뉴요커》, 2012년 5월 14일. 크리스텐슨의 저서 『혁신 기업의 딜레마』(캠브리지, 매사추세츠 : 하버드 비즈니스 리뷰 출판사, 1997).

02 키스 야마시타와의 인터뷰 및 이후 주고받은 이메일에서. 2013년 1월과 2월.

03 데브 팻나이크와의 인터뷰, 2012년 12월.

04 에릭 리스와의 인터뷰, 2013년 1월과 5월.

05 토니 와그너와의 인터뷰에서.

06 키스 야마시타의 질문은 내가 《패스트 컴퍼니》(2013년 2월 4일자)에 쓴 「모든 기업이 떠올려야 할 다섯 가지 질문」에 나온다. http://www.fastcodesign.

com/1671756/the-5-questions-every-company-should-ask-itself.

07 케이시 쉬안과의 인터뷰, 2013년 2월 12일.

08 나이키 플러스 이야기는 마크 맥클러스키Mark McClusky의 《와이어드》(2009년 6월 22일자) 기사 「나이키 실험 : 운동화계의 거장은 어떻게 개인 매트릭스의 힘을 발휘했는가」도 참고.

09 폴리 라바르, 「히트맨」, 《패스트 컴퍼니》, 2002년 8월 31일.

10 이 일화는 엘런 맥거트가 2010년 9월 《패스트 컴퍼니》에 게재한 마크 파커의 이야기 「예술가, 운동선수, CEO」에 나온다.

11 오스틴 카Austin Carr, 「핵심 역량은 죽었다」, 《패스트 컴퍼니》, 2013년 2월 14일.

12 《베니티 페어》(2013년 5월호)에 실린 커트 아이켄월드Kurt Eichenwald의 「페이스북의 린인」은 셰릴 샌드버그의 질문 주도적인 이니셔티브를 다룬다.

13 인텔의 초기 역사에 관한 이 유명한 이야기는 수많은 기사와 사이트에 등장한다. 나는 응용 합리성 센터Center for Applied Rationality의 홈페이지에서 처음 접하게 되었다. http://rationality.org/rationality/.

14 잭 버그스트랜드와의 인터뷰, 2013년 1월.

15 《애틀랜틱》의 혁신에 관한 이야기는 다음을 비롯해 여러 자료에서 찾아볼 수 있다. 제레미 W. 피터스Jeremy W. Peters, 「애틀랜틱에 활기를 불어넣어준 웹 포커스」, 《뉴욕 타임스》, 2010년 12월 12일. 로렌 인드빅Lauren Indvik, 「애틀랜틱 속으로 : 디지털화를 통해 수익을 올린 잡지」, Mashable.com, 2011년 12월 19일, http://mashable.com/2011/12/19/the-atlantic-digital-first/. 데이비드 카David Carr, 「오직 디지털만으로 비즈니스 세계를 다루다」, 《뉴욕 타임스》, 2012년 9월 24일.

16 카이한 크리펜도라Kaihan Krippendora, 「허리케인 샌디, 힘든 시간이 혁신을 일으킨다는 것을 알려준다」, 《패스트 컴퍼니》, 2012년 11월 1일.

17 팀 오길비와의 인터뷰, 2013년 1월 4일.

18 론 샤이치와의 인터뷰, 2013년 3월 8일.

19 마이클 모스, 「중독성 있는 정크푸드의 놀라운 과학」, 《뉴욕 타임스 매거진》, 2013년 2월 20일(모스의 책 『배신의 식탁』 참고). 더글러스 맥그레이Douglas McGray, 「당근은 어쩌다 새로운 정크푸드가 되었는가」, 《패스트 컴퍼니》, 2011년 3월 22일.

20 에릭 리스의 질문은 내가《패스트 컴퍼니》에 게재한 「모든 기업이 떠올려야 할 다섯 가지 질문」에서도 언급되었다. 그의 책 『린 스타트업』(뉴욕 : 크라운 비즈니스, 2011)도 참고.

21 드류 휴스턴의 말은 2013년 6월 7일 MIT 졸업식 축사에서 발췌했다. 브라이언 스펠리의 인용문은《월스트리트 저널 리포트》(2013년 4월 29일)에 실린 「기업가들은 어떻게 위대한 아이디어를 떠올리는가」에서. 피터 시엘의 질문은 트레버 길버트Trevor Gilbert가《판도데일리》(2012년 4월 19일자)에 쓴 「피터 시엘의 창업 기업을 위한 질문」에서, http://pandodaily.com/2012/04/19/peter-thiels-pointed-questions-toask-startups/. 데이브 카센, 「가치 중심의 스타트업」, Gigaom.com, 2011년 12월 17일, http://gigaom.com/ 2011/12/17/kashen-values-driven-startup/.

22 클리프 쾅Cliff Kuang, 「브레인스토밍 프로세스는 헛소리다, 고칠 수 있을까?」,《패스트 컴퍼니》, 2012년 1월 31일, http://www.fastcodesign.com/1668930/the-brainstorming-process-is-bs-but-can-we-rework-it.

23 데브라 카예, 「브레인스토밍으로 혁신이 불가능한 이유」,《패스트 컴퍼니》, 2013년 2월 28일.

24 할 그레거슨과의 인터뷰에서. 그는 2012년 9월 비메오Vimeo에 게재된 온라인 영상 '퀘스천스토밍 대 브레인스토밍'에 '20번째 질문에서 멈추는 것'을 비롯해 'Q-스토밍'의 효과에 대해 이야기한다. http://vimeo.com/48200106.

25 '우리는 어떻게?' 이야기는《하버드 비즈니스 리뷰》(2012년 9월 17일자)의 「최고 이노베이터들이 사용하는 비밀 단계」를 쓰기 위해 2012년 9월에 실시한 민 바사두르, 찰스 워런, 팀 브라운과의 인터뷰에서 나왔다. 찰스 워런은 이 영상에서 바사두르의 '우리는 어떻게?' 질문에 대해 처음 이야기했다. http://vimeo.com/21316624.

26 엠 부스의 앤드류 로시와의 인터뷰에서. 닐 패트릭 해리스의 설명은 힐러리 부시스Hillary Busis의 「올해 에미상 시상식은 대단한 오프닝이 없다, 힌트는 닐 패트닉 해리스에게」 참고,《엔터테인먼트 위클리》의 인사이드 TV 블로그, 2013년 9월 6일, http://insidetv.ew.com/2013/09/06/neil-patrick-harris-emmys-interview/.

27 '우리는 어떻게?'라는 문장은 민 바사두르가 사용하기 전에 시드니 판즈가 개발한 창의적인 문제 해결 과정에서 활용되었다.

28 애덤 브라이언트, 「CEO의 지혜를 추출하다」,《뉴욕 타임스》, 2011년 4월 16일. 브라이언트의 책『사장실로 가는 길』(뉴욕 : 타임스 북스, 2011).

29 랜디 코미사와의 인터뷰, 2012년 가을.

30 브라이언 프랭클린의 TEDxSinCity 강연 '지구상에서 가장 위험한 질문', 2011년 5월 27일 게재. http://www.youtube.com/watch?v=tClHDE oje6Y.

31 데이비드 포그, 「휴대전화 카드 리더기로 결제한다」,《뉴욕 타임스》, 2010년 9월 30일. 이지 라포스키Issie Lapowsky의 「금전등록기를 쓸모없게 만든 남자」,《Inc. 매거진》, 2013년 5월호. 단순성에 관한 도시의 관점은《디트로이트 프리 프레스》(2012년 9월 16일자)의 「잭 도시와 여섯 가지 질문」참고. 다니엘 터디먼Daniel Terdiman의 「스퀘어의 잭 도시에서 기술 기업의 창업자까지 : 모든 것을 질문하라」도 참고, C/NET, 2012년 9월 10일.

32 상기스 바게세Sangeeth Varghese, 「위대한 리더들의 네 가지 능력」,《포브스》, 2010년 9월 7일.

33 릭 워츠먼과의 대화에서, 워츠먼이《포브스》(2012년 9월 11일자)에 쓴 「피터 드러커처럼 조언하기」도 참고.

34 댄 애리얼리, 「기업은 왜 실험하지 않는가」,《하버드 비즈니스 리뷰》, 2010년 4월.

35 짐 해켓과의 인터뷰에서. 애덤 브라이언트가《뉴욕 타임스》(2012년 8월 19일자)에 쓴 기사 「리더십은 절대로 사전에 포장되지 않는다」도 참고했다.

36 버트런드 러셀의 인용문은 인용문 사이트 '비비싱Vivsingh'의 「버트런드 러셀의 스물여섯 가지 환상적인 생각과 명언」등을 비롯해 여러 곳에서 찾아볼 수 있다. http://www.vivsingh.com/4161/great-minds-genius-people-quotes-quotations/26-fantastic-quotes-thoughts-bertrand-russell.

37 팀 브라운과의 인터뷰, 2013년 4월 21일.

38 북피플의 스티브 버쿠와의 인터뷰에서. 이본느 지프Yvonne Zipp의 「독립 서점들의 독창적인 부활」도 참고.《크리스천 사이언스 모니터》, 2013년 3월

17일.

39 IBM의 컨설팅을 맡았던 키스 야마시타가 나에게 해준 말.

40 구글의 TGIF 시간은 유명하다. 이 책에 수록된 설명은 구글의 엔지니어였던 찰스 워런이 말해준 것이다.

41 번 버크하트, 「데일 도튼과의 인터뷰」, 《아이디어커넥션》, 2011년 3월 21일.

42 크리스토퍼 밈스Christopher Mims, 「지메일과 애드센스를 만든 구글의 '20퍼센트 타임'이 이제는 거의 죽어버리다」, 'Atlantic.com'의 쿼츠Quartz 블로그, 2013년 8월 16일. (이 게시물의 수정 내용을 보면 이 프로그램이 아직 건재하지만 여러 이유에서 과거처럼 활발하게 활용되지 못하고 있음을 알 수 있다.)

43 밥 제프리Bob Jeffrey가 실시한 링크드인 제프 와이너와의 인터뷰 「안에서부터의 혁신」, 제프리의 블로그 '월드메이커스'(2013년 6월 24일)에 게재.

44 W. L. 고어에 관련된 이야기는 주로 2013년 2월 고어의 데브라 프랜스와 인터뷰한 내용을 토대로 했다. 앨런 두치먼Alan Deutschman이 《패스트 컴퍼니》(2004년 12월 1일자)에 쓴 「창의성의 구조」에서도 기타줄 이야기 등 고어에 관한 정보를 찾아볼 수 있다.

45 사라 케슬러Sarah Kessler, 「어떤 기업이든 따라할 수 있는 구글 스타일 : 직원 대 직원 학습」, 《패스트 컴퍼니》, 2013년 3월 26일.

46 브레인스토밍 시간의 '악마의 대변자' 역할은 톰 켈리의 『이노베이터의 열 가지 얼굴』에 잘 설명되어 있다.

47 민 바사두르와 인터뷰를 했고 2012년 12월에는 그의 회사를 직접 방문했다. 바사두르는 창조적인 브레인스토밍 시간의 사람들을 생성자와 실행자, 낙관자, 개념자의 네 가지 유형으로 분류한다.

제5장 삶과 질문

01 어큐먼 펀드에서 재클린 노보그라츠와의 인터뷰, 2013년 3월 14일.

02 어큐먼 펀드의 성공담은 재클린 노보그라츠가 직접 들려주었는데, 그녀가 쓴 책 『블루 스웨터 : 부유한 이들과 가난한 이들 사이에 다리 놓기』(로데일, 2009)에 더 자세히 나와 있다.

03 2012년 게티스버그 칼리지 졸업식 축사. http://www.gettysburg.edu/commencement/2012/novogratz.dot. 마리아 포포바의 사이트 브레인 피킹스에서는 「질문하는 삶을 살아라 : 재클린 노보그라츠가 졸업생들에게 주는 조언」(2012년 5월 29일자)에서 그녀의 졸업식 축사를 다루었다.

04 앨리나 투겐드Alina Tugend, 「성공한 삶을 재정의하려는 새로운 운동」, 《뉴욕 타임스》, 2013년 6월 14일.

05 《패스트 컴퍼니》도 2013년 7·8월에 '#언플러그'를 표지 기사의 주제로 다루었다.

06 마크 윌리엄스, 「스트레스와 마음 챙김 : 기본 입문서」, Mindful.org, 2012년 11월 2일.

07 다니엘 핑크의 『드라이브』(뉴욕 : 리버헤드 북스, 2009) 참고.

08 애덤 브라이언트, 「스포츠든 기업 경영이든 항상 다음 경기에 대비해야 한다」, 《뉴욕 타임스》, 2012년 11월 10일.

09 2013년 2월에 장시간 동안 인터뷰에 응해준 로코 벨릭에게 정말 감사하다. 벨릭의 영화 「해피」는 2011년에 와디럼 필름Wadi Rum Films과 세디 에이커Shady Acres에 의해 개봉되었다. 관련 사이트는 www.TheHappyMovie.com.

10 웰슬리 고등학교에서 있었던 이 연설은 당시 널리 보도되었다. 2012년 6월 5일에 웰슬리 고등학교의 블로그 '웰슬리 리포트'에 영상과 연설문이 전부 게재되었다. http://theswellesleyreport.com/2012/06/wellesley-high-grads-told-youre-not-special/.

11 캐스퍼 힐신, 「모든 기업가가 올바르게 질문하는 법을 배워야 하는 이유」, Under30CEO, 2013년 3월 22일.

12 에릭 마이젤과의 인터뷰에서.

13 2012년 9월 '에지 퍼스펙티브스Edge Perspectives'에 올라온 존 헤이글의 「열정적이고 창의적인 근로자의 노동의 날 성명서」, http://edgeperspectives.typepad.com/edge_perspectives/2012/09/the-labor-day-manifesto-of-the passionate-creative-worker.html.

14 켈리 칼린과의 인터뷰에서. 그녀는 아버지 조지는 물론 라이프 코치인 자신의 경험에 대해 이야기했다.

15 세스 고딘의 질문은 2012년 10월에 '굿 라이프 프로젝트'를 위한 조너선 필즈와의 인터뷰에서 제시되었다. http://www.youtube.com/watch?v=kw ANZNEOAoY.

16 랜디 코미사, 『승려와 수수께끼』.

17 조너선 필즈와의 인터뷰, 2013년 3월 4일. 필즈의 『불확실함Uncertainty』(뉴욕 : 포트폴리오/펭귄, 2011)도 참고.

18 2009년 힐러리 코탐과의 인터뷰에서. 앨리스 로손Alice Rawsthorn, 「새로운 디자인 콘셉트 : 노인을 위한 사회적 해결책 만들기」, 《뉴욕 타임스》, 2008년 10월 26일. 조너선 프리드랜드Jonathan Freedland, 「완벽한 선물? 크리스마스 때만이 아닌 외로움의 완전한 끝」, 《가디언》, 2009년 12월 22일.

19 크리스 히긴스Chris Higgins의 「존 클리즈 : 머리를 위한 거북이 울타리를 만들어라」에 나온 것처럼 클리즈는 창조성을 주제로 한 연설에서 거북이 울타리에 관해 이야기했다. 멘털 플로스Mental Floss, 2009년 11월 11일, http://mentaljoss.com/article/23240/john-cleesecreate-tortoise-enclosure-your-mind.

20 2013년 3월 티파니 슈레인과의 인터뷰에서. 그녀가 《하버드 비즈니스 리뷰》에 쓴 「기술의 가장 뛰어난 특징 : 오프 스위치」에서도 이 내용을 다루었다. 2013년 3월 1일.

21 윌리엄 데레시비츠, '고독과 리더십', 2009년 10월 웨스트포인트 육군사관학교 졸업식 연설에서, 2010년 봄 《아메리칸 스칼러American Scholar》에 재인쇄.

22 2010년 11월 17일 빅 싱크에 올라온 탈 벤 샤하르의 영상 인터뷰 '오늘 더 행복해지기 위한 다섯 가지 단계', http://bigthink.com/videos/five-steps-for-being-happier-today.

23 로코 벨릭이 사는 트레일러 파크는 《배니티 페어》(2011년 3월호)에 실린 바네사 그리고리아디스Vanessa Grigoriadis의 「보헤미안 코브」에서 소개되었다.

24 재클린 노보그라츠와의 인터뷰에서. 애덤 브라이언트 역시 《뉴욕 타임스》(2012년 9월 29일자)의 「겸손함과 대담함이 함께할 때」에서 그녀의 질문에 대해 다루었다.

25 낸시 로사노프의 온라인 토크쇼 '리스닝 플레이스'가 실시한 캐럴 애드리엔의 인터뷰, 2012년 1월 5일, http://www.youtube.com/watch?v=flsxwn

SilGI.

26 로저 생크의 사설 「실험」, 에지Edge, http://www.edge.org/q2011/q11_2. html#schank. 생크는 에지가 2011년에 제기한 '인식의 도구를 개선해줄 수 있는 과학적 개념은 무엇인가?'라는 질문에 대한 사설을 기고한 사상가 중 한 명이었다. 그들의 사설은 존 브록만의『이것은 당신을 더 똑똑하게 만들어 줄 것이다This Will Make You Smarter』(뉴욕 : 하퍼퍼레니얼, 2012)에 편찬 수록되 었다.

27 그 친구는 멀티미디어 프로듀서인 고든 플랫Gordon Platt이었다.

28 A. J. 제이콥스에 관한 이야기는 2013년 2월 6일에 그와 인터뷰한 내용을 토 대로 했다.

29 A. J. 제이콥스가『나는 궁금해 미치겠다』(뉴욕 : 사이먼앤슈스터, 2004)에서 언급한 내용이다. 그는『미친 척하고 성경 말씀대로 살아본 1년(상·하)』(뉴 욕 : 사이먼앤슈스터, 2007),『실험해본 내 인생 : 여자로 살아보고 조지 워싱 턴이 되어보고 절대로 거짓말을 하지 않는 등 과감한 실험으로 자신을 개 선시키려고 도전한 사나이My Life as an Experiment: One Man's Humble Quest to Improve Himself by Living as a Woman, Becoming George Washington, Telling No Lies, and Other Radical Tests』(뉴욕 : 사이먼앤슈스터, 2010),『엄청나게 건강해져보기 : 완벽하게 건강한 몸을 만들겠다고 도전한 사나이Drop Dead Healthy: One Man's Humble Quest for Bodily Perfection』(뉴욕 : 사이먼앤슈스터, 2012)도 썼다.

30 A. J. 제이콥스, 「합리성 프로젝트 : 직감을 무시하기로 도전한 사나이」,《에 스콰이어》, 2008년 11월.

31 크리스 영과의 인터뷰, 2013년 2월 6일.

32 아트 디렉터이자 일러스트레이터인 친구 제이예 메달리아Jaye Medalia가 대 화 도중 개인적인 경험을 바탕으로 하는 이 견해를 나눠주었다.

33 밀러드 풀러의 인용문은 '마크 오브 어 리더'에 게재된「밀러드 풀러 : 모두를 위한 집」을 비롯하여 여러 곳에서 찾아볼 수 있다. http://www.themarko faleader.com/library/stories/millard-fuller-a-home-for-everyone/.

34 허미니아 아이바라, 「당신을 경영하라 : 잘못된 커리어에 계속 얽매여 있는 방법」,《하버드 비즈니스 리뷰》, 2002년 12월.

35 이 인용문은 로버트 슐러의『가능성 사고 : 실패할 수 없다는 것을 안다면

어떤 위대한 사고를 시도해보겠습니까?Possibility Thinking: What Great Thing Would You Attempt…… If You Knew You Could Not Fail?』(나이팅게일 코넌트, 1989) 에 나온다.

36 제1장에서 인용한 레지나 듀건의 TED 강연.

37 필 자브리스키Phil Zabriski의 「'더 와이어'가 끝난 후 여배우 손자 손은 볼티모어의 문제 있는 거리를 그냥 내버려둘 수 없었다」, 《워싱턴 포스트》, 2012년 1월 27일, 그리고 웹사이트 RewiredforChange.org.

38 리처드 페레즈 페냐Richard Pérez-Peña, 「졸업식 연사들 : 위험을 무릅쓰고 적극적으로 참여하라는 촉구」, 《뉴욕 타임스》, 2013년 6월 16일.

39 다니엘 알트먼Daniel Altman, 「실패 페티시」, 빅 싱크, 2013년 6월 11일.

40 피터 심스, 「창의성의 가장 큰 적 : 실패의 두려움」, 《하버드 비즈니스 리뷰》, 2012년 10월 5일.

41 믹 에블링과의 인터뷰에서.

42 마노란잔 쿠마르Manoranjan Kumar, 『인용 사전Dictionary of Quotations』(APH 퍼블리싱, 2008).

43 주디스 벡과 주고받은 이메일에서, 2013년 4월.

44 크리스 길아보가 자신의 블로그 '비순응의 기술The Art of Non-Conformity' 에 쓴 「실패하지 않을 것을 안다면 무엇을 하겠는가?」, 2010년 10월 21일, http://chrisguillebeau.com/3x5/what-would-you-do-if-you-knew-you-would-not-fail/.

45 프랜시스 피비에 관한 내용은 콘텍스트 인스티튜트에서 발행한 『함께 살아갈 미래 만들기』에서 피비의 책『삶의 품격으로 : 사회 변화의 본질에 대한 사색』을 발췌한 것이다. 데이비드 레서David Leser의 「굿 윌 헌팅」(《멜버른 에이지》, 1998년 5월 30일)과 샤론 에이드Sharon Ede의 「전략적 질문 : 변화를 만드는 질문하기」(《크럭스카탈리스트Cruxcatalyst》, 2012년 5월 21일, 'http://www.cruxcatalyst.com/2012/05/21/strategic-questioning/#sthash.PnMnHmlg.dpbs')를 참고했다.

46 데이비드 레서의 《멜버른 포스트》 프로필에서.

47 위와 동일.

48 이 프로젝트 이야기는 프랜시스 피비의 책『삶의 품격으로』를 참고했다.

49 칼뱅기독교예배연구소Calvin Institute of Christian Worship 사이트에 올라온 「아름다운 질문을 하라」, http://worship.calvin.edu/resources/resource library/dare-to-ask-a-beautiful-question/.

50 존 본드와 주고받은 이메일, 2013년 4월. 조 노세라Joe Nocera의 「뉴타운 이후 마음을 바꾸다」(《뉴욕 타임스》, 2013년 3월 2일)도 본드의 프로젝트를 다루었다.

51 크리스 휴즈의 2013년 조지아 주립대학교 졸업식 축사로, 리처드 페레즈 페냐의 「졸업식 연사들」에 수록되었다.

52 마이클 코닝과의 인터뷰, 2012년 12월.

53 노파심에서 말해두자면, 이것은 가상의 상황이다. 나는 장인어른과 사이가 무척 좋다. 장인어른은 정말 훌륭하신 분이고, 또 훌륭한 질문자로 이 책을 쓸 때 좋은 아이디어와 팁을 많이 주었다.

54 A. J. 제이콥스의 브루스 파일러 인터뷰, Amazon.com, 2013년 2월. 브루스 파일러의 「우리를 묶어주는 이야기」도 참고. 《뉴욕 타임스》, 2013년 3월 15일.

55 더그 라우치와의 인터뷰, 2013년 봄. 라우치가 등록한 하버드 대학교의 프로그램은 글렌 러페나흐Glenn Ruffenach가 《월스트리트 저널》(2012년 5월 30일자)에 쓴 「세상을 도와주는 도구들」에서도 다루었다.

56 마크 프리드먼, 「퇴직에 대한 새로운 시각 : 생산성과 의미」, 블로그 'HBR. org', 2013년 2월 25일, http://blogs.hbr.org/2013/02/a-new-vision-for-retirement-pr/. 웹사이트 'www.encore.org'도 참고.

57 세바스찬 스런의 99U 강연 '혁신의 보편적 법칙 : 만들고 깨고 개선하라', 2013년 4월, http://99u.com/videos/15737/sebastian-thrun-onthe-universal-law-of-innovation-build-it-break-it-improve-it.

58 뉴욕에서 게리 화이트와의 인터뷰, 2013년 2월 11일.

59 폴 베넷의 블로그 '호기심 연대기', http://curiositychronicles.tumblr.com/.

60 콜럼 매칸의 벽에 쓰인 문구는 조엘 로벨Joel Lovell이 《뉴욕 타임스 매거진》(2013년 6월 2일)에 쓴 매칸의 프로필 「아직도 돌아가는 세상」에 등장했다. 나는 매칸에게 이메일로 그 의미를 물어보았고 여기에서 인용된 것은 그가

보내온 내용이다. 2013년 6월 20·21일.

61 패트릭 힐리Patrick Healy, 「이제는 다음 단계」, 《뉴욕 타임스》, 2012년 8월 26일.

62 조지 클루니George Clooney, 「조지 클루니가 말하는 벤 애플렉」, 《엔터테인먼트 위클리》, 2012년 12월 7일.

63 스튜어트 파이어슈타인, 『무지 : 과학을 이끄는 힘』.

불의의 사고로 한쪽 다리를 잃고 의족 신세가 된 밴 필립스의 사연으로 시작하는 이 책은 첫 페이지부터 관심을 끌었다. 이라크에서 폭발 테러로 한쪽 다리를 잃은 내 절친한 미국인 친구의 의족이 바로 밴 필립스가 개발한 신개념 의족이기 때문이다. 현재의 만족스럽지 못한 상황에 질문하고 수없는 시행착오를 거쳐 답을 찾아낸 밴 필립스의 여정은 참으로 뭉클했다. 질문은 그에게 즉각 완전한 답을 주지는 않았지만, 그는 질문에 질문을 거듭할 때마다 좀 더 앞서 나아가 실패했다. 목적지에 점점 가까워진다는 증거였다. 고등학교 야구선수 출신인 내 친구는 비록 한쪽 다리를 잃었지만 팔다리를 잃은 전직 군인들을 위한 아마추어 소프트볼 팀 '운디드 워리어스Wounded Warriors'의 선수로 활약하며 지금도 그라운드를 달리고 있으니, 밴 필립스의 질문은 정말로 '아름다운 질문'이 분명한 것 같다.

이 책의 저자가 말하듯 우리는 질문의 전성기인 4~5세쯤에는 하루에 무려 수백 개가 넘는 질문을 해서 엄마와 아빠를 당혹시킨다. 그러나 학교에 들어간 뒤부터는 그 숫자가 급격히 줄어들어 결국은 질문하지 않는 어른이 된다. 늘 가던 길만 가려고, 단 하나의 정해진 답만 얻으려고 할 뿐, 세상에 대한 호기심은 사라지고 없다. 호기심 어린 눈으로 주변을 바라보며 하늘이 왜 파란지 묻던 그 똘똘한 어린아이는 어디로 갔을까?

이 책은 공장식 산업일꾼을 육성하기에 적합한, 한마디로 요즘 시대와 맞지 않는 학교 체제부터 시작해 여러 문제점을 콕콕 집어 준다. 질문이 혁신의 필수임을 알지만 기업의 리더들은 모르는 것을 인정하기 두려워서, 그리고 직원들은 답을 찾아야 하는 임무가 자신에게 전가될까봐 혹은 권위에 도전하는 것처럼 보여 직장 생활에 차질이라도 생길까봐 두려워서 질문을 하지 않는다. 충분히 공감되는 상황이다. 좋다는 것은 알지만 덥석 뛰어들기는 어려운 형편이니 안타깝기만 하다.

하지만 이제는 바뀌어야 한다. 요즘은 답을 암기하지 않아도 손 끝으로 몇 번만 두드리면 얼마든지 찾을 수 있다. 진짜 경쟁력은 답이 아니라 질문에 있다는 것을 우리는 차츰 실감하고 있다. 이 책에서 보여주듯 전자레인지부터 적십자사는 물론이고 요즘 전 세계에서 가장 잘나가는 기업들, 그리고 10대 소년의 획기적인 암 진단법 등 모두가 단 하나의 질문에서 배양되어 탄생했다. 스티브 잡스의 애플, 구글, 아마존 등 세계적인 이노베이터들의 특급 성공 비결이 첫마디를 구사할 수 있던 순간부터 우리 모두에게 주어진 그 간단한 도구라니! 질문에 그렇게나 굉장한 힘이 있단 말인가? 새삼스럽다. 정말 우리는 질문이 그저 '말'의 일종이라고 생각하고 지나치게 당연시해왔구나. 특히 시험과 성적, 정답 위주로 돌아가는 우리 교육계에 던지는 의미가 크다. 주어진 시간 안에 규정된 내용을 다뤄야 하는 빡빡한 일정 속에서 학생들에게 질문을 허용하기란 쉽지 않지만 저자의 말처럼 분명히 가능하다. 부모가 자녀에게 도움을 줄 수도 있다. 부모와 교육 관계자들이 이 책을 읽고 우리 아이들의 질문 근육을 자극해주었으면 좋겠다.

그렇다면 우리는 무엇을 질문해야 할까? 벤처기업을 창업하거나 시중에서 판매되는 획기적인 제품을 발명하는 것처럼 꼭 거창한 일이 아니어도 된다. 저자도 말했듯이 일상, 우리의 삶에서부터 시작하자. 가까운 사람들과의 대화에서도 섣불리 추측하지 말고 질문을 하면 의사소통의 질이 확연히 높아진다. 현재의 삶을 점검해보고 앞으로 어떤 삶을 살 것인지도 질문해보자.

물론 한동안 쓰지 않았던 '질문 근육'을 슬슬 다시 움직이려니 다소 막막하게 느껴질 수 있다. 하지만 어려워하지 말자. 우리가 이미 할 줄 아는 일이고, 한때 굉장히 잘했던 일이다. 즉 우리가 이미 소유한 기술이다. 게다가 이 책에서 저자가 '왜, 만약, 어떻게'로 이루어진 질문하기의 3단계 기본 틀을 제시해주었으니 좀 더 쉬워질 전망이다. 일상에서부터 질문 근육을 차차 써나가면 어느새 몸짱, 아니 효율적인 질문자가 되어 있을 것이다. 또 결국은 찾게 되지 않을까? 당신의 아름다운 질문과 아름다운 답을, 그리고 질문하는 아름다운 인생을.

KI신서 5735

어떻게 질문해야 할까

1판 1쇄 인쇄 2014년 11월 19일
1판 1쇄 발행 2014년 11월 25일

지은이 워런 버거 **옮긴이** 정지현
펴낸이 김영곤 **펴낸곳** (주)북이십일 21세기북스
부사장 임병주 **출판개발실장** 주명석
해외콘텐츠개발팀 김상수 이현정
해외기획팀 박진희 김영희 **디자인** 디자인포름
마케팅본부장 이희정 **마케팅** 민안기 강서영 이영인
영업본부장 안형태 **영업** 권장규 정병철
출판등록 2000년 5월 6일 제10-1965호
주소 (우 413-120) 경기도 파주시 회동길 201(문발동)
대표전화 031-955-2100 **팩스** 031-955-2151 **이메일** book21@book21.co.kr
홈페이지 www.book21.com **블로그** b.book21.com
트위터 @21cbook **페이스북** facebook.com/21cbook

ISBN 978-89-509-6677-5 03320
책값은 뒤표지에 있습니다.